新丝路华文系列教材

总主编 郭熙 邵宜

华文教育
Chinese Education

U0750379

中级华文

主编 丁雪欢

编者 丁雪欢 蔡黎雯 寇美睿

下册

暨南大学华文学院精品教材

暨南大学出版社
JINAN UNIVERSITY PRESS

中国·广州

图书在版编目（CIP）数据

中级华文. 下册/郭熙,邵宜总主编. —广州:暨南大学出版社,2018.3
(2025.3 重印)
（新丝路华文系列教材）
ISBN 978 - 7 - 5668 - 2342 - 7

Ⅰ.①中…　　Ⅱ.①丁…　　Ⅲ.①汉语—对外汉语教学—教材　　Ⅳ.①H195.4

中国版本图书馆 CIP 数据核字(2018)第 047011 号

中级华文（下册）
ZHONGJI HUAWEN（XIA CE）
总主编：郭熙　邵宜

出 版 人：阳　翼
项目统筹：晏礼庆
策划编辑：杜小陆
责任编辑：潘江曼
责任校对：徐晓越
责任印制：周一丹　郑玉婷

出版发行：暨南大学出版社（511434）
电　　话：总编室（8620）31105261
　　　　　营销部（8620）37331682　37331689
传　　真：（8620）31105289（办公室）　37331684（营销部）
网　　址：http：//www.jnupress.com
排　　版：广州市新晨文化发展有限公司
印　　刷：广州方迪数字印刷有限公司
开　　本：787mm×960mm　1/16
印　　张：16.25
字　　数：332 千
版　　次：2018 年 3 月第 1 版
印　　次：2025 年 3 月第 2 次
定　　价：56.00 元

新丝路华文系列教材编委会

总　主　编: 郭　熙　邵　宜

编　　　审: 童盛强　蔡　丽　喻　江　文　雁　林奕高

编委会委员: 郭　熙　邵　宜　曾毅平　莫海斌　张　礼　杨万兵

编写说明

  《中级华文》是新丝路华文系列教材的中级部分，适合已完成《初级华文》的学习者以及具备相当水平（词汇量 2 500~3 000）的学习者使用。本套教材突出"华文"特色，力求符合华裔学生学习认知特点，适合华裔学生在目的语环境中学习使用。教材以培养和提高学生语言交际能力为目标，同时注重文化内容的教学，既有利于华裔学生传承优秀的中华文化，又能帮助学生了解中国当代国情和社会生活状况，感受现代中国的风土人情和文化观念。编者希望通过寓文化教育于语言教学之中的方式，把文化知识内化为学生跨文化交际的能力，让学生更快更有效地掌握语言，更准确地道地运用语言。

一、编写理念

  本套系列教材体现功能法、直接法、交际法、任务型教学等多种教学法相结合的教学原则，广泛吸收语言本体研究、语言教学研究、语言习得研究等方面的成果，注重语言核心能力（口头和书面交际能力）的提高、词汇量的扩大和中华文化意识的培养。

  针对中级阶段教与学的特性，结合华裔学生的特点，《中级华文》以话题为纲进行编写，同时关注到词汇、语言点、功能项目、文化点的合理分布和有机融合，帮助学习者循序渐进地掌握中级阶段的语言知识，自然而然地接触、了解、理解包括中国人思维方式在内的文化内容，提高语言运用的准确度、熟练度和自然度。

二、编写原则

1. 针对性

  教材内容的选取充分考虑华裔学生的身份特点、实际需求以及兴趣偏好，充分发挥华裔学生学习华文的潜力，教材内容不依赖媒介语，难度（词汇量和输入量）符合华裔学生的能力水平，追求高效率的语言学习，体现华人学华文的特点。

2. 科学性

  语料真实、规范，根据华文语言规律和语言习得规律及难易度编排教学内容和语言点。教材的字词、语法、文化大纲与华文水平测试相应程度的分级大纲保持一致。注重词汇的日积月累，根据词汇的常用度进行分类：核心词要求会运用，非核心词要求能认读。中级阶段生词总量 2 693 个，其中《中级华文（上册）》1 169 个（核心词 624 个，非核心词 545 个），《中级华文（下册）》1 524 个（核心词 788 个，非核心词 736 个）。

3. 实用性

根据华裔学生的身份特点和关注话题进行内容选编，兼顾学习者当前的学习生活和未来的工作需要，强调内容的丰富性和实用性，注重题材体裁和语体风格的多样化，合理科学地搭配，坚持文化的多元和包容、理解的理念。针对中级阶段语言大纲和能力的要求，加强书面语教学，加强段落、篇章训练。

4. 趣味性

注重课文内容、练习形式以及版面设计趣味性，激发学生的学习兴趣。在传统的练习形式基础上力争有所突破，充分利用在目的语国家学习的优势，把课堂讲练和课后实践结合起来，以期通过在真实语境中的操练进一步增强学习动力，达到更理想的学习效果。

三、教材体例

《中级华文》共上、下两册，每册 12 课，建议教学时间为一个学期（16 个教学周，每周不少于 10 学时）完成一册。

主教材每一课均包含课前准备、课文、生词、谈一谈、阅读课文、词语辨析、段落训练（中级上）、篇章训练（中级下）、文化点滴、经典诵读等几个板块。各板块的编写目的和特点如下：

（1）"课前准备"以导入教学内容、对当课教学内容进行铺垫、激发学生对相关话题的兴趣为目的。注重趣味性和切入点的针对性。

（2）"课文"采用分栏排版的形式，左栏为课文文本，标注核心词，生字采用了上标拼音的方式。右栏旁注内容包括：非核心词的释义、重点句式、文化注解等。

（3）"生词"按照课文中的出现顺序排列核心词，提供词语的典型搭配或例句，方便学生自主学习。对义项较多或用法复杂的词语，不局限于课文中的义项或用法，稍加扩展，较全面地展现该词语的义项和用法。

（4）"谈一谈"考查学生是否准确理解课文内容，并在理解的基础上可以进行相关问题的探讨和发挥。坚持口头表达和书面表达并重的原则。

（5）"阅读课文"编排体例基本同课文，右栏旁注内容仅为非核心词的释义。

"生词"为阅读课文核心词，生词量少于课文核心词。

（6）"词语辨析"选择当课核心词中常用且容易混淆的词语，深入浅出地从词汇意义、句法功能、使用范围、感情色彩、语用语体等方面进行多角度辨析，加强学生对近义词用法的分辨能力，提高学生的语言运用能力。

（7）"篇章训练"帮助学生从语段表达向篇章结构过渡，针对当课课文从文体特点、结构布局、段落衔接、写作技巧等方面设计篇章知识介绍，并配以适当的练习进行巩固。

（8）"文化点滴"选择与当课相关的文化点，兼顾学习者的关注点，知识性与趣味性并重，传统与现代结合，旨在引导学生了解中华文化，增强对中华文化的认同感。

（9）"经典诵读"用传统诵读让学生感受汉语的音律之美，增强学生学习兴趣。诵读内容包括名家名言、传统蒙学教材、国学典籍中的代表性段落，旨在引导学生习得中华文化的精髓。

四、余言

《中级华文》教材是专门为来华学习的华裔学生编写的、适合华裔子弟学习中级华文的综合课主干教材。教材编写是一项复杂而艰巨的工作，系列教材编写更是一项需要缜密部署的系统工程。在编写前期，教材组对在校学习者、资深教师做了大量细致的调查，就教材编写理念、内容选取、体例版式进行了反复探讨。在历时两年多的编写过程中，编者们群策群力，倾注了极大的热情和心血，投入了大量的时间和努力。初稿完成后进行了试用，根据使用者的意见再次修改，其中不乏多次试用、多次修改之处。尽管如此，教材中仍难免存在疏漏之处，欢迎各位教材使用者提出宝贵建议，以便在可能的情况下进一步修改和完善。

《中级华文》教材编写组
2017 年 2 月 15 日

目录

第一课

1. 你觉得人生的痛苦和快乐哪个更多？为什么？

2. 说说你们现在的烦恼主要有哪些？

3. 当你感到痛苦时，你怎么办？

课文

常想一二

yàn tái
　　朋友买来了纸笔砚 台，请我题几个字，挂在新居客厅里。这使我感到有些为难，因为我自知字写得不好看，何况已经很多年没写书法了。朋友说，怕什么？挂你的字我感到很光荣[1]，我都不怕了，你怕什么？

　　我便在朋友面前展纸、磨墨，写了四个字"常想一二"。朋友问："这是什么意思？"我说："我字写得不好，你看到这幅字，请多多包涵[2]，多想一两个我的好处，就原谅我了。"看到我开玩笑的态度，朋友说："讲正经[3]

题字：为留纪念写上字。

何况：用反问的语气表示更进一层的意思。

例：这么多事一天怎么做得完？～他还在生病。

我身上一块钱都没有了，～十块钱。

老同学尚且都找不到那个教室，～新同学。

1

的，到底是什么意思？"

　　俗话说：人生不如意的事十常八九。我们生命里面，不如意的事占了绝大部分，因此活着本身是痛苦的，但扣除[4]八九成的不如意，至少还有一二成是如意的、快乐的、欣慰[5]的事情。如果我们要过快乐的人生，就要常想那一二成的好事，这样就会感到庆幸[6]，懂得珍惜，不致被八九成的不如意所纠结[7]了。

　　朋友听了非常欢喜，抱着"常想一二"回家了。几个月之后，他来探视[8]我，又来向我求字，说是每天在办公室里劳累受气，回家之后一看见那幅"常想一二"就很开心，但是墙壁太大，字显得太小，要求我再写几个字。对于好朋友，我一向有求必应[9]，于是为"常想一二"写了下联"不思八九"，上面又写了"事事如意"的横批，中间随手画了一幅写意的莲花。

　　没想到过了几个月，我再婚的消息披露[10]报端，引来许多离奇[11]的传说与流言[12]的困扰[13]，朋友有一天打电话来，说他正坐在客厅看我写的字。他说："想不出什么话来安慰你，念你自己写的字给你听：常想一二，不思八九，事事如意。"朋友的电话使我感动。我常常觉得在别人的喜庆中，锦上添花[14]容易，在别人的苦难里，雪中送炭[15]却很困难。那种比例大约也是八九与一二之比，不能雪中送炭的，不是真朋友。当然更甭说那些落井下石[16]的人了。不过，一个人到四十以后，在生活中大概都锻炼

出了 宠 辱不惊（chǒng rǔ）的本事，也不在乎锦上添花、雪中送炭或落井下石了。那是因为我们已经历过生命的痛苦与挫折[17]，也经历了许多情感的相逢与离散，慢慢地寻索[18]出生命中积极的、快乐的、正面的观想。这种观想正是"常想一二"的观想。

　　生命已经够苦了，如果我们把几十年来的不如意事总和起来，一定会使我们举 步 维 艰（jǔ bù wéi jiān）。生活与感情陷

被……所……：

例：他的意见已经被学校（所）接受。

下联：对联左右两边的句子叫做"上联""下联"。
横批：对联上方的句子。
写意：中国画的一种画法，用笔不求工细，注重神态和感情的表现。

更甭说……：指最应该或容易做的都做不了，其他就更不用说（即更做不了）。
例：连简单的问题都做不好，~难的问题了。
宠辱不惊：对得失不在乎。
观想：想象。
例：遇到困难时，不要只想到不好的结果，要有对事情正面的、积极的~。
举步维艰：比喻办事情每向前进一步都十分不容易。

入[19]困境，有时是无可奈何[20]的，但是如果连思想和心情都陷入苦境，那就是自讨苦吃[21]，苦上加苦了。在波涛汹涌的海上航行，我早已学会面对苦境的方法。我总是想从前万般[22]的折磨，我都能苦中作乐[23]，眼下的些许苦难，

nì
自然能逆来顺受了。

我从小喜欢阅读大人物的传记[24]和回忆录，慢慢归纳[25]出一个公式[26]：凡是大人物都是受苦受难的。他们的生命几乎就是人生不如意事十常八九的真实证言，但他们在面对苦难时，也都能保持正面的思考，能"常想一二"，最后他们超越[27]苦难，苦难便化成生命中最肥沃[28]的

yǎng liào
养 料。使我深受感动的不是他们的苦难，因为苦难到处都有，使我感动的是他们面对苦难的坚持、乐观和勇气。原来如意或不如意并不是决定于人生际遇[29]，而是取

shùn
决于[30]思想的 瞬 间，原来决定生命品质的不是八九，而是一二。

逆来顺受：对别人的欺负或无理的待遇采取忍受的态度。

回忆录：一种文体，记叙某人所经历的生活或历史事件。

证言：能证明某事真实性的语言。
例：大家相信他的～。

养料：给生命体的营养物质。

瞬间：很短的时间。

（作者：林清玄　来源：http：//baike. baidu. com/subview/1449253/1449253. htm 有改动）

生词

光荣[1]　guāngróng　形　公认为值得尊敬和称赞的。
例：感到～　～之家　～的事
这次朗诵比赛得了第一名，我感到很～。

包涵[2]　bāohán　动　客套话，请人原谅。
例：唱得不好，大家多多～。
做得不够好的地方，还请您多～！
【近】包容

正经[3]　zhèng·jing　形　严肃而认真。
例：我不跟你开玩笑了，说～的，还是你来表演好。
他很～地和我谈这件事。

扣除[4]　kòuchú　动　从总数中减去。

例：每个月~生活费，就没剩什么钱了。

欣慰[5]　xīnwèi　形　喜欢而心安。

例：感到很~　无比~

晓红光荣地毕业了，爸妈脸上露出了~的笑容。

【近】安慰

庆幸[6]　qìngxìng　动　为事情意外地得到好结果而感到高兴。

例：暗自~　值得~的事

这次考试很难，我~通过了考试。

纠结[7]　jiūjié　形　想得复杂，心里矛盾。

例：我每天中午都在~去哪里吃饭。

毕业后是升学还是工作，我心里很~。

【近】矛盾；犹豫

探视[8]　tànshì　动　看望。

例：~病人　~朋友

有求必应[9]　yǒuqiú-bìyìng　只要有人请求就一定同意。

例：他乐于助人，每次请他帮忙，他都~。

披露[10]　pīlù　动　发表；公布。

例：全文~　~会谈内容　~消息

离奇[11]　líqí　形　不平常；出人意料。

例：~古怪　~的故事

流言[12]　liúyán　名　没有根据的话（多指背后议论的坏话）。

例：~蜚语　散布~

【近】谣言

困扰[13]　kùnrǎo　动　围困并干扰使之难受。

例：这几天被工作上的麻烦所~。

被流言~

锦上添花[14]　jǐnshàng-tiānhuā　比喻使美好的事物更加美好。

例：小华考上了北京大学，学校又奖给他十万元，这真是~。

雪中送炭[15]　xuězhōng-sòngtàn　比喻在别人急需的时候给以帮助。

例：谢谢大家在我最痛苦的时候~，帮助我。

落井下石[16] luòjǐng-xiàshí　　　　比喻乘人危急的时候加以伤害。

例：金店被抢，但还有人～，趁机偷拿金项链。

挫折[17] cuòzhé　　动　　失败。

例：遭受～　经历～

经过多次～，终于取得了成功。

寻索[18] xúnsuǒ　　动　　①寻找。

例：～他的踪迹。

②寻求探索。

例：～答案　～人生的意义

陷入[19] xiànrù　　动　　①落在（不利的情况中）。

例：～痛苦　～困境　～停顿状态

②深深地进入（某种境界或思想活动中）。

例：～沉思

无可奈何[20] wúkěnàihé　　　　没有办法。

例：各种办法都试了，他还是不改变，我真是～。

自讨苦吃[21] zìtǎokǔchī　　　　比喻自找麻烦。

例：没人叫你去做，你非得去做，现在麻烦来了，你是～。

万般[22] wànbān　　　　①数量词　各种各样。

例：～思绪　～的折磨

②副词　极其；非常。

例：～无奈　～痛苦

苦中作乐[23] kǔzhōngzuòlè　　　　在痛苦中找快乐。

例：不管今天工作有多辛苦，都应该学会～。

传记[24] zhuànjì　　名　　记录某人生平事迹的文字。

例：名人～　～文学

归纳[25] guīnà　　动　　归在一起并使之有条理（多用于抽象事物）。

例：～情况/内容/观点　～起来　～得很清楚

大家提的意见，～起来主要就是这三点。

公式[26] gōngshì　　名　　原指用数学符号或文字表示各数量间关系的式子。后泛指可以应用于同类事物的方式、方法。

例：～的语言　归纳出一个～

超越[27]	chāoyuè	动	超出，越过。

例：～前人　～时空　～自我

我们能够～障碍，战胜困难。

| 肥沃[28] | féiwò | 形 | （土地）含有较多的适合植物生长的养分、水分。 |

例：土地～

| 际遇[29] | jìyù | 名 | 书面语，机遇，机会。 |

例：人生～

人的能力和～各有不同。

| 取决（于）[30] | qǔjué（yú） | 动 | 由某方面或某种情况决定。 |

例：这件事能不能成，全～你。

飞机能否准时起飞，～天气。

谈一谈

1. "常想一二"是什么意思？为什么？

2. 几个月之后，朋友又来家里做什么？为什么？

3. 后来"我"遭遇了什么事情？朋友怎么安慰"我"？

4. "我"认为什么样的朋友才算真朋友？你认为呢？

5. 作者认为人到四十岁以后会有什么样的心理变化？为什么？

6. 什么是"无可奈何""自讨苦吃"？你能举出生活中的例子吗？

7. "我"从大人物的传记和回忆录中看到了什么普遍现象？大人物为什么能成功？

8. 分组交流：课文中有句"使我深受感动的不是他们的苦难，因为苦难到处都有，使我感动的是他们面对苦难的坚持、乐观和勇气"。跟同伴说说你所知道的"面对苦难依然坚持、乐观和有勇气"的人的故事。

阅读课文

幸福的含义

我是含着金汤匙出生的人。演艺生涯（yá）顺风顺水[1]，别 ┆ 生涯：人生经历。

手到擒来：很容易得到。	qín
顺理成章：很自然、很顺利地达成结果。	人拼命追逐²的东西，我手到擒来，顺理成章。这些都让我成了一个张扬³的人，无论是感情还是性格。

30岁那年，我的心态忽然有了微妙⁴的变化——我不再满足于飞车劲舞的日子，忽然很想有个孩子。37岁，我生下儿子王令尘，英文名奥斯卡，因为我是演艺圈⁵里

荣誉：很光荣的称号奖励等。

róng yù

的人，而奥斯卡是演艺界的最高荣誉。从第一次把他抱在怀里，我就为他计划好了未来的路——我要他成为最好的童星。我从最细微处着手，衣食住行样样刻意⁶培养。儿子5岁那年，我把他推到了大众面前：那年，我应邀⁷前往泰国北部采访难民村，我带他随行。拍摄过程中，

台词：电影戏剧及其他表演活动中说的话。

我让儿子把部分台词背熟，然后将⁸摄像机对准他。节目在电视台播放后，香港顿时轰动⁹，所有人都觉得他是天才。在香港成功后，我随即¹⁰带着儿子杀回台湾，带他参加了一个国际品牌的童装展示会，并让他上台走秀。各大媒体对此大肆报道，一夜之间儿子红遍台湾。以后的

yí

不遗余力：用全力。	日子里，我利用自己的知名度不遗余力地打造儿子，而
打造：培养。	他的表现也可圈可点，很快成为童星。
可圈可点：值得表扬肯定。	可在这时，发生了一件可怕的事情——儿子在上学

bǎng jià

绑架：为了索钱或别的目的用强力把人抢走。	的路上被绑架了。尽管绑匪一再威胁¹¹不许报警，我再

qín huò

擒获：抓到坏人或动物。	三斟酌¹²后，还是通知了警方，警方很快将绑匪擒获。

当我打开儿子藏身的箱子时，倒吸一口凉气——绑匪已经在箱子里准备好了香烛冥纸。很明显，他们已经做好

sī

撕票：把绑架的人杀死。	收到钱就撕票的打算。抱着失而复得的儿子，我连哭的力气都没有了。

绑架事件对儿子造成¹³了极大的刺激，他变得有点神

神经质：指人神经过敏、胆小、易冲动。	经质，再也不愿意与我一起出现在任何公众场合，一回家就钻进自己的房间锁上门。看着以前举重若轻¹⁴的儿子

jiē

草木皆兵：惊慌时疑神疑鬼。	如今¹⁵草木皆兵，我的心疼了又疼，咨询¹⁶了很多心理专

家，得到的建议只有一个——时间疗法。我收起眼泪，告诉自己：没什么大不了的，老天已经对我很宽厚[17]了，把活生生的儿子还给了我。

我开始学着以母爱的本能[18]和他共处，一切的一切都是为了让他高兴，由着他去做想做的事情：放弃牛排去吃汉堡包；请同学来家里闹得翻天覆地[19]；和以前我认为不富贵、没气质的同学打成一片；穿便宜的 T 恤和牛仔裤；不再在我的监督[20]下练乐器、苦着脸去听交响乐……

富贵：很有钱、出身好。

交响乐：由乐队演奏的大型乐曲。

有一次在埃及，我们共骑单峰（fēng）骆驼，在金字塔前端详（duān xiáng）狮身人面像。儿子坐在前面，靠在我怀里。骆驼脖子上的鬃毛蹭（zōng máo cèng）得他的小腿发痒，我让他将腿盘起来，半躺在我怀里，左手帮他抚摸[21]着蹭红的小腿，右手轻轻地摸着他的头发，儿子忽然动了动，把脑袋往我的胸前挤了挤，梦呓（yì）般地说："妈妈，谢谢。"我让他成为全校最优秀的学生，他没有谢我；我让他成为童星，他没有谢我；我曾打算倾家荡产（qīng jiā dàng chǎn）去交赎金（shú），他也没有谢我。可就在落日大漠里，靠在我怀里的时候，他由衷[22]地感谢我。一句"谢谢"，顿时让我觉得所有的荣耀[23]都无法与之相提并论。我发觉这样的生活才能让儿子真正觉得幸福和满足。

端详：仔细地看。

蹭：摩擦

梦呓：说梦话。

倾家荡产：全部家产都没有了。

赎金：换回想要的东西而交的钱。

相提并论：把不同的人或事放在一起来谈论或看待。

三年的恢复，儿子终于痊愈[24]了。随着儿子的痊愈，我也发生了根本的变化。我不再张扬，学会了理解和同情，变得更加成熟，也终于懂得了幸福的含义：平静。

（作者：张艾嘉　来源：中国财经新闻网　有改动）

生词

顺风顺水[1]	shùnfēng – shùnshuǐ		做事情非常顺利。
			例：他运气非常好，做什么事情都~。
追逐[2]	zhuīzhú	动	追求。
			例：~名利　~梦想
张扬[3]	zhāngyáng	形	例：个性~，爱表现自己。
微妙[4]	wēimiào	形	说不清、难以捉摸的。
			例：~的关系　~的心理
			这个问题很~。
圈[5]	quān	名	例：学术~
			演员是演艺~的人。
刻意[6]	kèyì	副	有意，特意。
			例：~安排　~培养
应邀[7]	yìngyāo	动	例：国家主席~去外国访问。
将[8]	jiāng	介	书面语，把。
			例：~同学视作/看作亲人。
			请~原因解释清楚。
轰动[9]	hōngdòng	动	同时惊动很多人，让很多人关注。
			例：引起~　~全国　~一时　全场~
随即[10]	suíjí	副	立即。
			例：看到情况危险，他~决定停工。
威胁[11]	wēixié	动	使用武力吓唬别人；使遭遇危险。
			例：坏人拿刀~旁人。
斟酌[12]	zhēnzhuó	动	再三考虑。
			例：仔细~
			经过反复~，我终于做出了决定。
			【近】推敲
造成[13]	zàochéng	动	例：~伤害　~损失
			对不起！是我的粗心大意，~今天的结果。
举重若轻[14]	jǔzhòng-ruòqīng		举重东西就像举轻东西那样。比喻做难

9

的事轻松而不费力。

例：小周是个很能干的人，不管做什么大事，他都能～。

如今[15]	rújīn	名	现在；目前。
			例：～，网购已经十分普遍了。
咨询[16]	zīxún	动	询问。
			例：～情况　向谁～
宽厚[17]	kuānhòu	形	宽容善良。
			例：他为人～，对别人很友善。
			【反】刻薄
本能[18]	běnnéng	名	例：到黑暗的地方感到害怕，是人的～反应。
			爱孩子是当父母的一种～。
翻天覆地[19]	fāntiān-fùdì		①形容闹得很凶。
			例：孩子们把家闹得个～。
			②指变化很大。
			例：家乡这几年的变化真是～。
监督[20]	jiāndū	动	在旁边观察，不让人做不该做的事。
			例：～孩子　～学生
			孩子练钢琴时爱偷懒，所以，老师常常会在旁边～。
抚摸[21]	fǔmō	动	例：妈妈轻轻～孩子的脸。
由衷[22]	yóuzhōng	动	从心底里。
			例：言不～　～之言
			感到～地高兴　表示～的感谢
荣耀[23]	róngyào	形	光荣。
			例：评上了优秀学生，我感到无比～。
痊愈[24]	quányù	形	病好了。
			例：前段住了几天医院，现在身体已经～。

词语辨析

1. 欣慰　安慰

相同：

都可作为形容词。都指达成某种心愿后产生的一种安心舒服的心理感觉。如：感到安慰/欣慰；很安慰/欣慰。

不同：

"安慰"侧重指心安；"欣慰"除了心安外，还有欣喜。

例：（1）虽然很辛苦，但女儿很心疼自己，她感到（一丝）安慰。

　　（2）女儿既漂亮又孝顺，今年还考上了一所名牌大学，这让我们感到特别欣慰。

"安慰"还可作为动词，"安慰＋人"表示通过言语或行为使人感到心安舒服。

例：萍萍很难过，你去安慰一下她吧。（×欣慰）

搭配：

欣慰：感到～/很～/一丝～/特别～

安慰：感到～/很～/一丝～/很大的～/～他

练习：

（1）非常感谢大家的(　　　)，让我渡过了难关。

（2）经过辛苦的努力，我们终于拿到了第一名，大家感到无比(　　　)。

（3）她心情不好，你去(　　　)一下她吧。

2. 追逐　追求

相同：

都是动词。都有通过努力而得到想要的东西这一意义。

不同：

"追求"的对象可以是人或抽象的事物，多是好的或正当的事物，但也可以是"名利"。多带有褒义或中性色彩。

"追逐"的对象多是"名利"，是不应太重视的东西，多含贬义。"追逐"还有"追赶（动物）"之意。

例：（1）年轻人应该追求进步/梦想。（×追逐）

　　（2）我们不应该过分追逐名利。

　　（3）一群动物在互相追逐。（×追求）

搭配：

追求：~漂亮姑娘/~真理/~梦想/~美好/~最好的结果/~名利/~数量

~成功/~享受/一种~/盲目~

追逐：~名利/~梦想/~大象/互相~

练习：

（1）他长得帅，有能力，心地善良，有很多女孩子（　　）他。

（2）不要把金钱看得太重，不要（　　）虚名。

（3）男人一般比女人更（　　）事业的成功。

篇章训练

1. 阅读课文《幸福的含义》中的作者开始时是怎样培养儿子的？请根据以下提示词语把具体情况讲出来。

（1）37 岁，我生下……我就为他计划好了未来的路……

（2）儿子 5 岁那年，……，很快成为童星。

2. 请根据以下提示词语，说说后来作者的儿子发生了什么事情？

（1）可在这时，发生了一件可怕的事情……

（2）绑架事件对儿子造成了极大的刺激，他变得……

3. 再后来，作者是以什么样的方式对待和培养儿子的？她自己有何变化？

（1）我开始学着以母爱的本能和他共处，吃的方面……，穿的方面……，玩的方面……

（2）随着……，我……，不再……，变得……，懂得……

文化点滴

一百岁感言

我今年一百岁，已经走到了人生的边缘，我无法确知自己还能走多远，寿命是不由自主的，但我很清楚我快"回家"了。

我没有"登泰山而小天下"之感，只在自己的小天地里过平静的生活。细想至此，我心静如水，我该平和地迎接每一天，准备回家。

在这物欲横流的人世间，人生一世实在是够苦。你存心做一个与世无争的老实人吧，人家就利用你、欺侮你。你稍有品德才貌，人家就嫉妒你、排挤你。你大度退让，人家就侵犯你、损害你。你要不与人争，就得与世无求，同时还要维持实力准备斗争。你要和别人和平共处，就先得和他们周旋，还得准备随时吃亏。

少年贪玩，青年迷恋爱情，壮年汲汲于成名成家，暮年自安于自欺欺人。

人寿几何，顽铁能炼成的精金，能有多少？但不同程度的锻炼，必有不同程度的成绩；不同程度的纵欲放肆，必积下不同程度的顽劣。

上苍不会让所有幸福集中到某个人身上，得到爱情未必拥有金钱；拥有金钱未必得到快乐；得到快乐未必拥有健康；拥有健康未必一切都会如愿以偿。

保持知足常乐的心态才是淬炼心智、净化心灵的最佳途径。一切快乐的享受都属于精神，这种快乐把忍受变为享受，是精神对于物质的胜利，这便是人生哲学。

一个人经过不同程度的锻炼，就获得不同程度的修养、不同程度的效益。好比香料，捣得愈碎，磨得愈细，香得愈浓烈。我们曾如此渴望命运的波澜，到最后才发现：人生最曼妙的风景，竟是内心的淡定与从容……我们曾如此期盼外界的认可，到最后才知道：世界是自己的，与他人毫无关系！

（作者：杨绛）

经典诵读

yuàn
1. 不 怨 天，不尤人。（《论语》）

译：指遇到挫折与失败时，绝不从客观上找借口，绝不埋怨别人。后来由此发展出成语"怨天尤人"。

héng   jìng
2. 爱人者，人 恒 爱之；敬人者，人恒敬之。（《孟子·离娄下》）

译：爱别人的人，别人永远爱他；尊重别人的人，别人永远尊重他。

练习

一、词语组配

（   ）挫折　　正经（　　）　　超越（　　）　　探视（　　）

（　）肥沃　　万般（　）　　披露（　）　　归纳（　）

（　）欣慰　　庆幸（　）　　陷入（　）　　扣除（　）

二、填字构词

自（　）苦（　）　　　　（　）上（　）花

雪中（　）（　）　　　　苦中（　）（　）

无可（　）（　）　　　　（　）（　）下石

有（　）必（　）　　　　举步（　）（　）

（　）（　）不惊　　　　（　）来（　）受

三、完成对话

1. 刚一下班，外面就下起了大雨，＿＿＿＿＿＿＿＿＿＿＿＿＿＿＿＿。（庆幸）

2. 最近她和男朋友分手了，＿＿＿＿＿＿＿＿＿＿＿＿＿＿＿＿＿＿。（困扰）

3. 一个人的成功和其聪明有一定关系，＿＿＿＿＿＿＿＿＿＿＿＿。（取决于）

4. ＿＿＿＿＿＿＿＿＿＿＿＿＿（际遇），不然，以后恐怕难有这样的学习机会了。

5. 虽然他这次表演并不比其他人出色多少，＿＿＿＿＿＿＿＿＿＿。（超越）

6. 我当时明明看到天空一匹马在飞，＿＿＿＿＿＿＿＿＿＿＿＿＿。（离奇）

7. ＿＿＿＿＿＿＿＿＿＿＿＿＿＿＿＿＿＿＿（披露），所有人都知道了这件事。

8. 目前我找到的两个工作各有好坏，＿＿＿＿＿＿＿＿＿＿＿＿＿。（纠结）

9. 王老师为人宽厚，乐于助人，＿＿＿＿＿＿＿＿＿＿＿＿＿。（有求必应）

10. 大学艺术团去国外演出获得了极大成功，＿＿＿＿＿＿＿＿＿＿。（光荣）

四、用这些词语改写句子，句子意思不变

万般　　何况　　被……所　　更甭说　　包涵　　宠辱不惊　　取决于

1. 如果我有什么做得不够好的地方，请你多原谅。

改成：＿＿＿＿＿＿＿＿＿＿＿＿＿＿＿＿＿＿＿＿＿＿＿＿＿＿＿

2. 一个人年纪越大，经历的事情越多，对得失不会那么在意了。

改成：＿＿＿＿＿＿＿＿＿＿＿＿＿＿＿＿＿＿＿＿＿＿＿＿＿＿＿

3. 别怕，还有爸爸妈妈会在你身旁，而且你的好朋友也会支持你。

改成：＿＿＿＿＿＿＿＿＿＿＿＿＿＿＿＿＿＿＿＿＿＿＿＿＿＿＿

4. 他的这番话深深地感动了我。

改成：＿＿＿＿＿＿＿＿＿＿＿＿＿＿＿＿＿＿＿＿＿＿＿＿＿＿＿

5. 老人们都爬到山顶了，你年轻人怕什么？

改成：＿＿＿＿＿＿＿＿＿＿＿＿＿＿＿＿＿＿＿＿＿＿

6. 外在环境只能决定一个人10％的幸福程度，剩下的90％就看你如何看待这个环境。

改成：＿＿＿＿＿＿＿＿＿＿＿＿＿＿＿＿＿＿＿＿＿＿

7. 能欣赏到如此美丽的风景，我感到无比的幸福。

改成：＿＿＿＿＿＿＿＿＿＿＿＿＿＿＿＿＿＿＿＿＿＿

五、熟练背诵下列语段

1. 生活与感情陷入困境，有时是无可奈何的，但是如果连思想和心情都陷入苦境，那就是自讨苦吃，苦上加苦了。在波涛汹涌的海上航行，我早已学会面对苦境的方法。我总是想从前万般的折磨，我都能苦中作乐，眼下的些许苦难，自然能逆来顺受了。

2. 使我深受感动的不是他们的苦难，因为苦难到处都有，使我感动的是他们面对苦难的坚持、乐观和勇气。原来如意或不如意并不是决定于人生际遇，而是取决于思想的瞬间，原来决定生命品质的不是八九，而是一二。

六、阅读练习

把生命浪费在美好的事物上

女儿，从你很小的时候，我就开始问你一个问题：你长大后喜欢干什么？

第一次问是在去日本游玩的邮 轮（yóu lún）上，小学一年级的你告诉我是想当游戏机房的收银员。那些天，你在邮轮的游戏机房里玩疯了，在你看来，如果能当上收银员，那该有多爽呀。

后来，我一次又一次地问你这个问题，你一次又一次地更换自己的"理想"。有一次是海豚（tún）训练师，是看了海洋世界的表演秀，觉得特别酷；有一次是 宠 物（chǒng）医生，大概是送圈圈去宠物店洗澡后萌生出来的。记得还有文化创意、词曲作家、花艺师、家庭主妇等。

你初中毕业后就去了温哥华读书，你从此独立，将有权利选择自己喜欢的大学、工作、城市和男朋友。在温哥华，你过得还不错，会照顾自己，有了闺蜜圈，第一次独自旅行，你的成绩也不错。

一年后，我带你去台北旅行，又问你以后喜欢干什么？你突然说，我想当歌手。这回你好像是认真的，你滔滔（tāo tāo）不绝地谈起自己对流行音乐的看法，谈了对中国当前造星模式的不满，谈了你自认为的歌手定位和市场空间。你还掏出手机给我看 MV，我第一次知道 BIGBANG 乐队，知道权志龙。在你的眼睛里，我看见了光。

作为一个靠理性分析吃饭的父亲，我提醒你说，如果按现在的成绩，你两年后是应该能考进排名全球前一百位的大学。但是，流行歌手是一个靠天赋、运气的不确定行业，你日后成为一名二流歌手的概率也只有 10%，你得想清楚了。

你的目光好像没有游离，你说不想成名，就是喜欢。其实，我打心眼里认同你的回答。

接下来，你退掉了早已订好的去温哥华的机票，在网上办理了退学手续，在上海一所音乐学校就读。你在那儿学声乐、舞蹈、谱曲（pǔ qǔ）和乐器。据说挺辛苦的，一早就进琴房，下午才出得来，晚上回到宿舍身子就跟散了架一样。你终于知道把"爱好"转变成"职业"，其实并不是一件容易的事情。但你的确是快乐的，你选了自己喜欢走的路。

记得有一年我去四川大学讲课，一位博士生问我应该如何选择职业，我问她为什么要读物理博士，她说："是我爸爸妈妈让我读的。"我问："那你喜欢什么？"她说："我不知道。"

还有一次，我遇到一位三十多岁的女商人，从小就跟随亲戚做生意，什么赚钱干什么，赚了很多钱，却很不快乐。她说一直没有想过，自己到底喜欢什么。

今日中国的 90 后们，你们有权利，也有能力选择自己喜欢的生活方式和工作——它们甚至可以只与兴趣和美好有关，而与物质、报酬、前途、成就、名利没有太大的关系，只要它是正当的，只要你喜欢。

喜欢，是一切付出的前提。只有真心喜欢了，你才会去投入，才不会抱怨这些投入，无论是时间、精力还是感情。

在这个世界上，不是每个国家、每个时代、每个家庭的年轻人都有权利去追求自己所喜欢的未来。所以，如果你侥（jiǎo）幸可以，请千万不要错过。

"生命就应该浪费在美好的事物上"这是台湾黑松汽水的一句广告词。原来生命从头到尾都是一场浪费，你需要判断的仅仅在于，这次浪费是否是"美好"的。后来，当我每做一件事情的时候，我便问自己，你认为它是美好的吗？如果是，那就去做吧，从这里出发，我们去抵抗命运，享受生活。现在，我把这句话送给你，我十八岁的女儿。

（作者：吴晓波　出自《把生命浪费在美好的事物上》　略有改动）

阅读理解

1. 哪一项不是女儿曾经有过的理想？（　　）

A. 收银员　　　　　B. 宠物医生　　　　　C. 画家

2. 作者提到女儿在谈到对音乐的看法时，写道"在你的眼睛里，我看见了光"。这句话说明（　　）。

A. 音乐在女儿眼里是发光的东西

B. 音乐是女儿心里最感兴趣的东西

C. 作者觉得女儿眼睛发光发亮，很漂亮

3. 对于女儿选择是学音乐还是读世界名牌大学时，作者的态度是（　　）。

A. 因为学音乐难成功而不支持女儿学音乐

B. 希望让女儿读世界名牌大学

C. 希望女儿了解清楚各种可能性后根据自己的兴趣选择

4. "你的目光好像没有游离"的意思是（　　）。

A. 她的目光没有离开，盯着某个东西看

B. 她已经有了明确坚定的想法

C. 她说话时眼睛一动不动

5. 女儿最终选择到上海的一家音乐学校学音乐后，她没有感到（　　）。

A. 很辛苦　　　　　B. 很快乐　　　　　C. 很后悔

6. "生命就应该浪费在美好的事物上"，作者欣赏这句话是因为以下的哪一点（　　）。

A. 生命从头到尾其实是一场浪费

B. 在人生中选择做一件事情时，关键看它是不是能让自己变得更好

C. 喜欢，是一切付出的前提

七、采访活动

以"你觉得什么时候是最幸福的？"为问题，采访 3～5 位同学，并记录于表中。然后以小组为单位汇报，再看哪些同学的看法是相同的，比较多的看法主要是哪几种。

姓名	什么时候是最幸福的？

八、写作

课文一中有段话："人生不如意的事十常八九。但至少还有一二成是如意的、快乐的、欣慰的事情。如果我们要过快乐的人生，就要常想那一二成的好事，这样就会感到庆幸，懂得珍惜，不致被八九成的不如意所纠结了。"你同意作者的看法吗？结合自己生活中所见所闻写一段读后感。

九、猜词游戏

将课文中四字词及其他核心词分别写在卡片上，全班分为 3 组，每组一叠卡片，一个同学举卡片（每次一张），一个同学猜卡片上的词语，其他同学用汉语解释卡片的意思。

第二课

课前准备

1. 你以前请求过陌生人的帮助吗？他们帮你了吗？为什么？
2. 如果你遇到一个陌生人需要帮助，你会帮吗？为什么？

课文

陌生人的恳请[1]

到加拿大的第二年春天，我准备去一个叫兰多里的小镇应聘。兰多里距离我所居住的城市有八百多公里，但却没有直接开往那里的火车，我必须去一个叫德唯斯的小镇转车[2]。

一大早我就出发了，下了火车后，我站在德唯斯小镇的站台[3]上。一位瘦削（xuē）矮小的老太太正挥动[4]着右手，目光一直追随[5]着刚出发的那趟列车。当火车完全消失于她的视线中时，她才将挥动的手放下，转过身，准备走

所+动词+的：作定语修饰名词或代替名词。

例：～谈的道理；～用的方法；～产生的结果

他～谈的不过是些小事。

～用的还是老方法。

瘦削：身体或脸很瘦。

视线：眼睛看到的区域，或比喻注意力。

19

出站台。

我向这位老太太打听："请问，去兰多里的车几点出发呢？"

老太太回过头，看见我拎[6]着一个很大的行李箱，她微笑着回答："是晚上9点！"随即，她又看了看手 腕(wàn)上的表说："哦，现在才中午，时间还早呢。"

我对她说了声"谢谢"，拉着行李，穿过站台的地下走廊[7]，我想去快餐店吃午饭，然后，随便到德唯斯小镇逛逛。

晚上8点半，我准时赶到了车站，买票的时候才发现，去兰多里的车是两天发一次，而今天恰好[8]没有！我感到很沮丧[9]！而老天似乎也不给我一丝[10]快乐的理由——突然下起了大雨！

候车厅：车站等候坐车的地方。
落寞：孤单冷清，冷落。

我被困在车站的 候(hòu)车厅里，显得无精打采[11]、落寞(mò)惆怅[12]。

这时，大厅的旋转[13]门被推开了，中午看到的那位瘦削而矮小的老太太走了进来。她右手打着一把红色的雨

胶鞋：用橡胶制成的鞋，通常指雨鞋。
裤管：裤腿。
折叠：把物体的一部分翻过来和另一部分紧挨在一起。

伞，雨水顺着伞边滑落[14]在她的脚下，这使她脚下的胶(jiāo)鞋和裤管几乎都被雨水淋湿，贴在了她细细的腿上。她的左手拿着一把折 叠(zhé dié)好的雨伞，似乎在焦急地寻找着什么人。

看见我，她的嘴角浮[15]起一丝不易被人觉察[16]的微笑。她向我走来："请问，今天中午是你向我打听去兰多里的发车时间吗？"

"哦，是的，是我。"我说。

"实在对不起，小姐，我记错了时间，去兰多里是两天发一趟车，今天刚好没有，我估计你会在这里等，因为突发[17]的大雨会使你一时无法离开车站。"她将那把没有撑开的雨伞递给了我，"是我的过失[18]，导致你一天安

排的失误[19]，所以，我恳请你去我家住一个晚上，明天我送你上火车，好吗？我家就在车站附近！走路顶多[20]15分钟。"

我不知道是否该接受老太太的邀请，只好委婉[21]地说："谢谢您！不过雨太大，我们还是等雨停了再说吧。"

她显然很赞同，一点没有觉察出我内心的那丝顾虑[22]，然后坐了下来，和我聊起了天。

她告诉我，她今天送走了她的儿子，她的儿子一直热衷[23]于东方文化，所以准备去中国留学和工作。她谈起了她去世的丈夫和年少时他们去过的国家，从她的谈话中，我能感到她似乎也担心她的儿子遇到和我同样的问题。我更能猜测[24]出，在她的意识[25]里，即使是陌生人之间，都应该拥有一份做人的责任[26]与诚信。她的谈话拉近了我和她之间的距离，也打消[27]了我心里原有的那一丝犹疑。

雨渐渐地小了，我撑着老太太送来的雨伞，搀扶[28]着她，去了她的家。

第二天，她将我送上了去兰多里的火车，和送别她儿子一样，她向我挥动着右手，直到火车开出很远，她才缓缓地将手放下。

国外打工的日子颠沛流离，我的生存[29]状态是永远在途中。可每次走向火车站台，我总情不自禁[30]地想起那位瘦削矮小的老人，她那份做人的诚信与责任，那份体恤[31]他人的关爱之心，总会使我漂泊的心温暖起来。

年少：年轻。

犹疑：怀疑、犹豫。

颠沛流离：生活艰难，四处流浪。

……之＋名词："之"相当于"的"。

例：公民～权利；胆小～人；光荣～家

（作者：苏龙美惠　来源：《羊城晚报》　有改动）

生词

恳请[1]	kěnqǐng	动	诚恳的邀请或请求。
			例：～参加　～原谅
转车[2]	zhuǎnchē	动	中途换车。
			例：从北京到宁波，可以在上海～。
站台[3]	zhàntái	名	车站上下乘客或装卸货物的平台。
			例：下班后，很多人都在～上等车。
挥动[4]	huīdòng	动	挥舞。
			例：～手臂　～翅膀
追随[5]	zhuīsuí	动	跟随。
			例：～左右　～潮流
拎[6]	līn	动	用手提。
			例：～不动　～着一个包
			他～了个木桶到河边去打水。
走廊[7]	zǒuláng	名	房屋之间的走道。
			例：下课了，同学们在～上跑来跑去。
恰好[8]	qiàhǎo	副	正好；刚好。
			例：你要看的那本书～我这里有。
			【近】正好
沮丧[9]	jǔsàng	形	灰心失望。
			例：神情～　心情～
丝[10]	sī	量	表示极少或极小的量。
			例：一～理由　一～不差　一～风也没有
无精打采[11]	wújīng-dǎcǎi		形容精神不振，提不起劲头。
			例：昨晚我没睡好，一整天都～的。
惆怅[12]	chóuchàng	形	伤感、失意。
			例：感到～　～的心情
			别离之后，她心里感到一阵～。
旋转[13]	xuánzhuǎn	动	物体围绕一个点或一个轴作圆周运动。
			例：地球围绕太阳～。
			风车～起来了。

滑落[14]	huáluò	动	滑动跌落。
			例：~下去
			杯子从手中~，然后就摔碎了。
浮[15]	fú	动	停留在液体等表面上。
			例：~上来　油~在水上　脸上~着微笑
			【反】沉
觉察[16]	juéchá	动	发觉；看出来。
			例：~出来　~到
			日子长了，她才~出他长高了。
			【近】发现
突发[17]	tūfā	动	意外地突然发生。
			例：~事件/情况/疾病　~山体滑坡
过失[18]	guòshī	名	因不小心而犯的错误。
			例：重大~　小~
			他在工作上的~影响了他这个月的工资。
失误[19]	shīwù	动/名	由于疏忽或水平不高而造成差错。
			例：传球~了　工作上的~
			一招~，全盘皆输。
			【近】错误
顶多[20]	dǐngduō	副	最多。
			例：讲座七点开始，现在~五点，不用那么着急。
委婉[21]	wéiwǎn	形	说话等不直接，容易让人接受。
			例：我做错了事情，老师一般不会直接批评我，而是~地提醒我问题在哪儿。
顾虑[22]	gùlǜ	名	恐怕对自己、对别人或对事情不利，而不敢照自己本意说话或行动。
			例：打消~　~重重
			【近】顾忌
热衷[23]	rèzhōng	动	十分爱好（某种活动）。
			例：~于滑冰　对音乐很~
			【近】热爱
猜测[24]	cāicè	动	凭想象估计。

例：~结果　~情况

这件事非常复杂，叫人很难~。

【近】推测

意识[25]	yìshí	名	例：恢复~　法律~
			每个人都要有法律~，那样才不会做不应该的事。
责任[26]	zérèn	名	分内应做的事。
			例：一份~　承担~　尽~　~重大
			养育孩子是父母的~。
打消[27]	dǎxiāo	动	消除（用于抽象的事物）。
			例：~顾虑　这个念头趁早~。
搀扶[28]	chānfú	动	例：~老人　~一下
			他~着一位病人散步。
生存[29]	shēngcún	动	保存生命。
			例：~空间　~下去
			没有空气和水，人就无法~。
情不自禁[30]	qíngbùzìjīn		忍不住；抑制不住自己的感情。
			例：回到故乡，我总~地想起以前的朋友。
体恤[31]	tǐxù	动	设身处地为人着想，给以同情、照顾。
			例：~老人　~朋友
			【近】体贴

谈一谈

1. "我"八点半赶到车站时，为什么感到沮丧？

2. 老太太为什么要回来找"我"？

3. "我"最初为什么不想接受老太太的邀请？

4. 你怎么理解"即使是陌生人之间，都应该拥有一份做人的责任与诚信"？

5. 是什么打消了"我"心里原有的"那一丝犹疑"？

6. 文中老太太一共挥动了几次手，每次挥手所包含的情感是一样的吗？

7. 为什么一想起那位老太太，"我"漂泊的心就会温暖起来？

8. 讨论（分组讨论10分钟，每组一人记录每人看法的关键词，一人负责汇报本组主要看法）。

（1）"我"对老太太的情感在文中有几次变化，这些变化的原因又是什么？

（2）如果你是文中的"老太太"，你会不会像她那样去帮助"我"？为什么？

阅读课文

送客请止步

八月中旬¹了，很快各大机场就要上演年度家庭大戏：留学生的伤别离。

有一次去机场送一位男性朋友。一路上，他母亲一直在念叨：dāo："以后开车要小心"，"你多穿透气²的衣服"，"回去赶紧理发，都长得刺眼了"。朋友近一米九的大男子汉，学生时代³是个呼风唤雨⁴的学生干部，工作后也是单位里有决策⁵话语权⁶的大佬，居然此刻在母亲面前还像个小孩。lǎo

我在一旁听得暗爽⁷，原来不止我一人在爸妈面前还像个生活无法自理⁸的巨型婴儿，连人高马大的男生也是。xíng 朋友觉得有些丢脸⁹，低低抱怨了一句："好了好了，我知道了，不用一遍遍地说。"

他母亲这时候不假思索地说出一句话来："谁叫你是suǒ 我儿子，没办法啊！"我听着很亲切，简直就是拷贝我妈的话。到了机场，朋友背上登山包，他母亲在他身后，diǎn 踮起脚尖，伸手帮他把领子抚平。

这时，他父亲突然说："就不送了吧，我留下来看着miáo 车子，怕被人划¹⁰。"边说着边偷瞄着儿子，好似要记住什么，又好似在悄悄进行一场内心仪式。

他母亲不耐烦¹¹地说："别管了，划就划，送儿子

念叨：因惦记或想念而在谈话中提到。

干部：指担任领导工作的人员。

大佬：头领；老大。

巨型：巨大的。

不假思索：用不着想，形容说话迅速。

踮：抬起脚后跟用脚尖站着。

瞄：看。

要紧[12]。"

安检口：机场安全检查的地方。

到了安检口，为了让他们一家人毫无顾忌[13]地说话，不用特意招呼我，我就排在前面假装忙着打电话。偶然

琐碎：细小而繁多。

suǒ suì

间，听到后面他们一家仍然说着琐碎的事，还有朋友时不时的小反抗[14]和他母亲可爱的"没办法啊！"

快轮到朋友了，朋友让父母回去，但我回头，发现俩人依然在那儿站着，目光直直地看着儿子。直到安检结束，朋友回过头向父母招招手，他俩也才摆摆手[15]，转过身一点点消失在人群里。

看着父母的背影，朋友惆怅地叹了口气。

这一切，以另一个人的角度[16]看的时候，却也不轻松。

我父母没有因为我离开而哭过，自己倒是哭过鼻子，

恐慌：因担忧、害怕而慌张不安。

kǒng huāng

不是因为和他们分别，而是"自私"地恐慌于未知[17]的未来。

每次到了"送客请止步"的地方，我总是让他们两个先走，目送他们的背影渐渐消失，偶尔由衷感慨一句，爸妈越来越老了，头发白了，步子也慢了，该多多运动啊。有时候久一点的分别礼，也没有西班牙式的拥抱亲吻，只是母亲习惯性地唠叨几句"好好吃饭""多穿点儿别着凉"，父亲一言不发慈祥地看着我笑，我嘴里念叨着

一言不发：一句话也不说。

"晓得了晓得了，你们也记得好好吃饭、好好照顾自己"，然后自己头也不回地洒脱[18]离开。

俗气：穿着、言行不讲究。

还有这样一个故事：前些天飞去北京出差，在安检口排队时，前面有个女人穿得俗气，马尾胡乱[19]一扎[20]，就站在队伍外面，对着里面大喊家乡话，周围人都纷纷[21]

鄙夷：轻视；看不起。

bǐ yí

投去了鄙夷的眼神。我好奇，伸出头往安检处望去，正

凌乱：不整齐。

líng

有个穿得差不多风格的中年男人，头发凌乱，从口袋掏出一大把硬币来。工作人员要检查包，他手忙脚乱[22]，里

面破塑料袋包着的不锈 <ruby>钢<rt>xiù gāng</rt></ruby> 碗"哐当"一声掉在地上，后面的人全都听到了。

女人继续很大声地喊着，我还是没听懂什么意思。只见男人回过头，傻笑了一下，做手势说："没事儿。"

那男人终于过关，队伍往前一挪[23]，女人离我更近了。她不再喊，只是死死盯着前方，眼睛闪闪发亮。我再仔细一看，竟是泪水。

最深沉[24]的爱，是这样的吧。不让你看到我的悲伤，反而硬是推你走。

多少家庭的父母哭成泪人，那一道写着"送客请止步"的门像是生死关口[25]一样，谁又不是"其实不想走，其实我想留"呢？

对着父母摆摆手让他们先走，儿女也丝毫不拖 <ruby>沓<rt>tuō tà</rt></ruby> 转身潇洒离开，双方演一出不掉泪的好戏。各自为彼此好好活着，下次抵达[26]大厅见面，一对健康开朗[27]，一个学有所成，完美 <ruby>谢幕<rt>mù</rt></ruby>。

拖沓：做事慢、不爽快。

出：量词。

例：一~戏

谢幕：演出完演员向观众致谢。

（作者：嘉倩　来源：嘉倩新浪博客　略有改动）

生词

中旬[1]	zhōngxún	名	每月11日到20日的十天。
			例：这个月~，我们就要交作业了。
透气[2]	tòuqì	动	空气容易通过；通气。
			例：门窗关着，房子不~。
时代[3]	shídài	名	个人生命的某个时期。
			例：儿童~　青年~
呼风唤雨[4]	hūfēng-huànyǔ		使刮风下雨，比喻能够支配自然或左右某种局面。
			例：在公司，他是个~的人物。

决策[5]	juécè	动	决定策略或办法。
			例：全民～　民主～　政府～
		名	决定的策略或办法。
			例：明智的～　失败的～
（话语）权[6]	(huàyǔ) quán	名	权：指控制、影响的力量。构词语素。
			例：教育/领导/发言/自主～
爽[7]	shuǎng	形	舒服；畅快。
			例：身体不～　人逢喜事精神～
自理[8]	zìlǐ	动	自己料理。
			例：他卧病在床，生活不能～。
丢脸[9]	diūliǎn	动	丧失体面，丢面子。
			例：爸爸希望我们不要做让他～的事。
划[10]	huá	动	用尖锐的东西把别的东西分开或在表面上刻过去、擦过去。
			例：～玻璃
			手上～了一个口子。
耐烦[11]	nàifán	形	不急躁；不怕麻烦；不厌烦（多用于否定式）。
			例：见你迟迟不来，他已经等得不～了。
要紧[12]	yàojǐn	形	重要；严重。
			例：这段河堤～得很，一定要加强防护。
			他只受了点儿轻伤，不～。
顾忌[13]	gùjì	动	恐怕对人或对事情不利而有担心。
			例：无所～　毫无～
			【近】顾虑
反抗[14]	fǎnkàng	动	用行动反对。
			例：～精神　～敌人
			哪里有压迫，哪里就有～。
摆手[15]	bǎishǒu	动	摇手。
			例：他连忙～，叫大家不要笑。
角度[16]	jiǎodù	名	看事情的出发点。
			例：如果只从自己的～来看问题，意见就难免有些片面。

未知[17]	wèizhī	形	不知道。
			例：～事件 ～数
洒脱[18]	sǎtuō	形	（言谈、举止、风格）自然；不拘束。
			例：他生活得很～。
胡乱[19]	húluàn	副	马虎；随便。
			例：～涂上几笔 ～吃了两口就走了
扎[20]	zā	动	捆；束。
			例：～裤脚 腰里～着一条皮带
纷纷[21]	fēnfēn	副	（许多人或事物）接二连三地。
			例：大家～提出问题。
手忙脚乱[22]	shǒumáng-jiǎoluàn	形	形容做事慌张而没有条理。
			例：他一遇到大事，就～的。
挪[23]	nuó	动	挪动；移动。
			例：～用 把桌子～一下
深沉[24]	shēnchén	形	沉着持重；思想感情不外露。
			例：～的微笑
			这人很～，不容易了解。
关口[25]	guānkǒu	名	关键地方；关头。
			例：生死～
			在这个重要～，我们都不能离开。
抵达[26]	dǐdá	动	到达。
			例：～目的地。
开朗[27]	kāilǎng	形	（思想、心胸、性格等）乐观、畅快，不阴郁低沉。
			例：她是个性格外向，活泼～的女孩。

词语辨析

1. 热衷 热爱

相同：

都是动词。都有非常喜欢某种东西的意思，感情都很强烈。

不同：

"热衷"除了喜欢之外，还有急切盼望得到的意思。"热衷"的对象是个人的地位、利益、活动以及具体的行为，是中性词。后面一般会加上介词"于"。

"热爱"的对象是国家、人民、事业、活动等，是褒义词。

例：（1）有些年轻人热衷于事业，一心想挣大钱。

（2）人到中年之后，就不再热衷于朋友的聚会了。（×热爱）

（3）小时候老师就教育我们要做一个热爱国家、热爱人民的好学生。

（×热衷）

（4）我们都要热爱和保护自然，这样环境才会越来越好。（×热衷）

搭配：

热爱：~国家/ ~人民/ ~事业/ ~社会活动

热衷：~于事业/ ~名利/ ~公益事业/ ~社交/ ~于朋友聚会/ ~于买房

练习：

（1）（　　）名利　　　　　　　　（　　）于收藏名人字画

　　　（　　）工作　　　　　　　　（　　）祖国

（2）我发现身边的每个人都特别快乐，特别（　　）并珍惜自己的工作。

（3）诺贝尔的父亲（　　）于发明，所以诺贝尔从小就受到了很大影响。

2. 顾忌　顾虑

相同：

都可以做动词。都指怕对自己、别人或对事情不利而不敢照自己本意说话或行动。

不同：

"顾忌"含有害怕、畏惧而不敢的意思；"顾虑"含有担心、忧虑而不愿意的意思。

例：（1）有的员工会毫无顾忌地说出对老板的不满，而有的却不敢。

（2）打消了消费者的顾虑后，我们的销售量就可以提升了。（×顾忌）

"顾虑"除了作动词外，更常作名词。

例：（1）有些家长认为孩子还小，和他们说话不用顾忌/顾虑太多。

（2）目前我国社会保障体系尚不健全和完善，使得居民顾虑重重。（×顾忌）

搭配：

顾忌：无所~/毫不~/ ~别人

顾虑：有所~/打消~/毫无~/一丝~/ ~重重

练习：

（1）无所（　　）　　　　打消（　　）　　　　（　　）重重

（2）你是当事人，希望你打消（　　），彻底揭发犯罪者。

（3）她毫不（　　）地对记者说，她能取得今天的成绩，较强的感悟力帮了她不少忙。

篇章训练

1. 根据阅读课文《送客请止步》回答问题。

（1）文中一共出现了几个人物，讲述了几个故事？

（2）作者的朋友在母亲面前像个小孩的表现有哪些？

（3）作者朋友的父亲开车到了机场后，为什么突然不想去送儿子了？

（4）作者为什么在安检口假装打手机？

（5）作者自己和父母离别时的情景是什么样的呢？

（6）简要讲述第二个故事。

2. 请写出一段你亲身经历的或看到或听到的离别故事，字数300～500。

文化点滴

儒家思想

儒家思想，是中国古代的主流思想。由孔子创立，对中国、东亚乃至全世界都产生了深远的影响。儒家思想的内容博大精深，其核心内容是仁、义、礼、智、信、恕、忠、孝。

仁：是爱别人的意思。

义：原指"宜"，表示行为符合道德准则。

礼：指思想和行为的各种道德规范。

智：同"知"，指知道、了解、见解、知识、聪明、智慧等。是孔子的认识论和伦理学的基本知识。

信：指待人处事诚实不欺、言行一致的态度。

恕：包含有宽恕、容人之意。

忠：指与人交往中要忠诚老实。

孝：孝是仁的基础，指对父母的赡养以及对父母和长辈的尊重。

韩信报恩

　　汉朝的开国功臣韩信，幼时家里很穷，他和哥哥嫂嫂住在一起，靠吃剩饭剩菜过日子。小韩信白天帮哥哥干活，晚上刻苦读书，刻薄的嫂嫂非常讨厌他读书，认为读书耗费了灯油，又没有用处。于是韩信只好流落街头，过着吃不饱、穿不暖的生活。有一位给别人当佣人的老婆婆很同情他，不但支持他读书，还每天给他饭吃。韩信很感激，他对老人说："我长大后一定要报答你。"老婆婆笑着说："等你长大后我就不在人世了。"后来韩信成为著名的将军，被刘邦封为楚王，他始终想着那位曾经给他帮助的老人，并设法找到了那位老婆婆，将老人接到自己的家里，像对待自己的母亲一样对她。

经典诵读

　　　　　　yù　wù shī
1. 己所不欲，勿 施于人。（《论语·卫灵公》）

译：自己不愿意做的事情，不要强加于别人。

　　　　fū rén　　　　　　　　　　dá
2. 夫 仁者，己欲立而立人，己欲达而达人。（《论语·雍也》）

译：仁爱之人，自己决定对人建立仁爱之心，别人才会对你仁爱，自己决定对人豁达（宽容），别人才会对你豁达（宽容）。

练习

一、请选择正确的拼音

1. 瘦削（　　） 　　A. shòuxuē 　　 B. shòuxiāo

2. 惆怅（　　） 　　A. chóucháng 　　 B. chóuchàng

3. 旋转（　　） 　　A. xuánzhuǎn 　　 B. xuánzhuàn

4. 犹疑（　　） 　　A. yóuyù 　　 B. yóuyí

5. 体恤（　　） 　　A. tǐxuè 　　 B. tǐxù

6. 情不自禁（　　） 　　A. qíngbùzìjìn 　　 B. qíngbùzìjīn

二、词语连线

热衷	手臂
打消	时尚
搀扶	名利
挥动	顾虑
突发	老人
追随	事件
体恤	沮丧
感到	他人

三、填空并用词造句

无精（　）（　）：＿＿＿＿＿＿＿＿＿＿＿＿＿＿＿＿＿＿

（　）（　）自禁：＿＿＿＿＿＿＿＿＿＿＿＿＿＿＿＿＿＿

颠（　）流（　）：＿＿＿＿＿＿＿＿＿＿＿＿＿＿＿＿＿＿

落（　）惆（　）：＿＿＿＿＿＿＿＿．＿＿＿＿＿＿＿＿＿

（　）致（　）误：＿＿＿＿＿＿＿＿＿＿＿＿＿＿＿＿＿＿

瘦（　）矮（　）：＿＿＿＿＿＿＿＿＿＿＿＿＿＿＿＿＿＿

四、选词填空（有两个词是多余的）

顶多　热爱　总是　恳请　意识　体恤　委婉　热衷　责任　一丝　一直　突发

1. 看到这张照片，我（　　　　）情不自禁地想起为我们拍照的人。

2. 爸爸告诉我，每个人应该承担起自己的（　　　　）。

3. 为了（　　　　）他的原谅，我买了一件很贵的礼物。

4. 他的举动打消了我心里的（　　　　）犹疑。

5. 他向那位女孩表白了自己的爱意，但女孩（　　　　）地拒绝了他。

6. 我的爸爸非常（　　　　）于收藏各种不同的石头。

7. 从学校到超市走路（　　　　）10分钟。

8. 在他的（　　　　）中，爸爸一直是个伟大的人。

9. 这是一起（　　　　）事件，谁也没想到。

10. 他是一个特别懂事的孩子，这么小的年纪就懂得（　　　　）父母。

五、修改病句

1. 她负责任的行为打消我心里的顾虑重重。

_____

2. 我居住城市是上海。

_____

3. 她送给我的礼物，是恰好我的喜欢。

_____

4. 看到这件衣服，我情不自禁总是想起奶奶。

_____

5. 我觉察了她是一个非常有耐心的人。

_____

6. 他的这次讲话，有几次明显的过失。

_____

六、用这些词语改写句子，句子意思不变

1. 这首有关青春的歌曲感动了所有人。（……之＋名词）
改成：_____

2. 可怜的人必有可恨的地方。（……之＋名词）
改成：_____

3. 这个篮子太小了，最多能装 5 个苹果。（顶多）
改成：_____

4. 我这次考试发挥不好，最好的结果是能及格。（顶多）
改成：_____

5. 我正在看的电影是一部动作片。（所……的）
改成：_____

6. 你赞同的观点别人不一定认同。（所……的）
改成：_____

7. 他一直是早上六点起床。（总）
改成：_____

8. 小张心理素质很好，遇到事情常常能够冷静面对。（总）
改成：_____

七、熟练背诵下列语段

1. 我更能猜测出，在她的意识里，即使是陌生人之间，都应该拥有一份做人的责任与诚信。她的谈话拉近了我和她之间的距离，也打消了我心里原有的那一丝犹疑。

2. 国外打工的日子颠沛流离，我的生存状态是永远在途中。可每次走向火车站台，我总情不自禁地想起那位瘦削矮小的老人，她那份做人的诚信与责任，那份体恤他人的关爱之心，总会使我漂泊的心温暖起来。

八、阅读练习

粘嘴的苹果

前几天坐出租车，车里十分干净，开车的师傅也很健(fù jiàn)谈。

我刚一上车就听到师傅说："一听声音就知道你是倪萍大姐。"师傅头也没回，说得很肯定。"倪大姐，你有没有闻到车里的香味？"

"嗯，我闻到了。是不是苹果的香味？"我嘴里应(yìng)着，心里还想着画画儿的事儿。

突然，一个苹果被师傅反手递到了我眼前，师傅说："这是正宗的'金元帅'！给你尝一尝。我们平谷就出两样好东西，一个是5月份的大桃，一个是10月份的'金元帅'，送你这个礼物。别看你是名人，'金元帅'你绝对没吃过。"

我笑着接过来，说："谢谢了！师傅。"

可我心里在想：嘿！什么苹果我没吃过？我可是吃苹果长大的啊！

师傅又说开了："倪大姐，你吃吧，这苹果很甜，甜得能把你嘴粘(nián)住，那果汁顺着嗓子流下去，简直比喝蜂蜜还甜！"

我笑出了声儿："这么好的苹果，你们怎么不拿到北京来卖呀？"

"还卖？开花那会儿就叫明白人给包走了，我们吃的这些都是有点小毛病的，就这还六块一斤呢！今儿不买明儿就不见了的好东西，就这么十几棵树，哪还有拿到北京来卖的！我们家买了一筐，我媳妇每天让我带俩上车，今儿早上我吃了一个，这个碰上你了，算倪大姐有口福啊！"

妈呀，吃个苹果，还算有口福。我在心里这样想着。

下了车，我举着"圣果"回了家。进门把苹果切成四瓣，叫家人来吃。我对儿子说："儿子，有什么话快说啊，一会儿嘴巴会粘住啊！"

儿子感到奇怪，问："吃个苹果，粘嘴干吗？"

我说："这个苹果可不是一般的苹果，吃了之后，甜得你想张嘴都张不开了。"

儿子说："妈，那你先吃，省得你再问我作业的事。"

我妈、安子、儿子、我，我们四个小心翼翼地吃着这四瓣粘嘴的苹果，只有我妈最
pěng
捧 场："真是甜得粘嘴啊！"

儿子说："姥姥，粘嘴你还说话？"

吃着这难得的苹果，我们心里被甜粘住了，一个苹果甜遍了全家。
yì yóu
吃完了，儿子意 犹 未尽，还想要，当然没有了。姥姥说："咱们明天买去。"

"上哪儿买？这苹果稀少金贵，北京根本没有卖的。"的确，有些东西是你多有钱
也买不到的啊。

第二天我蹭小刘的车回家，跟她说起粘嘴的苹果，小刘吃惊地看着我说："倪老师，
yòu zhì
你真够幼 稚的，胆儿也太大了！你也不认识人家，给你吃的你真敢吃啊？现在什么人
都有，你不怕……天哪！"

她那惊恐的眼神也把我的心给粘住了。
dī fáng
怕，怕什么？怕的是人与人之间没有了信任，互相提 防，怕的是……人与人之间
现在仅剩下怕了。天哪，这才可怕呀！

平谷的大哥，谢谢你！谢谢你的友善与信任！这个"金元帅"是我今生吃到的最
好的苹果！这不是大话，是心里话，我的嘴被粘住了。

（作者：倪萍　来源：倪萍的博客　略有改动）

阅读理解

1. 你怎么理解"师傅很健谈"？（　　　）

A. 开车的师傅和作者聊天的话题很健康

B. 开车的师傅是一个身体很好的人

C. 开车的师傅很喜欢说话、会说话，和作者谈得很开心

2. "的确，有些东西是你多有钱也买不到的啊。"——这"买不到的东西"你是怎

么理解的？（　　）

　　A. 开车师傅给的苹果

　　B. 人与人之间的友善与信任

　　C. 平谷出的很稀少金贵的"金元帅"

　3. 为什么朋友小刘的眼神把作者的心也给粘住了？（　　）

　　A. 因为小刘惊恐的眼神让作者觉得人与人之间只剩下怕了，没有了信任，让作者心里很不舒服

　　B. 因为小刘的眼神像苹果一样甜

　　C. 因为小刘的眼神充满爱意，让作者的心里很舒服

　4. 为什么小刘说作者"真够幼稚的"？（　　）

　　A. 因为作者虽然年纪大，但是还是像小孩一样儿吃人家的东西

　　B. 因为作者信任陌生的开车师傅，吃他给的苹果

　　C. 因为作者什么都怕

　5. 作者为什么用"粘嘴的苹果"作题目，谈一谈这样做的用意？

　　_____

　　_____

九、小组活动

　　2~3 人为一组，每人说一件"你和陌生人之间发生的印象深刻的故事"给其他同学听。

十、写作

　　将你说给其他同学听的那件"你和陌生人之间发生的印象深刻的故事"（见练习九），模仿课文叙事的方式写下来。注意交代故事发生的时间、地点、人物，按事件发生的先后顺序来写。

第三课

1. 你知道"孝"的意思吗？和同学们讲讲你知道的有关"孝"的故事。
2. 在你们家，每年会有"团圆饭"吗？说说"团圆饭"的意义。

课文

舍得

父亲去世 10 年后，70 岁的母亲终于同意来郑州跟着我一起生活。

我们去接母亲，她专门[1]为我们磨了两袋面，因车太小，我决定不带，母亲却坚持要带。我愣了一下，看着她，便想到了什么，示意[2]先生把面带上，我试着在面袋里摸了一下，果不其然，底部有一小团硬硬的东西。

果不其然：果然，和预料的情况一样。

底部：物体的最下部分。

38

如果我没猜错，里面是母亲要给我们的钱。

把钱放在粮食里，是母亲很多年的秘密。十几年前，我刚刚结婚，正是生活最拮据[3]的时候。那时，我最想要一个像样的衣柜。母亲托[4]人捎来半袋小米。先生将小米倒入米桶时，发现里面藏[5]着500块钱，还有一张小字条：给梅买个衣柜。那天晚上，我拿着10元一张厚厚的一沓（dá）钱，哭了。

回家后，我把钱取出来交还母亲，母亲说这是给童童买车用的。童童是她的外孙，一直想要辆赛车（sài chē），我没有买，也许是儿子说给母亲听了。2 000块，是她几亩地（mǔ）里一年的收成（shōu cheng）吧，我们都不舍得，但她舍得。

记忆中，母亲一直是个舍得的人，对我们，对亲戚，对左邻右舍（zuǒ lín yòu shè），钱舍得借，东西舍得给，爱舍得付出[6]。有时不知道她一个瘦小的农村妇人，为什么会这样舍得。

母亲来后不久，有天对我先生说："星期天你喊你那些同学回家来吃饭吧。"我先生在本市的同学多，但大家都已习惯了在饭店里聚会。母亲说："哪儿能不来家里呢？来家里吃饭才显得亲。"她坚持让我先生把同学带到家里来聚聚，我们便答应了。

周末一整天，母亲都在厨房忙碌。下午，我先生的同学陆续过来了。我将母亲做好的饭菜一一端出，那几个事业[7]有成、几乎天天在饭店应酬[8]的男人，立刻被几盘小菜和几样面食小点吸引过去。其中一个忍不住伸手捏[9]起一个菜饺，说小时候最爱吃母亲做的菜饺，很多年没吃过了。母亲便把整盘菜饺端到他面前说，喜欢就多吃，以后常来家里吃。那个男人点着头，眼圈忽然红了，他的母亲已经去世多年，很久没回过家乡了。

那天晚上，大家酒喝得少，饭却吃得足[10]。说话的内容，不是平日在饭店里说的生意场[11]、社会上的事，而是很

小米：一种粮食。

沓：量词，用于重叠起来的纸张或其他薄的东西。

赛车：比赛用的车，这里指玩具车。

亩：1 亩约等于 666 平方米。

收成：粮食、蔬菜、水果的收获。

对 N₁，对 N₂，对 N₃："对"后接"谁/什么"，表对象。
例：对学生，对同事，对陌生人，他都一样地热情和善。

左邻右舍：邻居。

让……把……：叫谁做什么。
例：妈妈让我把书搬进来。
老师让我们把作业交上去。

少提及[12]的家事，说家乡，说父母……竟是久违[13]的亲近[14]。

那以后，家里空前[15]热闹起来。母亲说，这样才好，人活在世上，总要相互亲近的。

一天下午，有人敲门，是住在对面的女人，端着一盆洗干净的大 樱 桃（yīngtáo）。我诧异[16]不已，以前我们和她家有点矛盾[17]，住了三年都没什么来往。只见她红着脸，语无伦次地说："这是新上市的樱桃，给大娘尝尝，大娘做的点心，孩子们可爱吃了。"我才恍然明白，是母亲，用真诚打开了邻居家的门。后来，我和她成了朋友，两家变得亲如一家人。

在母亲看来，"远亲不如近邻"这句话最有道理[18]，所以母亲对街 坊 四邻（jiē fang lín）也十分友好。帮忙照顾孙子，送点自己做的风味小点心，这都是母亲在农村养成的习惯。点心虽小，却有外面买不到的 醇 香（chún xiāng），充满了浓浓的人情味[19]。

两年后，母亲被查出肺 癌（fèi ái）。她的身体飞快[20]地憔悴[21]下去，已经不能站立。天好的时候，我会抱她出来，陪着她晒晒太阳。她吃不下饭，却从来没有流露[22]过任何痛苦的神情[23]。只要醒着，脸上便浮着微微的笑容。

一天，母亲对我说："你爸他想我了。"我握着她的手，想握牢[24]，她轻轻将手抽回，拍着我的手。

母亲走的那天，送 葬（zàng）的队伍浩浩荡荡。除了亲戚，还有我和我先生的同学、朋友、我们小区前后左右的邻居们。

母亲一生很平凡[25]，未见过大世面[26]，没有受过任何正规[27]教育，她只是有一颗舍得爱人的心。她人生最后的盛大[28]场面，便是用她一生的舍得之心为自己赢得[29]的。

（作者：宁子　来源：文章阅读网　有删改）

樱桃： 小圆球形、红色、味甜的水果。

只见： 描述看到某种情况，常用在句首。

例：～他急匆匆地从教室走出来。

～他一人站在操场上。

在……看来： 指从某人的角度看问题。

例：在老板看来，每个员工都应做好自己的工作。

醇香： 很浓的香味。

抽： 拿出。

送葬： 送死者遗体到埋葬地点或火化地点。

生词

专门[1]   zhuānmén   副   特地。

例：～来访   ～来看我

妈妈～来看我。

示意[2]   shìyì   动   用表情、动作表达意思。

例：点头～

老师指了指门，～他把门关上。

拮据[3]   jiéjū   形   缺钱。

例：手头～   生活～

最近我很～，没有钱买书。

【反】富有

托[4]   tuō   动   请别人帮自己办事。

例：～你帮我买火车票。

妈妈～人从家乡带来了我喜欢的糕点。

藏[5]   cáng   动   不让别人看见。

例：躲～   ～起来

把东西～起来。

他～在卧室里。

我把心事～起来。

付出[6]   fùchū   动   花心思做出的行动。

例：～劳动   ～努力   ～心血

爸爸为这个家～了辛勤的劳动。

有～才有收获。

事业[7]   shìyè   名   所从事的有影响的工作。

例：～有成   ～心

叔叔开了家公司，～正处在上升期。

应酬[8]   yìng·chou   动   ①交际往来；以礼相待。

例：今天晚上要出去～。

                                  名   ②宴会、聚会等社交活动。

例：有～

【近】应付

捏[9]	niē	动	①用拇指和别的手指夹。
			例：～住　～着鼻子
			②用手指把软东西弄成一定的形状。
			例：～饺子　～泥人
足[10]	zú	形	充足；足够。
			例：丰衣～食　劲头很～　不～
		副	够得上某种数量或程度。
			例：这个西瓜～有十斤重。
生意场[11]	shēng·yichǎng	名	泛指做生意的圈子。
			例：他们都是我～上的朋友
提及[12]	tíjí	动	谈到，谈起。
			例：～那件事
			～那段往事，我感慨万千。
			【近】提起
久违[13]	jiǔwéi	动	客套话，好久没见。
			例：～了，这几年您去哪儿了？
亲近[14]	qīnjìn	形	（双方）亲密，关系密切。
			例：大家彼此间很～。
			我和我的朋友很～。
			【近】亲密
空前[15]	kōngqián	动	以前没有的。
			例：～绝后　～盛况
			国家得到了～的发展。
诧异[16]	chàyì	形	觉得奇怪。
			例：十分～　很～
			听了这个消息，我们都十分～。
			【近】惊讶；吃惊
矛盾[17]	máodùn	名	因观点不同或言行冲突而造成误解。
			例：有～　自相～
			他们俩的～很深，长期不和。
道理[18]	dàolǐ	名	理由，情理。
			例：有～　讲～

他说的很有~。

人情味[19]	rénqíngwèi	名	指人通常有的情感。

例：妹妹待人友善，是个有~的人。

飞快[20]	fēikuài	形	非常迅速。

例：一辆火车~地驶过。

时间过得~。

憔悴[21]	qiáocuì	形	形容人瘦弱，面色不好看。

例：面色~　神情~

她生了一场大病，显得~了很多。

流露[22]	liúlù	动	（意思、情感）不自觉地表现出来。

例：真情~　~出

他的眼神~出对她的喜爱。

【近】表露

神情[23]	shénqíng	名	脸上所显露的内心活动。

例：愉快/悲伤的~

她脸上流露出悲伤的~。

【近】表情

牢[24]	láo	形	很稳固。

例：记~　~固

这篇课文，多复习几遍，就能记得更~。

把这颗钉子钉~了。

平凡[25]	píngfán	形	平常，不稀奇。

例：~的人/生活/日子/工作

他们做的都是~的工作。

【近】平淡

世面[26]	shìmiàn	名	社会上各方面的情况。

例：见过~

她去过世界很多国家，可算见了大~。

正规[27]	zhèngguī	形	符合正式规定和标准。

例：不太~　~方法

我们是~的公司。

运动员经过~的训练。

盛大[28]	shèngdà	形	规模大。

例：~的表演/宴会

2008 年北京举行了 ~的奥运会开幕式。

【近】浩大

赢得[29]	yíngdé	动	获得。

例：~胜利/比赛/信任

谈一谈

1. 课文第三段的最后一句话中，"我"为什么哭了？

2. 课文第五段的最后一句话"有时不知道她一个瘦小的农村妇人，为什么会这样舍得"在文中起到什么样的作用。

3. 作者讲了哪几件事来说明"母亲是个舍得的人"？

4. 作者讲了哪几件事来说明母亲的舍得都是有大回报的？

5. "舍得，舍得，有舍才有得"，结合全文，你认为，母亲舍弃了什么又得到了什么？

6. 讨论（分组讨论 10 分钟，每组一人记录每人看法的关键词，一人负责汇报本组主要看法）。

（1）和同学分享一个你自己或别人"舍得"的故事，谈一谈自己的体会。

（2）有个词语叫"得不偿失"（一件事没做好，结果失去的反而比得到的多），你有过这样的感受吗？请和同学们分享一个与这个词语相关的故事。

阅读课文

一切都是最好的安排

有一个旅行者，在一条大河旁看到了一个婆婆正在为渡河而发愁。已经精疲力竭（jīng pí lì jié）的他，用尽浑身的气力，终于帮婆婆渡过了河。结果，过河之后，婆婆却什么也

精疲力竭：精神非常疲劳。

懊悔：因做错事或说错话心里认为不该这样。	没说，就匆匆走了。旅行者感到很懊悔，他觉得，似乎
耗（尽）：消耗完，用完。	很不值得耗尽气力去帮助这个婆婆，因为她连"谢谢"两个字都没有说。
	可令这位旅行者没有想到的是，几小时后，就在他
寸步难行：走路、行动困难。	累得寸步难行的时候，一个年轻人骑着马追上了他。年轻人说："谢谢你帮了我的祖母！祖母嘱咐[1]我带些东
干粮：准备好的供外出使用的干的主食，如馒头、面、饼。	西来，说也许你用得着。"说完，年轻人拿出了干粮，并把马也送给了他。
	这件事告诉我们：有时候，不必急着索要[2]生活给予[3]
空谷：没有人的山谷。	你所有的答案，你要拿出耐心等待。即便[4]你向空谷喊
回音：答复的话或回过来的声音。	话，也要等一会儿，才会听见那绵长[5]的回音。也就是说，生活总会给你答案，但不会马上把一切都告诉你。其实，
纵横交错：横竖交叉的样子。	岁月[6]是一棵纵横交错的巨树，而生命，是其中飞进飞出的小鸟。如果哪一天，你遭遇[7]了人生的冷风冻雨，你的心已经不堪承受[8]，那么，也请你等一等。要知道，
背风处：风不能直接吹到的地方。	这棵巨树正在生活的背风处为你营造[9]一种春天的气象[10]，并一点一点靠近你。只要你努力了，回报不一定在付出后即刻[11]出现。只要你肯等一等，生活的美好，总在
盛装：华丽的衣服。 莅临：来到（多用于贵宾）。	你不经意[12]的时候盛装莅临。
诸事不顺：很多事情都不顺利。	当你身处逆境[13]，感到诸事不顺，爱情、工作、
泡影：比喻落空的事情或希望。	事业、理想都成泡影，心生绝望[14]之念时，不妨换个角度看待这个问题，告诉自己：一切都是最好的安排，福祸相依[15]，怎知未来不会发生惊喜的改变呢？
打猎：在野外捕捉动物。	还有这样一个故事：有个皇帝喜欢打猎，喜欢与宰

相微服私访。宰相最常挂在嘴边的一句话就是"一切

都是最好的安排"。一天，皇帝到森林打猎，一箭射倒了

一只花豹。皇帝即刻下马检视花豹，谁想到，花豹使

出最后的力气，扑向皇帝，将皇帝的小指咬掉一截[16]。皇

帝叫宰相来饮酒解愁[17]，谁知宰相却微笑着说："大王啊，

想开一点，一切都是最好的安排！"皇帝听了很愤怒，

说："如果我把你关进监狱[18]，这也是最好的安排？"宰相

微笑说："如果是这样，我也深信这是最好的安排。"皇

帝大怒，于是派人将宰相押入[19]监狱。

一个月后，皇帝养好了伤，独自出游。他来到一处

偏僻[20]的山林，忽然从山上冲下一队土著人，把他五

花大绑，带回了部落。原来，山上的原始部落每逢月圆

之日就会下山寻找祭祀满月女神的祭品，土著人准备将

皇帝当成祭品烧死。

正当皇帝绝望之时，祭司忽然大惊失色[21]，他发现皇

帝的小指头少了小半截，便想这是个并不完美的祭品，

收到这样的祭品，满月女神会发怒的，于是土著人将皇

帝放了。

皇帝大喜若狂[22]，回宫后叫人释放宰相，摆酒宴请，

皇帝向宰相敬酒说："你说的真是一点也没错，果然，一

切都是最好的安排！如果不是被花豹咬了一口，我今天

会连命都没了。"

皇帝忽然想到了什么，问宰相："可是你无缘无故[23]

在监狱里蹲了一个多月，这又怎么说是最好的安排呢？"

宰相慢条斯理地喝下一口酒，才说："如果我不是在

监狱里，那么陪伴您微服私访的人一定是我，当土著人

微服私访：指官员隐藏身份到民间调查。	
箭：古代兵器。	
检视：查看。	
冲：很快朝某一方向跑去。	
土著：最早住这里的人。	
五花大绑：用很多绳子绑住。	
祭品：祭奠或祭祀时用的供品。	
祭司：主持祭拜神仙或祖先的人。	
蹲：待着。	
慢条斯理：形容说话或动作缓慢，不慌不忙。	

发现皇帝您不适合祭祀时，那岂不是就轮到我了？"皇帝忍不住哈哈大笑，说："果然没错，一切都是最好的安排！"

这个故事告诉我们：当我们遇到不如意的事时，这也可能是一种最好的安排！所以，不要懊恼[24]，不要沮丧，更不要只看一时。把眼光放远点，把人生视野[25]加

zì yuàn zì yì

大，不要自怨自艾，更不要怨天尤人。要永远乐观、

jué rén zhī lù

奋斗，相信天无绝人之路。

所以，一切都是最好的安排，应感恩[26]生命中所经历的一切。

自怨自艾：自我悔恨。

绝人之路：无法走出的困境。

[来源：经典微哲学（微信公众号） 略有改动]

生词

嘱咐[1]	zhǔ·fù	动	反复告诉对方记住应该怎样，不应该怎样。
			例：再三~ 细心~
索要[2]	suǒyào	动	找别人要东西。
			例：~钱财
			父母从不向孩子~什么。
给予[3]	jǐyǔ	动	书面语，给。
			例：~帮助 ~同情
			不管在生活还是学习上，老师都~亲切的关怀。
即便[4]	jíbiàn	连	即使，表示假设的让步。
			例：~如此/这样
			~你取得了好成绩，也不能骄傲。
绵长[5]	miáncháng	形	延续很长。
			例：在这~岁月中，我们变得更加成熟。
岁月[6]	suìyuè	名	一段时光；年月。
			例：光辉的~ ~漫漫 青春~

我不会忘记青春～中我们的回忆。

遭遇[7]	zāoyù	动	碰上，遇到，常指遇到不好的事情。

例：～不幸　悲惨的～

汶川人民在 2008 年～了地震。

承受[8]	chéngshòu	动	接受，常指接受精神上的。

例：～考验/痛苦　～得了/不了

我～不了失去亲人的痛苦。

营造[9]	yíngzào	动	有计划、有目的地制造什么。

例：～气氛　～环境

学校为我们～了舒适的环境。

气象[10]	qìxiàng	名	情景，情况。

例：新～　好～

春天来了，万物都有了新～。

即刻[11]	jíkè	副	立刻；立即。

例：快！我们～出发。

不经意[12]	bù jīngyì	动	不注意。

例：～间　稍～

稍～，就会出错。

逆境[13]	nìjìng	名	不顺利、困难的处境。

例：处在～　遭遇～

我们在～中，更要坚强。

绝望[14]	juéwàng	动	完全失去希望。

例：感到～　～的痛哭/呐喊

公司破产，使我感到～。

福祸相依[15]	fúhuòxiāngyī		比喻坏事可能伴随好结果，好事可能有坏的结果。

例：这次比赛虽然失败了，可是～，我收获了珍贵的友情。

截[16]	jié	量	段。

例：一～木头　话说了半～儿

解愁[17]	jiěchóu	动	排解忧愁。

例：借酒～

她常常通过唱歌～。

| 监狱[18] | jiānyù | 名 | 关犯人的地方。 |

例：这种行为是犯法的，是要进~的。

| 押入[19] | yārù | 动 | 关在某一地方，不准自由行动。 |

例：~监狱

| 偏僻[20] | piānpì | 形 | 没有很多人的地方。 |

例：这个地方很~，没什么人。

| 大惊失色[21] | dàjīngshīsè | | 十分慌张，脸色被吓变了。 |

例：看到如此恐怖的画面，他突然~。

| 大喜若狂[22] | dàxǐruòkuáng | | 高兴得像疯了一样，形容极度开心。 |

例：他得知考上了梦想的大学，~。

| 无缘无故[23] | wúyuánwúgù | | 没有一点儿原因。 |

例：他~地骂了我一顿，这人真奇怪。

【近】平白无故

| 懊恼[24] | àonǎo | 形 | 烦恼，后悔。 |

例：没把事情的真相告诉老师，我很~。

| 视野[25] | shìyě | 名 | 眼睛可看到的空间范围，眼界。 |

例：~宽广　开阔~

房子前面没有遮挡，站在阳台上，感觉~开阔。

多读书，可以扩宽我们的~。

| 感恩[26] | gǎn//ēn | 动 | 对别人的帮助表达感谢。 |

例：~不尽

我们要做一个懂得~的人。

词语辨析

1. 应酬　应付

相同：

都可作动词。都指在社会交际中，通过一定的方式来对人或对事。

不同：

"应酬"的对象一般是人，主要指人际往来的社交活动，且都讲礼节。

"应付"的对象可以是人，也可以是事情，侧重指对人或事采取某种措施。该词另有"不负责任地完成某事"的意义。

例：(1) 小王头脑灵活，懂礼节，来了什么客人或有什么宴会，都是他去应酬。

（×应付）

(2) 这几天突发事件太多了，我们都应付不过来了。（×应酬）

(3) 这几件事不重要，你不必太认真，随便应付一下就行了。（×应酬）

"应酬"还可作名词，指宴会、聚会等社会交际活动。

例：我今晚还有个应酬，就不回家吃饭了。（×应付）

搭配：

应酬：有~/善于~/~一下

应付：~局面/~事情/~不了/~几句/~一下

练习：

(1) 这件事不可以随便（　　　），我们必须认真对待。

(2) 他不太喜欢出去（　　　），因为他实在太不会说话了。

(3) 这几天，学校的课很多，我根本没时间去（　　　）那些约稿的记者。

2. 营造　创造

相同：

都是动词。都指通过努力或某种方法造出某种东西。

不同：

"营造"指有目的地造出一种合适的环境、氛围等。

"创造"指做出以前没有的新事情、新东西，强调新颖。

例：(1) 老师要善于营造良好的课堂气氛。（×创造）

(2) 飞人博尔特在这次比赛中创造了新纪录。（×营造）

搭配：

营造：~良好的氛围/~好的环境

创造：~奇迹/~新纪录/~历史/~条件

练习：

(1) 公司想要为大家（　　　）一个公平的竞争环境。

(2) 这位选手在百米赛跑中（　　　）了新的纪录。

(3) 政府为人民（　　　）更好的生活条件。

篇章训练

阅读课文《一切都是最好的安排》的作者讲了哪两件事来证明"一切都是最好的安排"？请和同桌每人讲其中一个故事给对方听，可用以下提示语：

故事1

有一个旅行者，在一条大河旁看到……

结果，过河之后，婆婆却……

可令这位旅行者没有想到的是，……

故事2

一天，皇帝到森林打猎，……

一个月后，皇帝养好了伤，独自出游，……

正当皇帝绝望之时，……

皇帝忽然想到了什么，问宰相……

2. 小组交流：结合自己的生活经验，谈一谈你遇见的"最好的安排"？

文化点滴

中国民俗文化中的禁忌

俗话说"十里不同风，百里不同俗"，说的就是世界各地、各地区、各民族都有自己不同的民俗文化。今天就从文化中的"禁忌"入手，去看看中国文化中形式多样的"禁忌"。

禁忌种类繁多，存在于我们生活的各个方面，有新年禁忌、婚姻禁忌、语言禁忌、饮食禁忌、出行禁忌、住宅禁忌、性别禁忌等。日常生活中需要注意的禁忌有：

1. 过新年、有喜事的日子，说话忌带"死"字；

2. 忌直呼比自己年纪大的人的姓名；

3. 忌用红色的笔写他人的名字；

4. 吃饭时，不要敲碗，也不要将筷子插在饭碗中间；

5. 数字4和13也是人们常常不喜欢的数字；

6. 送礼物，忌送钟表，因为"钟"和"终"同音，"送钟"让人联想到给别人"送终"。

这些禁忌文化，不仅反映了不同民族长期以来的生活习惯，更是一个民族在历史长河中不断发展、孕育出的精神财富。

经典诵读

1. 兄道友　弟道恭　兄弟睦^{gōng mù xiào}　孝在中　（《弟子规》）

译：哥哥姐姐要友爱弟弟妹妹，弟弟妹妹则应该恭敬兄姐，这样兄弟姐妹就能和睦，父母心中就会快乐，这和睦当中就存在孝道。

2. 或饮食　或坐走　长者先　幼者后　（《弟子规》）

译：不管是吃东西或喝饮料，都要请长辈先用；如果和长辈坐在一起，要请长辈先坐；如果和长辈走在一起，应让长辈先走。

练习

一、词语组配

（　　）拮据　　在（　　）应酬　　面色（　　）　　空前（　　）　　专门（　　）

（　　）的神情　　示意（　　）　　久违的（　　）　　平凡的（　　）　　正规（　　）

（　　）的事业　　（　　）诧异

二、请按括号中提示的词性选择本课中合适的词，完成句子

1. 小张出国留学回来，是见过大＿＿＿＿＿＿＿的人。（名词）

2. 我们村子的人都很友爱，充满了浓浓的＿＿＿＿＿＿。（名词）

3. 我们两家的＿＿＿＿＿＿＿很深，总是吵架。（名词）

4. 今年的气候好，水果、大米等会有好＿＿＿＿＿＿＿。（名词）

5. 他小小年纪就能写出漂亮的诗文，＿＿＿＿＿＿＿了很多人的赞赏。（动词）

6. 警察们＿＿＿＿＿＿＿很多努力，才把犯人抓到。（动词）

7. 他慢慢地＿＿＿＿＿＿＿下来，发现石头背后＿＿＿＿＿＿着一朵小花，他＿＿＿＿＿＿＿着花瓣闻了闻，脸上＿＿＿＿＿＿＿出愉快的神情。（动词）

三、填字构词，再用填好的词语完成句子

果不（　　）（　　）　　　　左（　　）右（　　）　　　　（　　）（　　）有成

1. ＿＿＿＿＿＿＿，他那天真的没有来上课。

2. 班上的每一个孩子都立下志向，未来要成为一个＿＿＿＿＿＿＿的人！

3. "远亲不如近邻"，所以和_____相处好，是非常有必要的。

四、完成句子

1. 对_____，对_____，对_____，我都舍得花时间，只是不愿意把时间浪费在无用的应酬上。

2. 昨天，我让_____帮我把_____带过来了，我非常感谢他。

3. 我们同学之间什么都聊，只是很少提及_____。

4. 明华通过自己的努力得到了演讲比赛的第一名，我们都为_____而感到_____。

5. 就担心那些不懂的内容会出考试题，果不其然_____。

6. 她学习认真且优秀，待人善良又热情，赢得_____。

五、理解词义，用下列词语造句

1. 结果

_____

2. 即刻

_____

3. 不久

_____

4. 在……看来

_____

5. 对……，对……，对……，……

_____

5. 只见

_____

六、熟练背诵下列语段

1. 记忆中，母亲一直是个舍得的人，对我们，对亲戚，对左邻右舍，钱舍得借，东西舍得给，爱舍得付出。

2. 在母亲看来，"远亲不如近邻"这句话最有道理，所以母亲对街坊四邻也十分友好。帮忙照顾孙子，送点自己做的风味小点心，这都是母亲在农村养成的习惯。点心虽小，却有外面买不到的醇香，充满了浓浓的人情味。

3. 有时候，不必急着索要生活给予你所有的答案，你要拿出耐心等待。即便你向空谷喊话，也要等一会儿，才会听见那绵长的回音。

七、阅读练习

中国人的吉祥文化

吉祥，就是"吉利 ^{jí lì} "与" 祥 和 ^{xiáng hé} "。吉祥文化是几千年来人们企 盼 ^{qǐ pàn} 美好生活、追求心理愉悦而形成的文化。在中华民族五千多年的漫长岁月里，先民们巧妙地运用人物、走 兽 ^{zǒu shòu} 、花鸟、文字等，来表达自己对吉祥美好生活的向往。透过一个个图案、符 号 ^{fú hào} ，可以看到中国人的生命意识、 审 美 ^{shěn měi} 情趣、民族性格。时至今日，吉祥符号、吉祥图案在中国几乎无处不在、无人不用。

中国的吉祥符号大致分为吉祥神灵、吉祥动物、吉祥生肖、吉祥植物、吉祥数字等几大类。

吉祥神灵。"麟、凤、龟、龙，谓之四灵。"这四种动物是千百年来中国人生活中普遍认同的吉祥物。麟指麒 麟 ^{qí lín} ，称为仁兽；凤指凤凰，为百鸟之王；龟象征尊 贵 ^{zūn guì} 、安闲、长寿；龙则是中华民族的象征。

吉祥动物。被人们赋予吉祥意义的动物应有尽有。如禽类中的 仙 鹤 ^{xiān hè} 、喜鹊、 鸳 鸯 ^{yuān yāng} 、鸽子等，兽类中的鹿、狮、虎、马、象。龟称"万年"，鹤称"千代"，龟鹤合一就构成了一幅象征延寿吉祥的图案。

吉祥生肖。羊， 儒 雅 ^{rú yǎ} 温和，温柔多情。甲骨文中的"美"字，即呈头顶大角之羊形，是美好的象征。猴与"侯"同音，是象征 升 迁 ^{shēng qiān} 的吉祥物。

吉祥植物。岁寒三友用梅、竹、松来表示；杞菊延年用菊花和枸杞表示。红豆象征思念，石榴象征多子多福，橘象征大吉大利等。

吉祥数字。人们常说的"三、六、九"和"八"，从一到十、百、千、万，这些数字都有吉祥含义。比如一帆风顺、二龙腾飞、三阳开泰、四季平安、五福临门、六六大顺、七星高照、八方来财、九九同心、十全十美、百事亨通、千事顺遂、万事如意等。

还有用谐音表达吉祥的愿望。比如花瓶中插如意为"平安如意"，百合花和柿子或狮子在一起叫"百事如意",瓶中插月季花是"四季平安",喜鹊落在梅枝上叫"喜上眉梢"。

吉祥时节。春节是中华民族的第一大节,有着丰富的吉祥文化内 涵(nèi hán)。宋代王安石诗云:"爆竹声中一岁除,春风送暖入屠苏。千门万户曈曈日,总把新桃换旧符。"与春节有关的吉祥行为、语言、文字等不胜枚举。

一进腊月,中国各地的剪纸生意就异常红火起来。剪纸作品中,吉祥和祝福图案的最多。四个柿子寓意"事事如意",花瓶里插枝牡丹意味"平安富贵",莲花上的两条鱼是祝福"年年有余"。中国人一向认为窗花是喜庆、吉祥之物,能给来年带来好 兆(zhào)头(tóu)。除了窗花,还有年画、春 联(chūn lián)、福字等,吉祥符号把年烘托得红红火火,让人感到欢欢喜喜。

年画如院门有门神,家门有财神,堂屋墙上有墙画等,中国人认为年画是喜庆、吉祥之物,能给新的一年带来好兆头。还有红春联、红灯笼、红鞭炮、红衣裙、红窗花、红福字等,到处一片红火,把年烘托得热热闹闹。

吉祥意识、吉祥文化已深深地植入中国人的生活中,中国吉祥物、吉祥符号之多,大概是没有其他国家可比的。

(作者:沈光旦 来源:农历网,有增删)

阅读理解

1. 中国的吉祥符号不包括下列中的哪一项?( )
A. 吉祥植物　　B. 吉祥神灵　　C. 吉祥音乐　　D. 吉祥语言

2. 下列动物中哪一个不是吉祥动物?( )
A. 仙鹤　　B. 猎豹　　C. 蝴蝶　　D. 喜鹊

3. 下列哪一个不是中国春节必须要有的吉祥符号?( )
A. 龙舟　　B. 年画　　C. 剪纸　　D. 窗花

4. 图片匹配题:请将下列选项与各个图片相匹配,每个选项可以多次使用,也可以不使用。
A. 吉祥神灵　　B. 吉祥动物　　C. 吉祥植物　　D. 吉祥数字
E. 吉祥语言　　F. 吉祥时节
a. ( )　　b. ( )　　c. ( )

d. （　　）

e. （　　）

f. （　　）

g. （　　）

h. （　　）

（图片来源：可可简笔画网 http：//www. jianbihua. cc/）

5. 讨论题

　　文中最后一句话谈到"中国吉祥物、吉祥符号之多，大概是没有其他国家可比的"。你认同这句话吗？你们国家的吉祥文化是怎样的呢？有没有什么吉祥符号呢？请和同学们分享一下。

八、写作

　　"人有悲欢离合，月有阴晴圆缺"，模仿阅读课文《一切都是最好的安排》的写作方式（叙事或者议论），结合自己生活中发生的事情，以"生活中的圆缺"为主题写一段 300 字的感想。

九、拓展活动

　　2008 年北京奥运会共有五个吉祥物，请你找到这五个吉祥物的图案或者实物，看一看这五个吉祥物中含有哪些中国的吉祥符号。

第四课

1. 你使用微博和微信吗？喜欢吗？为什么？
2. 你觉得手机给你的生活带来了哪些影响？

课文

微博[1] 绑匪

我有一个朋友，她本来是个亲切和善[2]的人，说话慢条斯理的。可最近一年多来，她整个人都变了，变得很焦躁[3]，说话急吼吼[4]的，一点儿耐心也没有。我问她到底遭遇了什么天灾人祸[5]，她长叹一声，把手机一晃："还不是因为它。"

"乔布斯？"

"什么呀！我是说微博！"

绑匪：为了钱财绑架别人的坏人。

什么呀：口语对话中用于否定对方的说法。

例：——你考得不错吧？

——～，没考好啊。

57

……，从此……：从某时候开始
怎样。

例：我孩子上小学了，从此，他
要开始辛苦的学习生活了。

段子：有意思的话；笑话。

义愤填膺：形容正义而愤怒的
样子。

才/刚……，又……：指两个动
作行为紧接着发生。

例：小林才被老师批评玩手机太
多，老师一走，他又开始玩手机
游戏。

截图：在手机或电脑上将画面保
存为图片。

作古：去世。

走马灯：一种玩赏的灯，不停地
转动时可看到里面各种骑马或其
他图像。

标语：用简短话语写成的有宣传
作用的口号。

倒是……，可……：

例：我倒是很想休息啊，可工作
实在太多，做不完。

他倒是想去，可钱不够啊。

白血病：一种严重的疾病，俗称
"血癌"。

她一年半前开了一个微博，玩得如鱼得水[6]，尤其是装了手机微博客户端以后，更是乐此不疲[7]。从此，她告别了从容的人生：以前等车时她会欣赏一下路过姑娘的衣服裙子，现在只是捧着手机不停地刷刷刷；以前在外用餐上菜的时候她会品评[8]一下菜式色泽[9]，现在一上菜便快速拿起手机拍拍拍，然后发发发；以前她和朋友们交流些读书心得[10]，现在互相给对方看微博中最新的 段(duàn) 子哈哈哈……

类似的症状罗列[11]下来，没完没了。她说最麻烦的是，她的生活已经快被微博给绑架了。

这边刚走失一孩子，赶紧悲痛万分地转发呼吁[12]；那边又出了什么恶人坏事，便义 愤 填 膺(yì fèn tián yīng)地转发谴责[13]；才看见一只小猫卖萌[14]的视频，哈哈一笑，立刻又有人发了条长微博加截 图(jié tú)解说[15]一起侵权[16]事件，得点开看看；某大师作古，刚插好了几根蜡烛，又跳出来一条朋友的私信，求转发他们家娃儿的满月照片。键盘敲得噼啪如飞，鼠标比走马灯都忙。好不容易处理完了，还没歇上两分钟，又刷出十来条，里面又是好几条国家大事亟须[17]关注，老还带着"是中国人就转""还有点人性就都转起来"之类的 标 语(biāo)。微博上的情绪更新，都快比液晶屏的刷新率高了。

我说，"你可以自己控制啊"。她苦笑说："我倒是想克制[18]，可似乎成了自然而然的习惯，不看它觉得不舒服，有时候是身不由己[19]。微博上的'绑匪'们会问：'这个女孩得了白血病，你给转了，那个男娃娃生了 肿(zhǒng)瘤(liú)，你为什么不转？为什么要厚此薄彼[20]？难道你做好人也要挑拣[21]？你到底是什么标准？'一连串问题问下来，我往往哑口无言[22]。"

一开微博，自己就成了鼠标"军机处"、键盘"政治局"，俯瞰天下，心系万民。有一位老师曾经做过一个生动描绘："早晨起来看微博，确实很容易让人产生一种皇帝批阅[23]奏章、君临天下的幻觉。打开微博，国家大事潮水般涌来，需要迅速做出各种理解与判断，发表各种看法，提出各种建议。各种转发，各种忧国忧民[24]，各种踌躇满志[25]，万物皆备于我。好像每个人心中都藏着一个披星戴月[26]上朝堂的皇帝，微博把人的这种情结[27]激活[28]了，让人一发不可收啊。"

作为一个微博的老用户，我告诉我这位朋友，微博其实和参禅一样，分为三个境界[29]：第一个境界，看山是山，看水是水，看微博是微博。在这个阶段，你还没有把微博和其他网络平台区分开来，只当是个新鲜玩意儿。第二个境界，看山不是山，看水不是水，看微博也不是微博了。微博变成了整个社会，微博绑匪对你恶狠狠地说："快点刷！抓紧转！多多评论！"你就会诚惶诚恐[30]、连滚带爬地去刷新[31]，生怕一眼不看微博，就要跟时代脱节[32]。而我们真正要修炼到的则是第三个境界，看山还是山，看水还是水，看微博终究不过就是个微博罢了，它代表不了舆论[33]，更折射[34]不了全社会。要是微博绑匪胆敢再威胁你，看透一切的你就轻蔑[35]一笑，说："多大点事儿啊！我还以为抢我鸡蛋呢。"

她听我说完，不禁心悦诚服[36]地说："大师您太有智慧了，竟能把刷微博和参禅的境界联想到一起。"我微微一笑，手做拈花状，把自己的手机取了出来。"我也觉得自己说得挺好，等我发条微博，免得忘了。"

（作者：马伯庸　选自《看天下》　有改动）

军机处：皇帝办公的地方。

俯瞰：从高处往下看。

奏章：下臣给帝王的意见书。
君临天下：指统治或主宰。
幻觉：不真实的感觉。

一发不可收：事情一经发生，就发展很迅速，难以停止。

参禅：佛教禅宗的修炼方法。

修炼：宗教活动的练习。
不过……罢了：把事情往小里说。
例：他不过是个孩子罢了，你别太在意他随口说的话。
多大点事儿啊！还以为……呢：针对别人看重的事，认为这其实是小事。
例：不就一天不能上班吗？多大点事儿啊！我还以为你以后没法上班了呢。

生词

微博[1]	wēibó	名	微型博客。

例：他没事的时候就喜欢刷~。

和善[2]	héshàn	形	温和而善良。

例：~的老人　面容~态度~　为人~

【近】温和；善良　【反】凶恶

焦躁[3]	jiāozào	形	着急、烦躁、坐立不安的样子。

例：~地等待　~的样子

要考试了，他很~。

【近】焦虑；烦躁

急吼吼[4]	jíhǒuhǒu	形	性急慌忙的样子。

例：~地说　~的样子

他~地跑去告诉妈妈一个消息。

天灾人祸[5]	tiānzāi-rénhuò		自然灾害或人为的祸患。

例：遇到~，我们应该一起努力，渡过难关。

如鱼得水[6]	rúyúdéshuǐ		好像鱼得到水一样，形容遇到的人跟自己很投合的人或所处的环境对自己很适合。

例：安妮是华裔，又会说广州话，所以她在广州的留学生活~。

乐此不疲[7]	lècǐ-bùpí		因喜欢做某件事而不停地做也不觉得累。

例：他对玩电脑游戏~。

品评[8]	pǐnpíng	动	评论高下、优劣。

例：~书画　~音乐　~美食

【近】评价；评论

色泽[9]	sèzé	名	指颜色和光泽。

例：~明亮　~鲜艳

心得[10]	xīndé	名	指工作和学习中的体验和感受。

例：学习~　工作~　很有~

通过一年的工作，他收获了很多~。

【近】体会

罗列[11]	luóliè	动	把一些东西一一列出来。

例：～事实　～数据　～现象

仅仅～事实是不够的，必须加以分析。

【近】列举

| 呼吁[12] | hūyù | 动 | 向社会或个人请求援助或主持公道。 |

例：向社会～　奔走～

他写文章～大家保护环境。

| 谴责[13] | qiǎnzé | 动 | 责备；严肃地批评。 |

例：他～了这种不正当的行为。

【近】责备；斥责　【反】赞扬

| 卖萌[14] | màiméng | 动 | 表现自己的可爱。 |

例：她喜欢对着镜头～自拍。

| 解说[15] | jiěshuō | 动 | 解释说明。 |

例：现场～　～图片的内容

～清楚　～员　～词

他负责～这场足球比赛。

| 侵权[16] | qīnquán | 动 | 侵害他人权益。 |

例：我们要坚决打击～行为。

| 亟须[17] | jíxū | 副 | 急切地应该做某事。 |

例：～处理　～改善　～解决

这个问题～解决。

| 克制[18] | kèzhì | 动 | 抑制，多指情感。 |

例：～感情　自我～

【近】抑制；压制

| 身不由己[19] | shēnbùyóujǐ | | 行为不能由自己控制。 |

例：他做出这样的决定并非自愿，而是～。

| 厚此薄彼[20] | hòucǐ-bóbǐ | | 重视或优待一方，轻视或冷淡另一方。 |

例：我们不应该～，而应该一视同仁，平等相待。

| 挑拣[21] | tiāojiǎn | 动 | 挑选。 |

例：她喜欢在商场慢慢～自己喜欢的衣服。

【近】挑选；拣选

| 哑口无言[22] | yǎkǒu-wúyán | | 像哑巴一样说不出话来。 |

例：听到这个可怕的消息，他吓得～。

| 批阅[23] | pīyuè | 动 | 阅读并加以批改。 |

例：~试卷　~文件

他常常到很晚还在~学生的作业。

| 忧国忧民[24] | yōuguó-yōumín | | 为国家的前途和人民的命运而担忧。 |

例：他是一位~的好官员。

| 踌躇满志[25] | chóuchú-mǎnzhì | | 形容对自己取得的成就非常得意，并有做一番大事、对前途充满信心的样子。 |

例：他考上了名牌大学，~，定下许多美好的计划。

| 披星戴月[26] | pīxīng-dàiyuè | | 形容连夜或早出晚归地工作，十分辛苦。 |

例：他每天~地工作，只为了挣钱买房。

| 情结[27] | qíngjié | 名 | 深藏心底的感情。 |

例：爱国~　浓厚的思乡~

虽然他一直生活在美国，可是他的爱国~一点儿也没有变。

| 激活[28] | jīhuó | 动 | 刺激后使其活跃。 |

例：~记忆　~兴趣

这部电影~了我的回忆。

老师提问的目的在于~学生的相关知识。

| 境界[29] | jìngjiè | 名 | 事物所达到的程度、层次。 |

例：思想~　很高的/完美的~

读书越多，思想~越高。

| 诚惶诚恐[30] | chénghuáng-chéngkǒng | | 形容非常小心谨慎以至于害怕不安的样子。 |

例：面试时，他~地回答考官的问题。

| 刷新[31] | shuāxīn | 动 | 比喻突破旧的而创造出新的；更新。 |

例：~历史记录　~网页

这次游泳比赛，他~了世界纪录。

| 脱节[32] | tuōjié | 动 | 指原来连着的事物没有连在一起，或原来应该联系的事物没有联系起来。 |

例：管子接得不好，容易~。

理论不能与实践~。

| 舆论[33] | yúlùn | 名 | 大众的言论。 |

例：社会~　国际~　~导向

社会～对人们的生活有着很大的影响。

折射[34]	zhéshè	动	比例把事物的表象或实质间接反映出来。
			例：这次事件可以～出很多人的心理。
			【近】反映；表现
轻蔑[35]	qīngmiè	动	轻视；不放在眼里。
			例：他～地看了对手一眼，转头走了。
			【反】重视；尊重
心悦诚服[36]	xīnyuè-chéngfú		发自内心地信服或佩服。
			例：我对他取得的进步～。

谈一谈

1. 作者朋友的生活有怎样的变化？为什么有这样的变化？

2. "她的生活已经快被微博给绑架了"，这句话是什么意思？

3. 作者朋友刷微博主要是做些什么？

4. 作者朋友刷微博的时候有种什么样的感觉？

5. 你如何理解这句话："看山还是山，看水还是水，看微博终究不过就是个微博罢了，它代表不了舆论，更折射不了全社会。"

6. 讨论（分组讨论10分钟，每组一人记录每人看法的关键词，一人负责汇报本组的主要看法）。

（1）刷微博/微信的利弊是什么？为什么？

（2）微博/微信的主要吸引力在哪儿？

（3）我们怎样才能克服"被微博/微信绑架"的现象？

阅读课文

不用手机的一天

开会时老板发火[1]了："别假装业务[2]很忙，我知道你们在玩手机。谁没事老低着头对着自己的裤裆傻笑？"

裤裆：两条裤腿相连的地方。

栏杆：房子或路边保护或装饰用的护栏。

围栏：把东西围起来的栏杆。

奴隶：失去人身自由，听别人命令的人。

刷屏：短时间内在网上发送大量重复或无意义内容的行为。

伺候：按要求照顾别人。

例：～病人

断食：不吃东西。

咬紧牙关：形容尽最大努力克服困难。

五花肉：肥瘦分层相间的肉。

锣鼓喧天：形容非常热闹。

我支支吾³吾地说："刚看了一个新闻，一对年轻人边开车边拿手机拍照，撞了桥栏 杆（lán gān），不报警⁴也不设围（wéi）栏，先下车拍照发微信……要不要转发给你？"

老板一摆手："你看看你看看，现在的人离了手机就活不了了吗？"

一个同事举手："老板，刚搜索了一下，离不开手机也是一种精神病⁵……"

老板大吼一声："有病就得治！以后开会谁都不许带手机！"

散会后，我想，自己自从有了手机，好像活成了手机的奴隶（nú lì），三分钟刷屏（shuā píng）一次，看看有什么新闻；半小时发一次微信；吃饭之前先拍照；散步的时候自言自语⁶发微信；睡觉之前先给手机充电⁷……把手机老人家伺候（cì hòu）得尽心尽力。有一次阿毛对我说："我跟你说话呢，你干吗老看手机？难道朋友见面成了你的微信选题⁸会？"我说："那你也拿出手机，我们手机上聊吧，保证一心一意！"

离开了手机，难道会死吗？为什么不尝试一下一周关机一天？就像有些肉食者每周断食（duàn）一天。说干就干！

周日睡到自然醒，通常是先开机，今天咬紧牙关不多看它一眼。为了防止自己意志⁹薄弱¹⁰，找了七八个盒子，把手机包得像个俄罗斯套娃，收到衣柜最里面。早饭后为了分散自己的注意力，必须离家出走，去公园锻炼，因为自从有了智能手机，肚子上就多了一圈甩不掉的五花肉。

公园里老太太们锣鼓喧天（luó gǔ xuān）地蹦¹¹着跳着，年轻人有的一边走一边对着手机说话，有的边跑边听音乐。我内心突然涌起一种把无人监护¹²的婴儿扔在家的内疚¹³感，急急忙忙赶回家，打开衣柜，摸了摸手机还在。

已经坚持了两个小时没有接触¹⁴手机，需要做点儿甜点慰劳[15]自己这颗受伤的心。平时肯定是上网查食谱，今天就做点儿简单的牛奶西米露(lù)吧。放上西米，看着火慢慢搅(jiǎo)，直到白色的心都消失，加点牛奶就可以了。吃着软软香香的牛奶西米露，啊！没有手机的响铃，生活多么宁静[16]，我竟然第一次听到窗外的喜鹊叫。

　　下一步我给自己安排了一个非常占[17]时间的工作：收拾书房。过去的半年中，我时时刻刻关心国际国内形势，没有时间整理房间，刚收拾了一角，我就开始焦虑[18]：如果这会儿发生了重大国际事件怎么办？如果发改委(fā gǎi wěi)宣布[19]石油涨价了怎么办？某某案件说不定有了惊人的大逆转[20]。科学家可能正在宣布发现了比光速更快的粒子(lì)……天哪！我要错过见证历史的时刻了！世界上还有这么多人在受苦受难，我怎么能只关心自己鼻子底下这点灰尘？我几乎是挣扎[21]着扑向大衣柜，打开一个盒子又一个盒子，手机显露[22]在我面前时，我几乎是热泪盈眶。就在我向手机伸出罪恶(zuì è)之手的最后瞬间，我幡然悔悟起来，我要过一天没有手机的生活，我不要做手机的奴隶！

　　这个下午，我就像一个戒烟的瘾君子(yǐn jūn)，一边收拾房间，一边啃零食，共计[23]干掉[24]了两包薯(shǔ)片、一盒巧克力冰激凌、一包鸡爪子，早晨消耗的那点儿卡(kǎ)路里加倍回来了。

　　傍晚，我靠着沙发阅读《老子》："五色令人目盲；五音令人耳聋；五味令人口爽……"是啊，生活本来可以简单再简单。窗外秋意盎(àng)然，凉风拂着窗帘，最后一抹[25]余晖(yú huī)掠过[26]我的地板，我感到没有手机的简单与宁静。

食谱：介绍做菜方法的书。

西米露：用西米做的甜品。

搅：~拌；~动

发改委：中华人民共和国发展和改革委员会的简称，是国务院的职能机构，是综合研究拟订经济和社会发展政策，进行总量平衡，指导总体经济体制的宏观调控部门。

光速：光的速度。

粒子：物理学术语，指能够以自由状态存在的最小物质。

罪恶：指犯罪行为或坏事，不好的事。

瘾君子：指吸烟或吸毒上瘾的人。

薯片：指由马铃薯制成的零食。

卡路里：能量单位。

盎然：浓厚的样子。
例：春意~。

余晖：傍晚的阳光。

冥想：深沉地思考和想象。

一阵山响的拍门声打断了我的 冥 ^{míng} 想，我迷迷糊²⁷糊打开门，阿毛抓住我疯狂²⁸地晃动："千万不要想不开²⁹！有什么事情发微信啊！"

我满脸的问号。

"你已经八个小时没有发微信了，最后一条微信是昨天晚上的，说什么明天我要开始宁静的一天。天哪！你

煤气：做饭烧火等用的气体。

安眠药：帮助睡眠的药。

是不是开煤气^{méi}了？吃安眠^{mián}药了？到底发生了什么事情竟然关机了？"

我说："其实，我只是想过一天关机的日子。"

（作者：珠珠侠　来源：黄河晨报2014年10月16日　有改动）

生词

发火[1]	fāhuǒ	动	生很大的气。
			例：向……～ 别～
			常常～对身心健康不好。
业务[2]	yèwù	名	专业的工作；生意。
			例：办理～ 处理～ ～繁忙
			他的～很繁忙，常常工作到很晚。
支吾[3]	zhī·wu	动	指说话含混躲闪应付，不愿说出真实。
			例：～其词 一味～
			面对警察的质问，罪犯～其词。
报警[4]	bào // jǐng	动	向治安机关报告危急情况或向有关方面发出紧急信号。
			例：打110电话～。
			发生火灾要及时～。
精神病[5]	jīngshénbìng	名	人的大脑功能紊乱而突出表现为精神失常的病。
			例：得～ ～很严重
			那次事故后，他受到了很大的刺激，得了～。
自言自语[6]	zìyán-zìyǔ		自己对自己说话。

例：无聊的时候，他常常～。

| 充电[7] | chōngdiàn | 动 | 补充电量。比喻通过学习补充知识、提高技能等。 |

例：给手机～　假期给自己～

为适应新的要求，每个人都需要通过不断～来提高

自己。

| 选题[8] | xuǎntí | 动/名 | 选择研究或讨论的题目。已经选定的题目。 |

例：先～再动笔写。（动）

根据～制订计划。（名）

你的～不错。（名）

| 意志[9] | yìzhì | 名 | 例：～薄弱　～坚强　磨炼～ |

极限运动可以磨炼人的～。

| 薄弱[10] | bóruò | 形 | 例：力量～　～环节 |

他虽然力量～，但是速度很快。

【近】单薄　【反】牢固；坚实

| 蹦[11] | bèng | 动 | 跳。 |

例：～过去　～～跳跳

| 监护[12] | jiānhù | 动 | 看护。 |

例：～孩子

父母是孩子的～人，对孩子有～权。

| 内疚[13] | nèijiù | 形 | 内心感觉对不起、不安。 |

例：出了事故，他心里十分～。

我为自己对母亲撒谎感到很～。

【近】惭愧　【反】无愧

| 接触[14] | jiēchù | 动 | 指碰上，靠近。也指人与人之间的交往。 |

例：皮肤和物体～　～新鲜事物

和他～了一段时间，发现他真是一个不错的人。

| 慰劳[15] | wèiláo | 动 | 安慰、问候辛苦或有功的人。 |

例：～群众　～士兵

这段时间大家辛苦了，大姐买来很多好吃的来～大家。

【近】安慰；慰问；犒劳

| 宁静[16] | níngjìng | 形 | 安静；平静。 |

例：～的夜晚　～的天空　内心很～

占[17]	zhàn	动	占据；处在某一地位或属于某一种情形。
			例：大桌子很~空间　很~时间
			学习~了他每天生活的大部分时间。
焦虑[18]	jiāolǜ	形	焦急忧虑。
			例：心里很~　~不安　~万分
宣布[19]	xuānbù	动	公开正式告诉。
			例：开会时老板~了这项新规定。
			【近】公布
逆转[20]	nìzhuǎn	动	向相反的方向转变。
			例：~局势　自然规律不可~
			运动员们拼尽全力想要~败局。
			【近】倒转；扭转
挣扎[21]	zhēngzhá	动	用力支撑坚持。
			例：垂死~
			他~着从病床上爬了起来。
显露[22]	xiǎnlù	动	例：他脸上~出高兴的神色。
			【近】表露；表现
共计[23]	gòngjì	动	合起来计算。
			例：几项支出~三千万元。
			【近】合计
干掉[24]	gàn∥diào	动	口语，使消失。
			例：~敌人　~害虫　~两个面包
抹[25]	mǒ	量	例：一~彩霞　一~余晖
			他的脸上现出一~神秘的微笑。
掠过[26]	lüèguò	动	轻轻擦过或拂过。
			例：燕子~水面　流星~夜空
			嘴角上~一丝微笑。
迷糊[27]	mí·hu	形	模糊不清。
			例：神志~　迷迷糊糊
			病人有时清楚，有时~。
			【近】糊涂　【反】清楚
疯狂[28]	fēngkuáng	形	发疯；猖狂。

例：～地工作

打退敌人的～进攻。

【反】冷静；沉稳；理智

想不开[29]　　xiǎng·bukāi　　想不通，难以接受。

例：别为这些小事想不开。

词语辨析

1. 克制　控制

相同：

都是动词。都有通过努力而掌握、操控住的意思。

不同：

"克制"的对象多是情感、态度等。

"控制"的对象更广泛，可以是情感、人物及其他具体或抽象的事物。意指掌握住，使之不超出范围或不任意活动。

例：（1）他很能克制自己的情绪，冷静地对待一切问题。

　　（2）病情已经得到控制。（×克制）

搭配：

克制：～情感／～情绪／～自己

控制：～情感／～情绪／～病情／～思想／～经济／～政治／～速度

练习：

经济状况越来越差，再不（　　）就来不及了。

别太激动！请你（　　）一下自己的情绪。

2. 情结　情绪

相同：

都是名词。都是指人类喜怒哀乐的感情。

不同：

"情结"主要侧重内心深处的感情纠葛或深藏心底的感情。时间久，影响程度深。

"情绪"主要指从事某种活动时产生的比较表层的兴奋状态或情感。持续时间短，易变。

例：（1）虽身处异国他乡多年，但他心底的爱国情结没有改变。（×情绪）

（2）失恋以后，她的情绪很低落。（×情结）

（3）她是个情绪多变的人，常常一天之内一会儿高兴一会儿难过，情绪常写在脸上。（×情结）

搭配：

情结：爱国 ~ /思乡 ~ /恋母 ~

情绪：闹 ~ / ~ 高涨/ ~ 低落/ ~ 多变

练习：

（1）听话！别闹（　　　）了！

（2）故乡是我们永远忘不了的地方，不管身处何处，我们都会有思乡（　　　）。

篇章训练

1. 阅读课文《不用手机的一天》中，是什么原因让作者决定尝试一下一周关机一天？

2. 阅读课文《不用手机的一天》中，作者为了不看手机，做了哪些努力？请注意恰当使用以下词语自然连贯地把故事讲出来。

睡到自然醒　　　早饭后　　　赶回家后　　　下一步

最后瞬间　　　下午　　　傍晚

3. 请你也尝试一天不用手机，然后写下这一天没用手机的感受。

文化点滴

中国人的休闲方式

根据调查显示，文化娱乐类休闲、旅游类休闲和怡情养性类休闲，被选为中国公众最常用的三大休闲类型。

1. 休闲方式上，十大公众休闲方式的百分比依次是：

①上网 69.1%；②看电视 56%；③看电影 50.9%；④阅读 46.5%；⑤观光游览 46.3%；⑥逛街购物 45.7%；⑦参加各种社交聚会 44.3%；⑧度假休闲 43.1%；⑨打游戏 40.4%；⑩球类运动 38.6%。

首先，上网是中国人最主要的休闲方式。在闲暇时间，上网是多数人都会去做的事。受访者最常上的网站分布比较均匀，社交及购物类网站略高于门户网站和论坛的访问率。社交网站在一线城市的访问率是最高的。

接下来是看电视和电影。总体来看，全国人民观看电视节目的喜好相差无几，电视剧是最主要的一个高收视节目。其次是新闻和综艺节目，很多年轻人会更偏爱综艺节目，而年长者中有较多人有每天收看新闻的习惯。

2. 公众最喜欢光顾的休闲场所依次是：

公园、旅游景点、图书馆、商业街、影剧院。其中公园成为公众最喜欢光顾的公共休闲场所。

3. 年轻人的主要休闲方式：

上网、运动、旅游成为年轻人闲暇消费的重要内容。

上网成为年轻人的首选闲暇生活方式，中国青少年网民中，有13.2%的人上网成瘾，另有13%的人存在网瘾倾向。运动也是年轻人所喜爱的休闲方式之一，健身、交往和娱乐都是年轻人体育消费的重要目标。旅游吸引着越来越多的年轻人参与，远足、爬山、漂流、潜水、蹦极、滑雪和农家乐等休闲旅游正在成为年轻人喜爱的一种潮流。

（来源：百度文库《中国居民休闲方式调查》一文）

经典诵读

1. 与其有乐于身，孰（shú）若（ruò）无忧于其心？（韩愈《送李愿归盘谷序》）

译：与其身体上很快乐、很享受，不如心理上无忧无虑。

2. 有朋自远方来，不亦（yì）乐（lè）乎（hū）？（《论语·学而》）

译：有志同道合的朋友从远方来，不也是很快乐的吗？

练习

一、词语搭配

（　　）书画　　　面容（　　）　　　（　　）事实　　　（　　）不安

（　　）行为　　　思乡（　　）　　　强烈（　　）　　　现场（　　）

（　　）文件　　　克制（　　）　　　激活（　　）　　　刷新（　　）

二、填字构词，理解词义，熟读三遍

天（　）人（　）　　　（　）此（　）疲　　披（　）戴（　）

心（　）诚（　）　　如鱼（　）（　）　　义（　）填（　）

厚此（　）（　）　　哑口（　）（　）　　（　）不由（　）

忧（　）忧（　）　　诚（　）诚（　）　　（　）（　）满志

三、用括号里的词完成句子

1. A：他是你新交的男朋友吧！

　　B：＿＿＿＿＿＿＿＿＿＿＿＿＿＿＿＿＿＿＿＿＿＿＿。（什么呀？）

2. A：哎呀，糟了！我的手机放家里忘记带了。

　　B：＿＿＿＿＿＿＿＿＿＿＿＿＿＿＿＿＿＿＿。（多大点事啊！还以为……）

3. 目前学生课堂看手机的现象严重影响学习，＿＿＿＿＿＿＿＿＿＿＿。（亟须）

4. 现在环境污染问题越来越严重，＿＿＿＿＿＿＿＿＿＿＿＿＿。（呼吁）

5. 大学毕业后，他找到了一份不错的工作，＿＿＿＿＿＿＿＿。（踌躇满志）

6. 这位大明星的离婚消息刚在网上公布，＿＿＿＿＿＿＿＿＿＿。（舆论）

7. 随意在网络媒体中发布别人的照片，＿＿＿＿＿＿＿＿＿＿＿。（侵权）

8. 如果有人毫无理由地看不起你，＿＿＿＿＿＿＿＿＿＿＿＿。（轻蔑）

9. 他罗列的理由实在太充分了，＿＿＿＿＿＿＿＿＿＿＿＿。（心悦诚服）

10. 老师上新课前都会提一些与课文相关的问题，＿＿＿＿＿＿＿。（激活）

四、用这些词语模仿例句分别造两个句子

倒是……可……　不过……罢了……　……，从此……　才……又……

1. 例：你怎么才吃了饭又吃零食？

　(1) ＿＿＿＿＿＿＿＿＿＿＿＿＿＿＿＿＿＿＿＿＿＿＿＿＿＿？

　(2) ＿＿＿＿＿＿＿＿＿＿＿＿＿＿＿＿＿＿＿＿＿＿＿＿＿＿？

2. 例：他不过是开开玩笑罢了，请你别在意！

　(1) ＿＿＿＿＿＿＿＿＿＿＿＿＿＿＿＿＿＿＿＿＿＿＿＿＿＿。

　(2) ＿＿＿＿＿＿＿＿＿＿＿＿＿＿＿＿＿＿＿＿＿＿＿＿＿＿。

3. 例：我倒是很想去国外旅行，可总是没有时间。

　(1) ＿＿＿＿＿＿＿＿＿＿＿＿＿＿＿＿＿＿＿＿＿＿＿＿＿＿。

　(2) ＿＿＿＿＿＿＿＿＿＿＿＿＿＿＿＿＿＿＿＿＿＿＿＿＿＿。

4. 例：上个月他们分手了，从此再也没有联系过，也没有见过。

(1) _____。

(2) _____。

五、熟练背诵下列语段

1. 我们真正要修炼到的则是第三个境界，看山还是山，看水还是水，看微博终究不过就是个微博罢了，它代表不了舆论，更折射不了全社会。

2. 傍晚，我靠着沙发阅读《老子》："五色令人目盲；五音令人耳聋；五味令人口爽……"是啊，生活本来可以简单再简单。窗外秋意盎然，凉风拂着窗帘，最后一抹余晖掠过我的地板，我感到没有手机的简单与宁静。

六、阅读练习

心血来潮教奶奶网购的血泪史

我从小和奶奶在一起生活，和奶奶的感情很深。现在长大赚钱了，想让奶奶生活得更好一些，便突发奇想来教奶奶网购。

我想奶奶有电脑基础，学习网购应该不是很难吧。事实证明，我实在是太天真了！这个网购教起来实在太可怕了，不仅仅要告诉她怎么找东西，还得告诉她如何识别真
伪。最后实在没辙，选了一家国内比较知名的大型购物网站。这下有了正品保证，放心多了。可是这样还是够我受的，单单把东西先放到购物车再提交订单，我就教了十几遍啊。奶奶不能理解，为什么看好了不能直接拿走。我说，你就当做这是超市，你推了
一个小推车进去，看好的东西就放进去，最后在 收 银 台一起结账。经过这么一举例，奶奶好像懂了。经过二十个小时，最终可算教会了奶奶。我告诉奶奶网站第一页上面的
东西都是打折的。看到奶奶 跃 跃 欲 试 的表情，我很开心，很有成就感。

过了没几天，我在家收到了快递。一看是某购物平台，我猜大概是奶奶买的。

好奇奶奶第一次网购会买什么呢？我拆开一看，差点哭出来。奶奶买的全是我爱吃的东西。到这里，你们以为这是一个温情的故事对不对？你们太天真了！奶奶以后隔三
岔五就会网购我爱吃的东西送过来。 货 到 付 款 ，我自己掏钱，我实在不敢教奶奶

用 网 银。不过我也挺开心的，奶奶心里还是想着我。

    我打电话跟奶奶说："东西都收到了，特别开心，奶奶你也给自己买点东西吧。"奶奶问我这东西怎么收钱，我不想告诉奶奶是我自己掏的钱，只好骗奶奶说，这东西都是算在网费里，从网费里面扣了。但没想到，我这随口说的一句话，竟然成了以后的噩梦。

    一天傍晚，快递员打电话说帮我把买的东西搬上楼来。我在想奶奶又买了什么东西啊？送上来后一看，原来是台 3D 屏幕显示的电视机。奶奶你买这个东西干吗？你很赶时髦嘛！以后你要看 3D 国产电视剧吗？既然是奶奶买的，我还是付了钱，一共 2 399元。心想下周四去奶奶家，开车送过去吧。

    结果周末还没到，又收到快递员的电话说有东西要搬上来。奶奶你这次又买的什么啊？搬上来拆开一看，我惊呆了，一套家庭影院。奶奶，现在看电视剧都需要这么好的配置吗？需要配合家庭影院和 3D 电视来看吗？既然是奶奶想买的，为了让奶奶生活好一点，我默默地刷了卡。这下子下周四去奶奶家，要找个车来运东西了。

    可是，就在昨天，快递员的电话又响了，说："嚯，又买大家伙了！这次还是个超大的。在家吧，搬上去啦！"我说："师傅你别搬，我先下楼看看。"下楼一看，是个冰饮料之类的冰柜。奶奶，看电视剧要冰一箱啤酒吗？下次要买的就是烧烤架吧？烤个羊肉，冰个啤酒，打开家庭影院，坐在 3D 电视前看电视剧对吗？

    我觉得有必要给奶奶打个电话问问怎么回事了。奶奶在电话中说，你不是说第一页的东西都打折吗？我看这些家电都不错，觉得你以后能用得着，就都给你买了。

    奶奶又说："孙子，我偷偷和你讲啊，我发现我们家电脑买东西不用花钱！我前几天去交网费，网站上买东西的钱都没有算进去，我还特意问了好几遍，说就是网费的钱，没有别的。"奶奶继续说："上次不是给你买了个电视吗，我买完又去人家网络那里查了，还没扣咱钱！"

    我总算是明白怎么回事了。我说："奶奶啊，这几天咱就先不要买了好不好，我去看看怎么回事。"挂掉电话后，我给快递师傅递了根烟，说："师傅，对不起了啊，这东西我要拒收，还要麻烦你带回去。"说完，我跑回家里，把奶奶的 账 号密码改掉了。

    （作者：花生　来源：豆瓣网　http：//www.douban.com/group/topic/42564209　有改动）

阅读理解

1. "我"没有教奶奶做什么？（   ）

A. 挑选东西　　　　　　B. 识别真伪　　　　　　C. 用网银付款

2. 奶奶没有为"我"买什么东西？（   ）

A. "我"爱吃的东西

B. 一台笔记本电脑

C. 一台3D屏幕显示的电视机

3. 文中"我这随口说的一句话，竟然成了以后的噩梦"中"噩梦"的意思是（   ）。

A. 让人难过得想哭的梦　　B. 可怕的梦　　　　　　C. 有趣的梦

4. 奶奶一直不断地为"我"买东西的原因是什么？（   ）

A. 网上的东西质量太好了

B. 奶奶网购上瘾了

C. 奶奶觉得"我"需要并以为没有扣钱

5. 奶奶总是为"我"买东西，这说明（   ）。

A. 奶奶心里想着我

B. 奶奶喜欢网购带来的乐趣

C. 奶奶是一个非常贪小便宜的人

6. 下面哪一项不是"我"最后的解决办法？（   ）

A. 改掉了奶奶的账号和密码

B. 批评了奶奶

C. 将奶奶买的冰柜退回去了

七、采访活动

以"手机为我们的生活带来了哪些好的影响和不好的影响？"为问题，采访3~5位同学，并记录于表中。然后以小组为单位整理汇报有哪些观点，持哪种观点的人数最多。之后，可根据情况将全班分为正方（持"手机带给我们的主要是好的影响"的观点）、反方（持"手机带给我们的主要是不好的影响"的观点），组织一场辩论。

姓名	好的（正面）影响	不好的（负面）影响

八、写作

依据上题"采访活动"中收集的观点，归纳出你赞同的"手机为我们的生活带来的正面、负面影响"分别为哪几条。然后，依次对这些论点进行论证（可用事例、因果分析、名言等方式），写一篇小议论文。

九、猜词游戏

将课文中四字词及其他核心词分别写在卡片上，全班分为3组，每组一叠卡片，一个同学举卡片（每次一张），一个同学猜卡片上的词语，其他同学用汉语解释卡片的意思。

第五课

1. 你平常和朋友一起吃饭是怎么买单的，是 AA 制还是某一人付钱？

2. 你知道中国人在外吃饭一般是怎么买单的？你怎么看这种现象？

课文

中式抢单[1] 文化

与朋友在外用餐是一个斗智斗勇[2]的过程。说"斗勇"，是因为吃完饭结账的时候，一桌的人都抢着掏钱。抢着结账或买单，叫做"抢单"。起初，我们是在饭桌前叫服务员过来结账的。后来，为了抢个先机，我们把"争斗"的地点转移到了柜台前。常常有这样的情况，我们顾不得锅里还有菜，便离席去结账。一时间，柜台成

说……，是因为……："说"引出结果/结论，"是因为"说明其原因。

例：说你聪明，是因为你每次考试都得第一名。

起初：原来；最初。

先机：最先的关键的时机。

离席：离开座位。

77

推搡：推来推去。

肉搏战：没拿武器空手进行的相互打斗。

饭局：宴会、聚餐。

巡：遍；次。

包厢：某些公共场所特设的单间席位。

神不知鬼不觉：谁也不知道，没有被人发觉。

逃单：吃饭不付钱，逃避买单。

优劣：好与坏。

欠佳：不够好。

了我们难看的"表演"场所。你推我搡（sǎng），让在场的人看够了我们的笑话。虽然也自知形象不佳，但我们别无良策[3]，只好如此。在难堪[4]和艰难的"肉搏（bó）战"之后，我们重回饭桌，继续我们饭局的"加时赛"。

说"斗智"，则是因为我们得与时俱进[5]，制定新的买单策略[6]。我们得察言观色[7]，伺机而动[8]。"形势[9]"变得越来越严峻[10]，我们不能仅靠力敌，更应智取[11]。我们把抢单的时间提前，这是第一。第二，我们得把握[12]好时机[13]。比如，酒过三巡（xún），有朋友上洗手间。我们就趁此机会，到包厢（xiāng）外，神不知鬼不觉地买下单子。同样，我们还可以自己找个上洗手间的时机偷偷溜出去买单。待到用餐结束，有朋友要抢单时，却不知早已结过账。于是，一桌人欣然而笑。

抢着买单，总比抢着逃单要好。尽管一直以来，我们这群人都自知抢单形象不佳。但是，在一份份善意面前，我们还是感到了无比欣慰。一直有人说，你们这样的行为不好，不如西方那样的"AA制"。甚至，还把问题上升到"民族""文化"优劣（yōu liè）这样的层面[14]上来。我想，这只不过是一个小小的文化差异，何来民族与文化的优劣之争？那一次次善意的争抢，都是缘于[15]朋友一颗真诚与善良的心。

不过，我们并非一直表现出这样"粗鲁[16]""野蛮[17]"的形象。在漫长[18]的斗智斗勇过程中，我们的争抢逐渐减少。有的人甘愿[19]一直付出，有的人则一直乐于[20]接受。比如，在我们几个好友中，老马就是一直乐于接受的。我们也从不让他买单。因为，他年纪渐大，身体欠佳，收入不稳定[21]，又有抚养[22]孩子与照顾老人的压力。所以，我们不让他买单，他也乐于接受。我们没觉得这样有什

tuǒ
么不妥。好友之间，又岂在乎这点小钱？《飞狐外传》里有一个小情节：赵半山临别之际，赠²³给胡斐四百两黄金。但他担心胡斐不接受，没有当面交给他，只是把黄金包裹起来，放在远处的一块大石上，吩咐²⁴胡斐待他走后自取。胡斐取过包裹，打开知道是黄金后，说了这样一番话："我贫你富，若是赠我黄金，我也不能拒绝。三哥怕我推辞²⁵，赠金之后急急驰走，未免²⁶将我胡斐当作小孩子了。"所谓"君子之交淡如水"，大概就是这样的一种表现：不在乎形式，不在乎金钱，不在乎物质，只在乎本质²⁷和内心。

随着岁月的流逝，我与他们争抢得也并不那么凶²⁸了，能买则买，不能买则欣然接受。有一次，用餐没结
chóu
束时，我要抢着结账，可没想到，对方的策略又高了一筹，在前一天，他已经在美团网上付了款。我们用餐无须²⁹现场付钱，只需告知店家订单验证码就可以了。

好友在抢单方面动的脑筋³⁰太多了，我望尘莫及³¹。可是，我心里没什么不安，反而乐于接受。因为，曾经有一次，在我抢着买单后，朋友指责³²我："你这样做，我不但不会高兴，反而要批评你。你的收入并不高，年过三十，还未买房成家。你该备着些钱，过好你以后的日子吧。"

我心存³³感动。在我们"争争抢抢"的这些岁月里，
guǒ xié
裹挟着这样一些深深浅浅的、看不见的关怀和善意。看似一场场拼死³⁴的相争，看似一场场丑陋的演出，却隐含³⁵着如许温暖和感人的爱意。过了这么些岁月，我才明白这个道理。我想，这就是我们中国"抢单文化"背后真正令人称道³⁶的核心³⁷所在吧。

（作者：雨源　来源：乐读网）

不妥：不好、不合适。
岂……？：反问句，表示否定的意思。
例：大白天在家睡觉，岂不浪费时间？
你离家出走，岂不让你父母伤心？
若是……，也……：表示假设。
例：若是明天下雨，我也会来上学。

能……则……，不能……则……：
例：见到别人有困难，能帮则帮，不能帮则安慰一下也好。
筹：量词，层。

不但不……，反而……：
例：你这样做不但不能帮到你朋友，反而会害了你朋友。
你天天上网不但不能学到东西，反而让父母担心。
裹挟：卷入、带入。

如许：这样；如此。

生词

抢单[1]	qiǎngdān	动	抢着买单。

例：今天这顿饭谁也别和我~，我来买单。

斗智斗勇[2]	dòuzhì-dòuyǒng		比聪明、勇气。

例：遇到敌人，你要和他们~才能取得胜利。

良策[3]	liángcè	名	好的办法。

例：问题太严重了，我们已别无~了。

难堪[4]	nánkān	形	因做错了事情而感到不好意思，或因不好处理而感到不自然。

例：当众被人拒绝，他感到很~，微微涨红了脸。

【近】尴尬

与时俱进[5]	yǔshí-jùjìn		跟随时代的发展而进步。

例：时代在不断发展，我们得~，才不会落后。

策略[6]	cèlüè	名	办法。

例：学习~　营销~

【近】方法；计策；谋略

察言观色[7]	cháyán-guānsè		观察别人的言语脸色以了解其内心。

例：我们要有~的能力才能知道别人究竟想什么。

伺机（而动）[8]	sìjī (érdòng)	动	等待合适的机会（行动）。

例：~报复

警察外出行动得察言观色，~而动，才能获得成功。

【近】乘机

形势[9]	xíngshì	名	事物发展的状况。

例：经济~　政治~

目前国家~大好，我们要抓住机遇发展自己。

【近】局势；情况

严峻[10]	yánjùn	形	严厉，严肃；严重。

例：~的考验

形势~，我们要经得住考验。

【近】严重

智取[11]	zhìqǔ	动	靠聪明而获得。
			例：只可~，不可强攻。
			~才是良策。
把握[12]	bǎwò	动	抓住。
			例：机会只有一次，好好~。
			要有信心，~自己的未来。
			【近】掌握
时机[13]	shíjī	名	具有时间性的客观条件（多指有利的）。
			例：把握~ 抓住~ 合适的~
			生意场上要看准~才能赚大钱。
			【近】机遇；机会
层面[14]	céngmiàn	名	例：这次打人事件影响的~极大。
			从道德~上来说，你骂人是不对的。
			【近】方面；层次
缘于[15]	yuányú	介	例：他学习那么努力，~其远大的志向。
			父母对孩子那么严格，~他们对孩子的爱。
			【近】因为；起因于；鉴于
粗鲁[16]	cūlǔ	形	例：他讲话很~，从来不在意别人的感受。
			我不喜欢那个~不文明的家伙。
			【近】粗俗；鲁莽 【反】文雅；礼貌
野蛮[17]	yěmán	形	例：他做事很~，你做事就彬彬有礼，所以大家喜欢你。
			别用这种~的办法来处理问题。
			【近】粗鲁；蛮横
漫长[18]	màncháng	形	例：~的黑夜 ~的岁月 ~的河流
			~的暑假结束了，明天终于开学了。
甘愿[19]	gānyuàn	动	例：为了孩子，父母~付出自己的所有。
			他~吃苦也坚持自己的梦想。
			【近】情愿；愿意
乐于[20]	lèyú	动	很愿意、很高兴去做某事。

例：～助人　　～奉献　　～接受

他～帮助周围的人而且从来都不会觉得累。

稳定[21]	wěndìng	形	保持不变。

例：物价～　　病情～　　经济运行～

她情绪不～，一会哭一会笑。

抚养[22]	fǔyǎng	动	例：～子女

【近】赡养（父母）

赠[23]	zèng	动	例：～给　　～送　　～送生日礼物

【近】送

吩咐[24]	fēn·fù	动	例：要办什么事，就～一声。

他～我会议结束后留下来。

【近】嘱咐

推辞[25]	tuīcí	动	例：借故～

我有一件事想请你帮忙，希望你不要～。

【近】拒绝　　【反】接受；接纳

未免[26]	wèimiǎn	副	不能不说是……

例：你的发言用了两个小时，～长了些。

小事一桩，你说得～太严重了。

【近】不免

本质[27]	běnzhì	名	例：这两样东西外表相同，～不同。

【近】实质　　【反】表面

凶[28]	xiōng	形	厉害。

例：他样子很～，不够温和。

他们争吵得很～。

无须[29]	wúxū	副	例：～帮忙　　～操心

我全知道了，你～说明了。

【近】不必；不用　　【反】必须

脑筋[30]	nǎojīn	名	思考、记忆的能力。

例：用～　　动～　　伤～

你在工作上花了不少～，他却在游戏上用了不少～。

望尘莫及[31]	wàngchén-mòjí		形容远远落后，追赶不上。

例：他表现太优异了，让其他参赛者～。

你的学习能力太强了，我～。

指责[32]	zhǐzé	动	例：这次考试没考好，爸爸～我怎么不好好学习。
			他犯错误了，应该受到～。
			【近】批评；责备
（心）存[33]	（xīn）cún	动	（心里）有。
			例：心～感激　心～善意
拼死[34]	pīnsǐ	动	形容非常努力。
			例：～抵抗
			他这么～工作，是为了挣更多的钱。
隐含[35]	yǐnhán	动	包含且不容易被看到。
			例：她的话～着对你的不满。
称道[36]	chēngdào	动	例：无足～　为人/被人～
			他的工作能力强，值得～。
			【近】称赞　【反】指责
核心[37]	héxīn	名	例：～作用　～部分
			他是公司的领导～，大的决策都取决于他。
			【近】中心；关键

谈一谈

1. 为什么课文里说与朋友在外用餐是一个"斗勇"的过程？

2. 买单时"斗智"体现在哪几个方面？

3. 有人说，中国式抢单不如西方那样的"AA制"。对此作者怎么认为的？

4. 为什么有人乐于付出，而老马和"我"则乐于接受？

5. 文章引用《飞狐外传》里的一个小情节是为了说明什么？

6. 中国人在外用餐后的抢单方式后来有什么"与时俱进"的新招？

7. 文章最后说到"这就是我们中国'抢单文化'背后真正令人称道的核心所在吧"，这里的"核心"指的是什么？

8. 讨论（分组讨论10分钟，每组一人记录每人看法的关键词，一人负责汇报本组主要看法）。

（1）中国的抢单文化与西方的"AA制"你更喜欢哪个？为什么？

（2）你觉得中西方的这两种不同买单方式体现了民族文化的优劣吗？为什么？

阅读课文

我眼中的中国美食

时间过得真快，一转眼我在中国已经快四年了。有一天，上"中国传统文化课"的老师在黑板上写了两个笔画非常繁复[1]的汉字：饕餮（tāo tiè）。

我举手问："老师，这两个字下面部分都是'食'，这个词的意思是不是跟食物有关？"

老师说："你说得没错，饕餮是传说中龙的第五个儿子，它特别贪[2]吃。"

我说："可能我上辈子[3]也是一只饕餮吧，因为我酷爱中国的美食。"

老师和全班同学都哈哈大笑起来。

说真的，我对汉语中关于"吃"的词语和文化都很感兴趣。在学习汉语三年多的时间里，我收集了不少跟吃有关的汉语词语，比如：粗茶淡饭[4]、省吃俭用[5]、津津有味、狼吞虎咽（yàn）、囫囵（hú lún）吞枣、口齿留香、色香味俱全、民以食为天、心急吃不了热豆腐等。有些词语看似跟饮食有关，其实引申（yǐn shēn）出了其他意思，比如：囫囵吞枣、吃软不吃硬、哑巴吃黄连——有苦说不出……这说明饮食不仅影响了中国人的物质[6]文化生活，也深深影响了中国人的思维[7]习惯和表达方式。

中国的饮食文化博大精深[8]。我查阅[9]过中国八大菜系的书籍资料，观看过美食纪录片《舌尖上的中国》，聆听过老师讲授[10]的中国饮食习俗。但"纸上得来终觉浅，绝知此事要躬（gōng xíng）行"。所以，我决定去品尝中国的各种美食，真正地体验和感受那令人无法抗拒[11]的美食。

饕餮：比喻贪吃的人。

狼吞虎咽：形容吃东西又猛又急的样子。

囫囵吞枣：把枣整个吞下去，不加咀嚼，不辨滋味。比喻对事物不加分析思考。

引申：字、词等由原义产生新义。

菜系：具有地方特色并被社会公认的中国饮食菜肴流派。

纪录片：以真人真事为内容引发人们思考的电影电视。

躬行：亲身实行。

在中国的三年多时间，除了在广州学习汉语之外，我还去过北京、天津、上海、香港、澳门等地方旅游，品味[12]这些地方的美食，探究[13]美食背后的奥秘[14]，比如食物的制作方法、人们的饮食习惯、为人处世的方式等。

记得我第一次去香港，当地的一个朋友说："我请你喝早茶吧。"我很诧异地说："一大早喝茶，能喝饱吗？你们中国人不是说早餐要吃得像皇帝吗？难道皇帝早餐只喝茶？"

朋友神秘[15]一笑，说："走吧，到了茶楼你就明白了。"

到了茶楼我才发现，原来早茶不是茶，而是各种色香味俱佳的小点心，有绵糯爽甜的马蹄糕，有"白如雪，薄如纸"香滑可口[16]的鲜虾肠粉，还有选材[17]丰富、鲜甜可口的

艇仔粥：广州地区著名小吃。

tǐng zǎi zhōu
艇 仔 粥。我跟朋友说，"若把早茶比西子，蒸煮煎炸总相宜"，早茶真是中国岭南饮食文化中令人惊艳[18]的一笔。

我们一边吃，朋友一边跟我介绍这些美食的起源[19]和传说，他说"艇仔粥"中的"艇仔"是"小船"的意思，相

cōng huì
聪慧：聪明而有智慧。

传在广州有一个聪慧善良的渔家女孩名叫金水，一天她见父亲从珠江捕来一条很大的金色鲤鱼，觉得它很可怜，便将

放生：把捕获的小动物放走。

鱼儿放生。过了几年，金水的父亲得了重病，孝顺的金水在

qí fú
祈福：祈求神仙降福。

江边祈福，这时有一位仙女从水中出来说："我是几年前被你放生的鲤鱼。你只要煮一些鱼虾粥再加些油脆之物卖钱，然后带你爹去城南看病，即[20]可痊愈。"金水依照[21]此法，果然治好了父亲的病，从此这粥就被取名为"艇仔粥"。原来美食的传承[22]，也是中国老百姓对善良孝顺等中华民族传统美德的传承。

任职：担任职务；工作。

还记得我第一次去天津，看望在那里任职的哥哥，他对我说："银海，我带你去尝尝天津特色小吃——煎饼果子和狗不理包子。"

我说："好啊，我还没吃过夹着煎饼的水果。不过我不吃狗肉，狗不理包子就算了。"

哥哥笑着说："你呀，还说自己是'中国通'，连煎饼果子和狗不理包子都没尝过，它们跟水果还有狗肉一点儿关系也没有。"

原来我又望文生义[23]了。哥哥说得没错，煎饼果子中的"果子"原来是"油条"，看着阿姨熟练地舀(yǎo)了一勺面，飞快地摊[24]在铁板锅上，然后打上鸡蛋，用小铲子把鸡蛋抹匀，加上油条、薄脆(bó cuì)、葱花、甜面酱、辣椒酱、火腿肠，几分钟工夫，一个长方形的、厚厚的煎饼果子就诞生了，闻起来香味扑鼻，咬一口，鲜香甜辣，不一会儿我就吃完了整个煎饼。我高兴地对卖煎饼的阿姨说："请再给我一个，我不吃午饭，就吃煎饼果子了。"周围的人都哈哈大笑起来。

第二天，我和哥哥又去品尝了在天津有着百年历史的狗不理包子。原来狗不理包子跟狗肉真是八竿子打不着。之所以取名狗不理，其中也有一个很有意思的故事。"狗不理"的创始人小名叫"狗子"，他勤快[25]好学，心灵手巧，做出的包子味道鲜美，吃的人也越来越多，"狗子"老板也越来越忙，忙得没空儿跟顾客说话。这样一来，顾客们跟他开玩笑，说他是"狗子卖包子，不理人"。久而久之，人们就把他卖的包子叫做"狗不理包子"。

中国美食不仅让我充分享用[26]了它的美味，还让我深入[27]了解了深厚悠远[28]的中国文化。

油条：长条形中空的油炸食品。

舀：用瓢、勺等取水、汤。

铁板锅：烧菜的容器。

铲子：炒菜的工具。

薄脆：北京地区著名的小吃。

扑鼻：气味冲鼻。

八竿子打不着：形容二者之间关系疏远或毫无关系。

创始人：指事件或组织的发起人。

（作者：贝银海　暨南大学华文学院华教系学生）

生词

繁复[1]	fánfù	形	复杂；多。
			例：～的程序　～的手续
			面对～的工作，他感觉很累。
贪[2]	tān	动	老不满足。

例：~吃　~玩　~钱

他特别~玩，可以一整天都在外面游荡。

辈子[3]　bèi·zi　名　一生。

例：上~　下~

我爱你一~，下~也爱你。

粗茶淡饭[4]　cūchá-dànfàn　很简单的饭菜。

例：以前我家里很穷，只能靠~过活。

都是~，请不要客气。

【反】山珍海味

省吃俭用[5]　shěngchī-jiǎnyòng　花钱很少，生活很节省。

例：为了送儿子上大学，他们不得不~，拼命赚钱。

【反】挥金如土

物质[6]　wùzhì　名　例：随着经济的发展，人们的~生活都得到了改善。

【反】精神

思维[7]　sīwéi　名/动　例：~习惯　抽象~

【近】思考

博大精深[8]　bódà-jīngshēn　很丰富、深刻。

例：中华传统文化~。

查阅[9]　cháyuè　动　查找、阅读（资料）。

例：~书籍　~文件

讲授[10]　jiǎngshòu　动　例：~知识　~道理

【近】讲解

抗拒[11]　kàngjù　动　例：无法~　~命令　~诱惑

太好吃了，他~不了这样的美食。

【近】拒绝　【反】接受

品味[12]　pǐnwèi　动　例：~美食　细细~

【近】品尝

探究[13]　tànjiū　动　深入地研究、找寻原因或规律。

例：他深入~了这个问题。

【近】探索；研究

奥秘[14]　àomì　名　没被认识的秘密。

例：科学家在苦苦地探究宇宙的~。

快乐的～就在于知足常乐。

神秘[15]	shénmì	形	秘密的、难以了解的。

例：～人物　～任务

自然界的～让我们很好奇。

可口[16]	kěkǒu	形	很好吃。

例：～的食物　香滑～　鲜美～

她真贴心，已经为我们准备好了美味～的晚饭。

选材[17]	xuǎncái	动	选择合适的材料。

例：～丰富

写文章讲究～的合适。

做一道美味的菜，～是关键。

惊艳[18]	jīngyàn	形	漂亮精彩到让人吃惊。

例：这个表演太精彩了，必将～全场。

起源[19]	qǐyuán	名	事物开始发生的情况或原因。

例：科学家一直都在研究人类的～。

我们都还不清楚动物的～。

即[20]	jí	副	书面语，立刻，马上。

例：假若有事，请～告知。

网购时，付款完成，～可安排发货。

依照[21]	yīzhào	动	例：请～我的方法来做，一定不会让你失望。

【近】按照

传承[22]	chuánchéng	动	传授和继承。

例：中国的传统文化需要～。

中国的饮食文化也～着伟大的民族精神。

望文生义[23]	wàngwén-shēngyì		只从字面上去理解一个词句的意义因而理解错误。

例：我们翻译不能没字典，不能～。

摊[24]	tān	动	摆开；铺开。

例：～鸡蛋　～大饼　～开

他～开几份报纸，好像在寻找什么。

勤快[25]	qínkuài	形	例：妈妈真～，一会儿也不闲着。

他每天都～地打扫房间。

【近】努力；刻苦

享用[26]	xiǎngyòng	动	使用某种东西并得到满足。
			例：～美酒
			人们都在尽情地～当地的美食。
			【近】享受
深入[27]	shēnrù	形	例：～人心
			他们～地探讨了这个问题。
悠远[28]	yōuyuǎn	形	离现在的时间长或距离远。
			例：这些文物把我们带入了一个～的时空。
			这首深长～的歌能让我们的内心平静下来。

词语辨析

1. 吩咐　嘱咐

相同：

都是动词。都是口头告诉某人应做或不做某事。

不同：

"吩咐"含有命令、要求的意思，和"安排"近义。常常指上级交代下级该做哪些事、怎么做。

"嘱咐"只是告诉或劝导对方怎么做，注意什么，有关切之意，语气缓和。往往指前辈/长者对晚辈出于关心交代该注意些什么。

例：（1）老师嘱咐/吩咐学生及时完成今天布置的作业。

（2）我该干什么，请老板您吩咐。（×嘱咐）

（3）妈妈再三嘱咐我一个人在外地要注意身体和安全。（×吩咐）

搭配：

吩咐：～的事情/～谁做什么/完成您的～/请您～

嘱咐：～的事情/～谁注意什么/记得您的～

练习：

（1）经理（　　）我今天一定要把这件事完成。

（2）奶奶（　　）我不要贪玩，尤其不能玩水。

（3）我出国前爸爸反复（　　）我要好好学习，注意身体。

（4）有什么可以帮忙的，请尽管（　　）我去做吧。

2. 传承　继承

相同：

都是动词。都有把以前遗留的东西（文化/传统/精神）接受下来的意义。

不同：

"继承"一是指依法接受亲人的遗产或前人留下的事业，如：～财产。二是指接受前人的作风、文化、知识等，如：～优良传统、～文化遗产

"传承"是指传授和继承历史文化、艺术、精神等。除了有"继承"意义，还有"传授"以推广的意义。如：～中华文化、～民族精神。

例：（1）他是独生子，所以父母的财产全部由他一个人来继承。（×传承）

　　（2）他们传承/继承了家族几百年的祖传酿酒文化。

搭配：

继承：～文化/～传统/～精神/～遗产/～财产/～下来

传承：～文化/～传统/～精神/～艺术/～武术/～下去

练习：

（1）这是你家的祖传秘方，你得要好好地把它（　　）下来。

（2）从法律上来说，他没有子女，所以他的所有财产由他妻子来（　　）。

（3）年青一代要把我们伟大的民族精神继续（　　）下去，这是我国发展的根本。

篇章训练

1. 阅读课文《我眼中的中国美食》中作者去过哪些地方？分别品尝了哪些美食？注意使用"首先、其次、然后、最后"等词语逐一表述出来。

2. 为什么说"中国美食不仅让我充分享用了它的美味，还让我深入了解了深厚悠远的中国文化"？请用课文中提到的这些美食来说明其背后的文化意义。请用200字左右书面回答，注意使用恰当的衔接词如"其一、其二；首先、其次"等，以使层次清晰。

文化点滴

一、中国各地小吃

1. 北京美食——北京烤鸭

北京烤鸭是具有世界声誉的北京著名菜式，用料为优质肉食鸭北京鸭，果木炭火烤

制，色泽红润，肉质肥而不腻。

2. 南京美食——鸭血粉丝汤

南京人是出了名爱吃鸭的，而鸭血粉丝汤便是其中独具代表性的小食。鸭血要新鲜，粉嫩粉嫩的那种，加上粉丝、鸭肝、鸭肠、香菜和榨菜末，用鸭汤煮出来，又香又嫩。鸭汤很鲜，粉丝是那种煮不烂的，很筋道，鸭肝和鸭肠很入味。

3. 天津小吃——十八街麻花

十八街麻花，又称桂发祥麻花，是与天津狗不理包子、耳朵眼炸糕并称的"天津三绝"食品之一。桂发祥什锦夹馅麻花酥脆香甜，风味独特，令人叫绝。

北京烤鸭　　　　　　　鸭血粉丝汤　　　　　　　十八街麻花

4. 上海美食——南翔小笼包

南翔小笼包是上海郊区南翔镇的传统名小吃，已有 100 多年历史。以皮薄、馅多、味鲜而闻名，是深受国内外顾客欢迎的风味小吃之一。馅心是用夹心腿肉做成肉酱，不加葱蒜，仅撒少许姜末和肉皮冻、盐、酱油、糖和水调制而成。

5. 山西美食——刀削面

刀削面是山西人日常喜食的面食，因其风味独特，驰名中外。刀削面全凭刀削，因此得名。用刀削出的面叶，中厚边薄，棱锋分明，形似柳叶；入口外滑内筋，软而不黏，越嚼越香，深受喜食面食者欢迎。

6. 武汉美食——热干面

热干面是湖北武汉的特色美食，与北京炸酱面、河南烩面、山西刀削面、四川担担面统称为中国五大名面。热干面的面条纤细，根根筋道，色泽黄而油润。拌以香油、芝麻酱、鲜辣味粉、五香酱菜等配料，色香味俱全。享誉全国乃至世界。

南翔小笼包　　　　　　　　　刀削面　　　　　　　　　热干面

7. 云南美食——过桥米线

过桥米线，云南一绝，至今已有一百年的历史。传说有一秀才在南湖的湖心小岛念书，秀才妻子每日都要通过石砌的小桥给夫送饭。一日，妻子念丈夫读书辛苦，炖了一只又肥又壮的母鸡，装入罐中，正准备送饭给丈夫，由于有要事未能按时送去。当她办完事后，发现汤罐还是热乎乎的，原来是厚厚的一层鸡油覆盖在汤面上，起到了隔热作用。于是妻子便穿小道，走石桥，将饭送到丈夫身边，将米线在热鸡汤里浸泡后，随即捞出放入碗里，秀才吃了十分满意。此事被传为美谈，人们为了赞誉这位贤能的妻子，便将这种食品取名"过桥米线"。

8. 广东美食——干炒牛河

干炒牛河是广东小吃的一种，以芽菜、河粉、牛肉等炒成。河粉又称沙河粉，源自广州市沙河镇。中国福建、潮汕地区和新加坡潮汕华侨称为粿条。通常煮法是放汤，或炒制。干炒牛河被认为是考验广东厨师炒菜技术的一大测试。2012 年入选纪录片《舌尖上的中国》第二集《主食的故事》系列美食之一。

9. 潮汕美食——牛肉丸

牛肉丸是广东潮汕地区最著名的、最具代表性的特色美味小吃，分为牛肉丸、牛筋丸两种。牛肉丸的肉质较为细嫩，口感嫩滑，牛筋丸则是在牛肉里加了一些嫩筋，所以比较有嚼头。

过桥米线　　　　　　　　　干炒牛河　　　　　　　　　牛肉丸

二、"吃"的文化词

谋生→糊口　　　　　　　　混得好→吃得开

花积蓄→吃老本　　　　　　长得漂亮→秀色可餐

受人欢迎→吃香　　　　　　受人照顾→吃小灶

受人伤害→吃亏　　　　　　不顾他人→吃独食

说人不能胜任→干什么吃的　犹豫不决→吃不准

跟人讲狠话时说→我可不是吃素的　办事不力→吃干饭

靠女人生活→吃软饭　　　　没事找事→吃饱了撑的

岗位→饭碗　　　　　　　　待业→吃父母

手头缺钱→吃紧　　　　　　稳定可靠的工作→金饭碗

经典诵读

1. 中国人对食物的感情多半是思乡，是怀旧，是留恋童年的味道。（《舌尖上的中国》台词，下同）

2. 这是盐的味道，山的味道，风的味道，阳光的味道，也是时间的味道，人情的味道。这些味道，已经在漫长的时光中和故土、乡亲、念旧、勤俭、坚忍等情感和信念混合在一起，才下舌尖，又上心间，让我们几乎分不清哪一个是滋味，哪一种是情怀。

练习

一、根据拼音写词语

cè lüè　　　yán jùn　　　tuī cí　　　yǐn hán

（　　）　　（　　）　　（　　）　　（　　）

sì jī ér dòng　bǎ wò　　chēng dào　　nán kān

（　　）　　（　　）　　（　　）　　（　　）

二、填空并用词造句

伺（　　）而动：＿＿＿＿＿＿＿＿＿＿＿＿＿＿＿＿

（　　）尘莫及：＿＿＿＿＿＿＿＿＿＿＿＿＿＿＿＿

与时（　　）进：＿＿＿＿＿＿＿＿＿＿＿＿＿＿＿＿

（　　）言观色：＿＿＿＿＿＿＿＿＿＿＿＿＿＿＿＿

心（　　）感动：＿＿＿＿＿＿＿＿＿＿＿＿＿＿＿＿

你推我（　　）：＿＿＿＿＿＿＿＿＿＿＿＿＿＿＿＿

（　　）死相争：＿＿＿＿＿＿＿＿＿＿＿＿＿＿＿＿

斗（　　）斗勇：＿＿＿＿＿＿＿＿＿＿＿＿＿＿＿＿

三、词语搭配

无须（　　）　　（　　）严峻　　把握（　　）　　（　　）野蛮

抚养（　　）　　（　　）欠佳　　查阅（　　）　　（　　）稳定

乐于（　　）　　（　　）策略　　缘于（　　）　　（　　）推辞

指责（　　）　　（　　）粗鲁　　甘愿（　　）　　（　　）作用

四、按指定的句式完成两个句子

1. 说……，是因为……

说她很热情，＿＿＿＿＿＿＿＿＿＿＿＿＿＿＿＿＿＿＿＿＿＿＿

说工作辛苦，＿＿＿＿＿＿＿＿＿＿＿＿＿＿＿＿＿＿＿＿＿＿＿

2. 若是……，也……

若是去中国北方看看，＿＿＿＿＿＿＿＿＿＿＿＿＿＿＿＿＿

若是有人不愿意陪你，＿＿＿＿＿＿＿＿＿＿＿＿＿＿＿＿＿

3. 不但不……，反而……

我不但不生气，＿＿＿＿＿＿＿＿＿＿＿＿＿＿＿＿＿＿＿＿

山上不但不冷，＿＿＿＿＿＿＿＿＿＿＿＿＿＿＿＿＿＿＿＿

4. 能……则……，不能……则……

对弱小者，能帮则帮，＿＿＿＿＿＿＿＿＿＿＿＿＿＿＿＿＿

我们能见则见，＿＿＿＿＿＿＿＿＿＿＿＿＿＿＿＿＿＿＿＿

5. ……，岂不……？

你当着大家的面指责他，＿＿＿＿＿＿＿＿＿＿＿＿＿＿＿＿

你一点都没复习，_____

6. ……，缘于……

他待人极有礼貌，_____

这个城市被评为世界宜居城市，_____

五、阅读练习

美食故事的三种讲法

我国历史悠久，随便什么美食，动辄(zhé)就可追溯(sù)到几百年上千年前，起源多半还和某位历史名人有关：屈原与粽子、苏东坡与东坡肉、杜甫与五柳鱼，诸如此类。

我在旅行的时候，有一个小小的爱好，就是搜集当地关于美食的传说。这些传说散见于导游的嘴里、旅游地图的背面、民航杂志的插页、旅游区商店的食品包装以及小饭店内的菜单和墙壁上。这些传说多半荒诞(huāng dàn)不经，经不起仔细推敲(tuī qiāo)，但别有一番情趣(qíng qù)。

比如在福建有道菜叫西施舌，其实就是蛤蜊。我曾在当地某小菜馆看到一个关于西施舌来历的故事。这故事有点猎奇，说越王勾践灭掉吴国后，他老婆怕他被西施的美色迷惑，偷偷派人抓了西施，并给她绑了石头，使之沉入大海。结果西施死后冤魂(yuān hún)不散，化身在贝壳里，只吐出一截粉嫩的舌头，向路过的人吐露(tǔ lù)冤情。男子若捡到这种贝壳，往往直接咬住舌头吸吮，滋味鲜美无比。你别说，这故事还颇有来历，宋代《苕溪渔隐丛话》就已经提及福州有美味，名叫西施舌。古人重口味起来，不比今人逊(xùn)色。

我搜集了许多类似的美食故事，作了一个简单的整理，发现一件有趣的事。在所有关于美食的民间故事里，出镜率最高的一共有三个人：朱元璋、乾隆和慈禧。他们三位的身影几乎无处不在，而且每个人都有自己的一套故事模板(mú bǎn)，只需把里面的食物作个替换，连情节都不用改。

朱元璋式的美食故事，开头总是先揭(jiē)个短儿：明太祖朱元璋年轻时，家里非常穷。有一天他饿得不行了，到处找吃的。这时，朱元璋肯定会碰见一个叫花子。这个叫花子手艺很好，有的故事里他偷了一只鸡，用荷叶包糊上泥巴烤，后来就成了叫花鸡。有的故事里，这个叫花子用烂菜叶煮了一锅珍珠翡翠白玉汤。有的故事里，这个叫花子从仓库里扫出一堆杂粮，煮了一碗腊八粥。无论是什么，朱元璋都吃得特别香甜，印象极深。后来朱元璋登基，派人寻访到这个叫花子，于是叫花鸡、珍珠翡翠白玉汤、腊八粥

便成为御 制皇家美食，流传天下。他的故事，少不了一个"穷"字。
<small>yù zhì</small>

乾隆皇帝比朱元璋强点，他的故事基本上都是以"乾隆皇帝下江南"开头，路经某地，微服私访迷了路，不得已敲开当地一户老百姓的家门。老百姓多半会是一位美女，给这位皇帝做了一道菜。这道菜一般有两种类型，要么是食材前所未见，比如在苏州淞江岸边他吃过一道龙舟活鱼；要么是做法无比鲜奇，比如他在扬州吃过一道松鼠鳜鱼。总之一定要让这位皇帝吃得龙颜大悦，然后亮出天子身份，题诗留念，从此这些菜名声大噪。姑苏的鲫鱼汤、微山湖的四鼻鲤鱼、吴山的鱼头豆腐、三江口的石锅鱼、砀山县的澈汤，甚至远在四川的剑阁豆腐，都不忘把乾隆爷编排进去，成为美食传说中当

之无愧的头号明星。乾隆的故事，总与一个"闲"字有关。
<small>kuì</small>

至于慈禧太后的美食故事模板，就没那么幸福了。故事永远发生在八国联军进入北京以后，她带着光绪皇帝西逃，一路上在各地陷入困境，每次都会有人适时地奉上一道名菜，让慈禧吃得十分开怀。等慈禧回到北京，立刻将此厨此菜召进京城，从此发扬光大云云。张家口的柴肉、辇止坡的腊牛羊肉、天津杨村的火锅饺子、东北的贴饼子炖小鱼、怀来的绿豆粥。至于河北、山西、河南各地小吃的起源传说，用这个模板的更是不胜枚举。慈禧这一路西逃，腿没闲着，嘴也没闲着，若用一字概括的话，不是"惨"，而应该是"馋"啊。

（作者：马伯庸　来源：《读者》　有改动）

阅读理解

根据课文判断以下句子的对错，对的打"√"，错的打"×"

1. 中国美食的起源一定都和某位历史名人有关。 （　　）

2. 很多美食的传说多半没有可靠的依据，但别有一番情趣。 （　　）

3. 福建有道菜叫西施舌，是西施迷惑越王勾践而做的一道菜。 （　　）

4. 朱元璋、乾隆和慈禧这三位历史名人，常常出现在关于美食的民间故事里。 （　　）

5. 朱元璋式的美食故事，开头总是朱元璋先说别人的缺点。 （　　）

6. 叫花鸡后来成了专为皇帝家做的美食之一。 （　　）

7. 江南的很多名美食的传说都与乾隆皇帝的休闲生活有关。 （　　）

8. "乾隆成为美食传说中当之无愧的头号明星"的意思是：乾隆是名副其实的爱好美食的名人。 （　　）

9. 慈禧太后在逃亡的路上总是显得很馋。 （　　）

六、采访活动

以"你们国家的特色美食有哪些?"为问题，采访 3 ~ 5 位同学，并记录于表中。然后抽查同学汇报，把这些美食介绍给大家。

姓名	国家	特色美食	材料及简单的做法	美食的来源/文化意义

七、写与说

1. 写一篇简短的说明文：介绍你最拿手的一道菜或者你最喜欢的一种食物，注意介绍其色、香、味及其具体做法。

2. 网上查阅某种美食的图片及相关的故事，再用简短的语言写下来，下次上课前用 10 分钟展示图片并将故事说给同学们听。

八、猜美食游戏

将课文中出现的美食分别写在卡片上，全班分为 3 ~ 5 组，每组一沓卡片，一个同学举卡片（每次一张），一个同学猜卡片上的美食，其他同学用汉语和肢体语言解释卡片上的美食，每张卡片的解释不得超过一分钟。在规定的时间内，哪个组猜对最多为赢，给予奖励。

九、制作美食卡片

每个同学负责两张中国美食卡片的制作（可画出来或贴照片），把美食的名称写在卡片的背后。注意：这些美食不能是课文里出现的，需要自己找还没介绍过的美食。

第六课

1. 你和父母一起生活时是如何相处的？工作或结婚以后你会和父母一起住吗？

2. 你的父母去哪里旅行过？说说他们旅行的情况。

课文

父母的旅行

　　父母住在东北，我们三个孩子却分别在北京、上海和深圳。哥哥在北京从事 IT 业，经常世界各地飞来飞去；姐姐在上海做生意，时间就是金钱；而我远在深圳，心有余而力不足。于是，父母说："孩子们没时间来看我们，我们就去看他们吧。趁现在身体还硬朗[1]，走得动，到处看看也好。"父母决定到北京、上海、深圳，每家住

上一个月。我拍手 称 快，希望父母出来散散心，再说

（拍手）称快：表示高兴。

99

我们都有能力让父母生活得更好些，弥补²一下内心的
kuìjiù
愧疚。

春天到来的时候，父母开始收拾行李了。带上东北
diàn
的土特产、花种、亲手做的鞋 垫 等，每样三份。

第一站是北京大哥家。大哥大嫂工作很忙，父母直
接打车去了他们家。哥嫂的房子不大，父母住书房。大
pài
嫂是学院派的，对父母客气而生疏³，话不多，一回来就
扎进卧室关上门享受自己的生活。父母每天给他们做好
饭，长时间坐在小高层的客厅里望着窗外等哥哥回来。
大哥加班、应酬很多，一周有三天回来吃饭就很不错了，
母亲的失落⁴可想而知。

大哥大嫂都是不在乎生活细节⁵的人，很少做饭，家
mì fēng
里没多少现成⁶的东西。父母为他们添置⁷了一套密 封
gū
箱，分别装上了木耳、香菇和东北的小米、黑米及大枣，
一一贴上了标签⁸，家里多了一些柴米油盐的气氛。母亲
叮嘱⁹哥哥，一定要多注意身体，懒的时候这些东西是很
管用¹⁰的，无须费力¹¹。

父母还为大哥家的阳台添置了一些花花草草。母亲
用东北的大布给大哥和大嫂缝¹²了两个靠垫，放在阳台的
休闲¹³椅上。父母在北京的一个月正是大哥最忙的时候，
本来有一个双休日空闲，偏偏天又下雨，只得待在家里，
大哥很过意不去。可是父亲说："在家挺好的，看到你们
我就满足了。"

qì xiè
第二站是上海姐姐家。姐姐开了一家医疗器 械公司，
生意很忙。姐姐给父母准备了一间阳光充足的大房。母
mǔ
亲对姐姐说："你放心吧，这个月我就是你们的保姆，什
么活都交给我吧。"姐姐心中充满歉意¹⁴地对母亲笑，她

愧疚：觉得做得不够好而对不起。

土特产：某地出产的著名产品。
花种：花的种子。
鞋垫：铺在鞋子里面的垫子。

（学院）派：接受过学校教育的
人。派，指具有某类特点的人。

密封箱：包装得很严密不透空气
的箱子。
木耳：可食用菌，黑色、像人耳。
香菇：一种鲜美的食用菌。生长
在树干上。

靠垫：用来靠着腰的垫子。

只得：没有别的方法，只能。
例：太晚了，已经没有公交车了，
只得打的回去。
过意不去：感到心里不安。
器械：各种机器、工具等。

保姆：专为别人照顾孩子或做家
务的妇女。

给了父母钱，让他们喜欢什么就买什么，家务事交给保姆就可以了。

可是父母闲不住，每天接送小外孙、做饭、栽[15]花。姐姐有头疼病，她一回到家，母亲就给她拔罐(guàn)，她一边做一边数落[16]姐姐："钱少点儿就少点儿，身体最重要。"姐姐后来对我说："那一个月是她最舒服的时候，每天回来可以享受拔罐，还可以喝妈妈做的大枣汤，脸色红润[17]了很多。"

姐姐家的楼顶基本处于[18]闲置状态[19](zhì)，父母把楼顶平台[20]一半种上了菜，一半翻成了小花园，并手把手[21]地教保姆每天怎样打理[22]这些东西。一个月的时间忙忙碌碌就过去了，父母离开时，楼顶花园已初具规模[23]。母亲最后一次给姐姐拔罐时对她说："孩子，妈不能为你做什么，你是干大事的人，但身体也要多注意啊！妈活着为什么，没你们这些孩子还有什么意义？"姐姐流下了泪，她没有为父母做什么，但父母却给了她整个春天。

最后一站是我这个深圳的小女儿家。我住在小公寓[24]里，我把卧室的床腾[25]给他们睡，自己睡客厅的沙发。有时候跟父母聊天，干脆就跟他们挤着睡在一张床上。深圳的夜晚凉风习习，月光透过窗帘照在地板上，听到父母均匀[26]的呼吸声，那一刻，我觉得自己是世上最幸福的人。

那段时间我每天可以睡得很晚，早上吃父母准备好的早餐，晚上回来时，热腾腾[27]的饭菜就递到我的手上。每顿饭都有我爱吃的红烧小排骨，我的床单和被套经常散发着阳光的香气。父母把带来的花种播撒[28]在整理过的酸奶瓶和易拉罐中，不几天花儿就发芽了，我的公寓也有了葱绿的生机。

有一天，我回来晚了，进门时听到母亲在跟父亲说："我们早点儿回去吧，孩子们都有自己的生活，住长了反而妨碍[29]他们，看看他们也就放心了。"那时，我看到的是父母的背影，他们背有些驼[30]了，头发白了大半，的确

V什么就V什么：

例：你喜欢什么就买什么，我付钱。

你想做什么就做什么，没有人会阻止你。

拔罐：中医的治疗方法。

……就……：表示容忍。

例：买了就买了，不用后悔，以后会用得上的。

做就做了，过去的事情不能再改变。

闲置：空放着，放在一边不用。

习习：形容微风很凉爽舒服。

排骨：供食用的带肉的猪、牛、羊等的肋骨（有时也包括脊椎骨）。

床单：铺在床上的布。

被套：套在棉被外面的布。

易拉罐：一种装饮料或其他流质食品的金属罐，封闭罐口的金属片容易拉开。

生机：生命力；活力。

涌：冒出来。

说是 A，实际上 B：表示真实的
情况和说的不一致。

例：说是来看望我，实际上是来
看他喜欢的人。

说是去出差，实际上是去旅游。

都老了，我的眼泪不知不觉涌了上来。

我们都为父母做了什么？什么也没做。父母的这趟行程[31]历时[32]三个月，说是旅行，实际上他们并没看到什么美好的风景。在北京、上海和深圳，他们为儿女打造了三个春天。我同哥哥姐姐约定[33]，今年冬天，我们要一起回家探望[34]父母，也为他们带去一个春天。

（作者：子沫　来源：《婚姻与家庭》　有改动）

生词

硬朗[1]	yìng·lang	形	形容老人身体健康。

例：身体～

弥补[2]	míbǔ	动	把不够的部分填足。

例：～过错　～损失

【近】补偿

生疏[3]	shēngshū	形	不亲近。

例：关系～　彼此～

毕业十年，一直都没再联系，大家之间的感情早已～了。

【反】熟悉；亲密

失落[4]	shīluò	形	有些失望，好像失去了什么的心情。

例：心情～

因为发挥失常，他输掉了比赛，感到很～。

细节[5]	xìjié	名	事情小的地方/方面。

例：～决定成败　注重～

现成[6]	xiànchéng	形	已准备好的、完成好的；原有的。

例：这是老问题，却没有～答案。

饭菜都是～的，热一下就可以吃了。

添置[7]	tiānzhì	动	增加东西。

例：～家具　～用品

标签[8]	biāoqiān	名	贴在或系在物品上，标明品名、用途、价格等的纸片。

例：贴上～　价格～

在每个盒子外面贴上~，一看就知道里面装的是什么了。

| 叮嘱[9] | dīngzhǔ | 动 | 反复告诉对方记住应该怎样、不应该怎样。 |

例：再三~

出门前，父母一再~我们要注意安全。

【近】嘱咐

| 管用[10] | guǎnyòng | 形 | 有效，有作用。 |

例：这种方法很~。

别人说的不~，还是自己去实践吧！

| 费力[11] | fèilì | 动 | 需要花力气。 |

例：这种活儿太~了

我费了半天力才写完一篇作文。

【反】省力

| 缝[12] | féng | 动 | 例：~制 ~补 |

母亲经常帮我~衣服。

| 休闲[13] | xiūxián | 动 | 休息；过轻松的生活。 |

例：~活动 ~食品 ~时间

KTV是~场所。

| 歉意[14] | qiànyì | 名 | 抱歉的心意。 |

例：表示~

耽误了大家时间，我深表~。

| 栽[15] | zāi | 动 | 例：~花 ~树 |

【近】种

| 数落[16] | shǔ·luo | 动 | 列举别人做错的事情不停地说；指责。 |

例：妈妈总是~我学习不够刻苦用功。

【近】批评，责备

| 红润[17] | hóngrùn | 形 | 例：气色~ 脸色~ |

她气色~，看起来身体恢复得不错。

| 处于[18] | chǔyú | 动 | 在某种地位或状态。 |

例：他现在~危险中。

| 状态[19] | zhuàngtài | 名 | 例：工作~ ~不好 |

他赢了比赛，正处于兴奋的~中。

| 平台[20] | píngtái | 名 | 例：楼顶~ 搭建~ |

妈妈在楼顶~上种了很多花。

手把手[21]	shǒubǎshǒu	副	例：老师~教我画画

【近】亲手

打理[22]	dǎlǐ	动	整理、办理、处理。

例：爸爸在外工作，妈妈在家~家务、照顾老人。

规模[23]	guīmó	名	例：企业~　城市~　~宏大

这个企业有 3 000 人，企业~很大。

村里将大~种植葡萄。

公寓[24]	gōngyù	名	分户居住的多层或高层建筑，有若干成套的单户独用的房间，设备较好。

例：我在市中心买了一套~。

我住在学校的留学生~里。

腾[25]	téng	动	空出来。

例：~时间　~（出）地方

他再忙也会每天~出一点时间和家人吃饭。

均匀[26]	jūnyún	形	例：财富分配不~，穷人越来越穷，富人越来越富。

他一边走路一边打电话，听起来呼吸很不~。

【近】平均

热腾腾[27]	rèténgténg	形	"腾腾"放在某些形容词或名词后，形容气体上升的样子。

例：热~　热气~

爸妈给我准备了热~/热气~的饭菜。

【近】热乎乎

播撒[28]	bōsǎ	动	把东西分散着扔出去，也指让事物分布更广。

例：~种子　~希望

春天来了，农民在田地里~种子。

妨碍[29]	fáng'ài	动	使事情不能顺利进行。

例：她在我面前走来走去的，~了我工作。

自习课说话会~别人学习。

【近】阻碍；干扰

驼（背）[30]	tuó（bèi）	形	背不直，变形弯曲。

例：他常弯着腰坐在电脑前工作，现在有点~。

行程[31]	xíngchéng	名	例：安排~ ~很紧
			假期不知道去哪旅游？我可以帮你安排~呀。
			【近】旅程；路程
历时[32]	lìshí	动	一件事持续/经历（一段时间）。
			例：他~两年花了50万元拍了这部电影。
			这次夏令营~15天。
约定[33]	yuēdìng	动	商量后确定。
			例：跟某人~好
			我们~周末一起吃饭。
探望[34]	tànwàng	动	带着关心去看望别人。
			例：~老人 ~父母 ~病人
			周末我们一起去医院~病人。

谈一谈

1. 父母住到三个儿女家后，三个家分别有什么变化？

2. "在北京、上海和深圳，他们为儿女打造了三个春天。"这句话是什么意思？

3. "我"的父母去了三个儿女的家，你最喜欢哪个家？

4. 课文中母亲对父亲说："我们早点儿回去吧，孩子们都有自己的生活，住长了反而妨碍他们，看看他们也就放心了。"你同意这位母亲的看法吗？

5. 课文中，"我们"为父母做了什么？你又能为自己的父母做些什么呢？

6. 分组交流：以小组为单位，每位同学在小组内说说你家的家庭生活状态。

阅读课文

华人的姓与名

一、华人姓氏渊源
yuān yuán

中国人的姓氏源远流长，西周时女子为姓，男子为氏。姓即生，是血脉传承的标志。"氏者，旁支别属也。"体现地域[1]的不同。

| 渊源：事物的来源。 |
| 血脉：血缘关系的脉络。 |

天子：古代称帝王为天子。

官职：政府里工作的职位。

丞相：古代的一种官职。是王朝中帮帝王治理国家的最高职位。

复姓：两个或两个字以上的姓。

纽带：起联系作用的人或事物。

祖籍：祖先居住的地方。

拜祭：怀念祖先的方式。

族谱：关于家族关系历史的书。

后裔：后来的各代子孙。

生辰八字：人的出生年、月、日、时及其所值干支，每项用两个字代替，共八字。

文雅：讲礼仪而不粗俗。

避讳：不能直接说出或写出的事情。

贱：形容地位低下。

大跃进：中国在 1958 年至 1960 年间开展的高速度发展工农业生产的运动。

姓氏主要来自六个方面：一是从土地和赐姓而来，天子就是赐姓命氏的人。黄帝为他的二十五个儿子创设[2]了十二个姓。二是以出生地为姓。黄帝生长于姬水，故以姬为姓。三是以官职为姓。楚庄王少子，作上官大夫，后代就以上官为姓。四是因封国为姓，黄姓缘于先祖封为黄国。五是以从事的职业为姓，如陶、巫、卜。六是因事物或其他原因而得姓。汉丞相田千秋年纪大了，出入乘车，人称"车丞相"，其后人就以车为姓。葛是古姓，本来是琅琊诸县人，后迁居阳都，阳都本来有姓葛的，后搬去姓葛的，称之为诸葛，便有了复姓诸葛。

姓氏一直是维系[3]传统之纽带，尊敬祖宗成为几千年来中国人的传统美德。数千年来，迁徙[4]到他乡的华裔外籍人，现在还念念不忘他们的祖籍国、祖籍、祖先，常常来中国寻根[5]拜祭，在他们的族谱上，姓氏的来源都记载[6]得清清楚楚。如日本的刘邦后裔原田家族族谱上记载："予常驰念于我高祖统政之故国，切切而不能禁地，于是刊本谱。"

二、中国人姓名变化

古代中国人尤其是名家[7]望族[8]对取名字非常讲究，注重[9]生辰(chén)八字，讲究文雅动听、内涵丰富，讲究避讳(huì)等。还有大名与小名之分，小名一般显得亲切、可爱、动听。有些贫寒家庭子弟取名字没有多少讲究，认为名字越贱(jiàn)越容易抚养，可以少生病，长得壮[10]，不少取阿猫、阿狗、阿牛的小名。

1949 年后，中国人名字变化很快，时代感很强，姓加名多为三个字组成。不少人就以"张解放""黄爱军"为名。20 世纪 50 年代很多孩子就叫"李抗美""刘援朝"。1958 年中国开始"大跃进"，"刘超英"和"李赶美"又成为名字中最为流行的选择。"文化大革命"时期出生的孩子，大都被叫做"张向东""刘卫红""黄学农""蒙学军"，意思是坚决[11]捍卫毛泽东思想，向广大工农兵学习。

20 世纪 70 年代中后期，中国一切都在改天换地[12]，当时的父母认为两个字的姓名新颖[13]。"张剑""李媛"之类的名字很是普遍[14]。

20 世纪 80 年代，中国改革开放，出现"麦琪""安迪""安妮"这样的洋名，有希望下一代国际化之意。此时叠音名也比较普遍，如"王乐乐""陈倩倩""林丹丹"等。

21 世纪初，韩风来袭，"宋承宪""裴勇俊""张东健"也屡屡[15]出现。近些年，人们取名字逐步[16]回归[17]理性，又开始注重中国传统的三字姓名，注重阴阳八卦（guà）、相生相克。如今，中国人取名的选择更多了，也更符合国人的习惯、时代的发展要求。

三、海外华裔取名趣事

有一个移民澳大利亚姓章的广东人，三个儿子分别名叫长江、黄河、珠江。拿江河取名的不少，如潘长江、李双江等都是不小的腕儿[18]，但同出一门，一口气将中国三大水系一网打尽[19]，摆起一统江湖之势的就少见了。我笑老章：难怪你们家财源[20]滚滚[21]啊，别人种菜种果严重缺水，你们家却从无此忧……

老章在悉尼拥有自己的农场，全家上下全是菜农。老章略显尴尬地笑着说："三个孩子的名，全是他们的爷爷给取的呢。"

还有一个移民澳大利亚的福建人，姓胡，给出生在澳洲的孙子、外孙取名：华泰（华山、泰山）、恒岳（北岳恒山）、武夷（武夷山）、昆仑。幸亏老胡不是清朝人，否则大兴文字狱的皇帝可要揪（jiū）住他的小辫子了——十有八九[22]是想造反[23]了，一家子人将三山五岳全包了。

捍卫：保护，防卫。

改革开放：1978 年中国开始实行的对内改革、对外开放的政策。

理性：会思考，讲道理（从理智上控制行为的能力）。

阴阳：古代指日、月等天体运行规律的学问。

八卦：我国古代的一套有象征意义的符号。用"—"代表阳，用"--"代表阴，用三个这样的符号组成八种形式，即为八卦。

相生相克：指金、木、水、火、土五种物质的互相生发及互相克制的关系。后引申为一般物质之间的相互促进又相互制约的关系。

农场：使用机器，大规模进行农业生产的企业。

文字狱：古代统治者为迫害知识分子，故意从其著作中摘取字句，编造罪名。

揪小辫子：抓住别人的缺点故意来控制别人。

注册官：指处理有关机关、团体或学校登记备案事情的职位。

文件：指公文、信件等。

文书：各种文件。

悉尼华人蔡先生给刚出生的女儿取名蔡朵行之。注册出生资料时，注册官一再拼读："Duoxingzhi Cai"他不明白，为何不入乡随俗[24]取个简单的、人尽皆知[25]的英文名，如海伦、玛丽之类。其实，蔡先生女儿也有一个英文名——Isabella，权当[26]乳名使用。但正式进入法律[27]文件的女儿名字，他坚决要求采用中国式的名字。

注册官办好蔡先生女儿的出生证明[28]文书，指着名字问："这是什么意思？"蔡先生有点得意地说："朵，寓意[29]我的女儿像花朵一样美丽；行之，得名于一句佛语，唯有不停地走才能回家。我们千里迢迢[30]从中国来到澳洲，但我希望她长大后不管走多远，最后都要回到中国。另外，中国有句老话：'千里之行，始于足下'，我希望她长大后牢记。"

是啊，世界各地的华人就是这样：不管他们移民到哪里，他们也绝不会随随便便地对待自己的名字，他们总会想方设法在这日常使用的符号里，留住自己的"根"。他们用这种美丽的方式来提醒自己和告诫[31]后代——他们来自何方，心在何处。

（作者：巴山竹　来源：泥胚网，《读者》2008 年第 11 期《中国心》　有改动）

生词

地域[1]	dìyù	名	例：~差异
			南北~不同，气候差异大。
			【近】地区
创设[2]	chuàngshè	动	创造、设计。
			例：~情景
			学校为我们~了便利的学习生活条件。
维系[3]	wéixì	动	使继续存在并联系。
			例：~关系
			【近】维持

迁徙[4]	qiānxǐ	动	从一处转移到另一处。
			例：因为战争，北方人口~到了南方。
			秋天来了，燕子往南方~。
			【近】迁移
寻根[5]	xúngēn	动	寻找根源，特指寻找祖籍宗族。
			例：~之旅
			爷爷带我回中国~。
记载[6]	jìzǎi	动	记录已经发生过的人或事。
			例：历史~　~下来
			历史~东汉蔡伦发明了造纸术。
名家[7]	míngjiā	名	在某种学术或技能方面有特殊贡献的著名人物。
			例：~作品　书法~
			王羲之是中国古代的书法~。
望族[8]	wàngzú	名	历史悠久且名声很高的家族。
			例：名门~
			很多明星出身名门~。
注重[9]	zhùzhòng	动	认真对待。
			例：~细节　~健康
			细节决定成败，我们要~细节。
			【近】重视
壮[10]	zhuàng	形	强壮，身体好。
			例：这个小伙长得很~。
坚决[11]	jiānjué	形	确定了就不改变，不犹豫。
			例：很~　态度~
			他们~要去那儿，我们也没办法。
			【近】坚定
改天换地[12]	gǎitiān-huàndì		彻底改变。
			例：改革开放以来，中国发生了~的变化。
新颖[13]	xīnyǐng	形	新鲜，不一般。
			例：这辆车造型很~。
			【近】新奇
普遍[14]	pǔbiàn	形	很常见的，有共同性的。

例：~现象

在城市里塞车是个很~的现象

【近】普通

屡屡[15]	lǚlǚ	副	一次又一次。

例：~失败　　~迟到

他~失败，这次终于胜利了。

【近】多次；常常

逐步[16]	zhúbù	副	一步一步地。

例：我们的汉语水平正在~提高。

【近】逐渐

回归[17]	huíguī	动	回来。

例：1999 年 12 月 20 日澳门~中国。

腕儿[18]	wànr	名	有名气、有实力的人。

例：冯小刚导演是中国电影届的大~。

一网打尽[19]	yīwǎng-dǎjìn		一次性全部消灭或抓住。

例：警察们把犯罪分子~，全部都抓了起来。

财源[20]	cáiyuán	名	财富来源。

例：~滚滚

祝您新的一年，~滚滚，发财亿万。

滚滚[21]	gǔngǔn	形	形容连续不断。

例：财源~　　雷声~

十有八九[22]	shíyǒubājiǔ		有很大的可能性。

例：人生不如意~。

他是老旷课的，今天~不会来。

造反[23]	zàofǎn	动	反抗。

例：只要人民生活过得好，就不会~。

入乡随俗[24]	rùxiāng-suísú		到一个地方，就接受当地的习俗。

例：当地人不吃牛肉，我们就~了。

人尽皆知[25]	rénjìn-jiēzhī		所有人都知道。

例：吸烟有害健康，这是~的事。

权当[26]	quándāng	动	暂时当做。

例：现在这个情况下，没有别的方法了，我们只能

死马～活马医了。

法律[27]	fǎlǜ	名	例：未成年人受到～保护。
证明[28]	zhèngmíng	动	让别人相信。

例：用事实～　　～清白

事实～我没有说谎，他才是小偷。

寓意[29]	yùyì	名	寄托或蕴含的意思。

例：～深刻

"艾琳"这个名字的～是像美玉一样高贵，美丽大方。

千里迢迢[30]	qiānlǐ-tiáotiáo		路途很远很劳累。

例：姐姐～地从美国赶来为我比赛打气。

我从～的巴拿马来到中国学中文。

告诫[31]	gàojiè	动	劝人要做或不要做某事。

例：妈妈从小就～我要成为一个对社会有用的人。

词语辨析

1. 均匀　平均

相同：

都可作形容词。都表示各份/部分的轻重或数量没有不同。

不同：

"平均"侧重按份计算的事物数量程度差不多一样。还可作动词。

"均匀"侧重整体中的各部分分布相同。还可表示时间间隔相等之意，"平均"则不可。

例：（1）我几门课的考试成绩差不多，都80多分，比较平均。（×均匀）

（2）我家5口人，家庭年收入是5万元，平均每人1万元。（×均匀）

（3）今年各季节的雨水很均匀。（×平均）

（4）钟摆发出的声音很均匀。（×平均）

搭配：

平均：～成绩/～收入/～分/～气温/～发展/～分摊/数量不太～

均匀：呼吸～/分布～/颜色～

练习：

（1）这个班的英语成绩很好，（　　　）分数是 90 分。

（2）听他的呼吸声很（　　　），我想他应该是睡着了。

（3）咖啡加糖后要搅拌（　　　），这样才会比较好喝。

2. 数落　批评

相同：

都是动词。都有责备的意思。

不同：

"数落"侧重列举一件件做得不对或不满的事情不停地说。口语色彩浓。

"批评"则只是责备。可以是对自己。

例：（1）我考试没及格，回家的路上被妈妈一路数落。

　　（2）奶奶数落着我们小时候的趣事。（×批评）

　　（3）我没认真地完成作业，老师非常严厉地批评了我。（×数落）

搭配：

数落：～他/不停地～/～一顿

批评：～他/严厉地～/自我～/～一顿

练习：

（1）母亲年纪大了爱唠叨，今天我回家晚了就被她（　　　）了一顿。

（2）他经常迟到，今天老师严厉地（　　　）了他。

篇章训练

1. 请根据以下提示词语，说说华人姓氏主要来自哪六个方面？

姓氏主要来自六个方面：一是从……而来，天子就是赐姓命氏的人。黄帝……。二是以……为姓。黄帝生长于姬水，……。三是以官职为姓，……。四是因封国为姓。……。五是以……为姓，如陶、巫、卜。六是因……而得姓。汉丞相田千秋年纪大了，出入乘车，……，其后人就以车为姓。

2. 请根据以下提示词语，说说中国人的姓名经过了哪些变化？

（1）古代中国人尤其是名家望族对取名字非常讲究，……。还有大名与小名之分，小名一般显得亲切、可爱、动听。有些贫寒家庭子弟取名字……

（2）1949 年后，中国人名字变化很快，……

（3）20 世纪 70 年代中后期，中国一切都在改天换地，……

（4）20 世纪 80 年代，中国改革开放，……

（5）21 世纪初，韩风来袭，……

（6）如今，中国人取名的选择更多了，也更符合国人的习惯、时代的发展要求。

3. 海外华裔取名有哪些趣事？请根据以下提示词语说说。

（1）有一个移民澳大利亚姓章的广东人，三个儿子分别名叫……

（2）还有一个移民澳大利亚的福建人，姓胡，给出生在澳洲的孙子、外孙取名……

（3）悉尼华人蔡先生给刚出生的女儿取名……

文化点滴

中国最霸气姓氏

中国有很多有趣的姓氏，让我们看看有哪些有趣的姓氏吧。

1. 表示数字的姓氏

壹、贰、叁、肆、伍、陆、柒、捌、玖、拾、零、百、千、万、亿等。比如中国人所熟知的伍子胥就姓伍。姓陆的如历史上的陆游、陆羽、陆贾等。

2. 表示时令的姓氏

春、夏、秋、冬、阴、阳、日、月、秒、分、时、旬、季、年、岁等。比如《家有儿女》里面的夏东海，女革命家秋瑾等。

3. 表示方向方位的姓氏

东、西、南、北、上、下、左、右、前、后、高、低等。比如西施，还有《天龙八部》里的左冷禅，清朝的左宗棠，后羿射日的后羿，写《红楼梦》后四十回的高鹗等。

4. 表示天干地支的姓氏

甲、乙、丙、丁、戊、己、庚、辛等。比如黄海海战里的丁汝昌，《天龙八部》里的丁春秋，宋代词人辛弃疾等。

5. 表示各行各业的姓氏

工、农、商、学、兵、艺、师、陶、医、铁、干等。比如田园诗人陶渊明，商鞅变法的商鞅，《霍元甲》里的农劲荪等。

（来源：http：//news. online. sh. cn　有改动）

经典诵读

父兮生我，母兮鞠我。拊我畜我，长我育我。顾我复我，出入腹我。欲报之德，昊
天罔极。(《诗·小雅·蓼莪》)

译：父母亲生养我。他们安抚我、爱护我，养育我。他们照顾我、关怀我，出入抱
着我。我要报答父母的恩德，他们的恩德比天还大。

练习

一、选词填空

叮嘱　处于　应酬　休闲　管用

1. 他在一个公司上班，经常很晚回家，因为有很多(　　　)。

2. 每天早上出门的时候妈妈都(　　　)我开车要小心。

3. 这种药不太(　　　)，换一种试试吧。

4. 我有空的时候喜欢去做一些(　　　)的运动，比如游泳、打球等。

5. 她和男朋友分手了，一直(　　　)悲伤的状态。

手把手　数落　热腾腾　均匀　标签

1. 父母不要经常(　　　)小孩子，这样会使小孩子没有自信。

2. 老师(　　　)教我画画，所以我很快就学会了。

3. 她的呼吸很(　　　)，应该睡着了。

4. 把商品的价格写在(　　　)上吧。

5. 我喜欢在冬天喝(　　　)的饮料。

二、用本课的生词和以下词语组配

身体_____　　再三_____

弥补_____　　气色_____

关系_____　　打理_____

心情_____　　分配_____

三、看解释写词语

1. 有些失望、好像失去了什么的心情。（　　　　）

2. 列举做错的事情不停地说；指责。（　　　　）

3. 使事情不能顺利进行。（　　　　）

4. 商量后确定。（　　　　）

5. 事情小的地方/方面。（　　　　）

6. 需要花力气。（　　　　）

7. 一件事持续/经历一段时间。（　　　　）

四、根据图片用给出的词语造1～2个句子

1. V什么就V什么

_____

_____

2. ……就……（容忍）

_____

_____

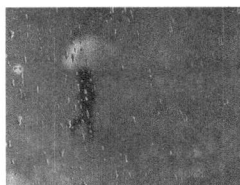

3. 说是……，实际上……

_____

_____

4. 只得……

_____

_____

五、用括号里的词完成句子

1. 毕业典礼后，好朋友一个个走了，_____。（失落）

2. 耽误了大家时间，_____。（歉意）

3. 他赢了比赛，_____。（状态）

4. 他工作再忙也会_____。（腾）

5. 这是老问题了，但是_____。（现成）

6. 出门前，妈妈_____。（叮嘱）

7. 他经常弯着腰坐在电脑前工作_____。（驼背）

8. 这个企业有 3 000 人，企业_____。（规模）

9. 他家开了一个家电商场，_____。（打理）

10. _____，我从这次活动中学到了很多。（历时）

六、熟练背诵下列语段

1. 深圳的夜晚凉风习习，月亮透过窗帘照在地板上，听到父母均匀的呼吸声，那一刻，我觉得自己是世上最幸福的人。

2. 我们都为父母做了什么？什么也没做。父母的这趟行程历时三个月，说是旅行，实际上他们并没看到什么美好的风景。在北京、上海和深圳，他们为儿女打造了三个春天。我同哥哥姐姐约定，今年冬天，我们要一起回家探望父母，也为他们带去一个春天。

七、阅读练习

结婚 "四大件"

夏日的傍晚，我们一家坐在院子里乘凉，摇着蒲扇，喝着茶，聊着聊着就聊起了结婚的话题。话匣子一打开，公公婆婆的话便多了起来。

"我们结婚那时候，六十年代，几身灰布衣服就是嫁妆了。后来，到了七十年代，结婚的彩礼就得'三转一响'了。"婆婆看着公公，微笑着说。

"什么'三转一响'？"儿子不解地问。

公公摸摸胡子，慢悠悠地说："就是手表、自行车、缝纫机、收音机这四大件，你看是不是'三转一响'？"

儿子像听到趣闻般的，想了想说："我知道了。'三转'是指手表、自行车、缝纫机这三件都有个东西在运转，'一响'是指收音机有声响。是吧？"显然，儿子对爷爷讲的话很感兴趣，他仰着脑袋继续问："爷爷，那后来呢？还有哪些四大件吗？"

这个问题，别说孩子不知道，连我都说不全。这时候婆婆说话了："后来呀，到了八十年代，四大件包括电视机、电冰箱、洗衣机、录音机；再后来，九十年代，就成了彩电、冰箱、空调、洗衣机，年代不一样了啊！"

听着公公婆婆说话，我想起了我和丈夫结婚时的"四大件"。

我们结婚时是二十世纪七八十年代，老观念还在，新彩礼悄悄兴起。不过那时候的大学毕业生似乎并不讲究，结婚前男方给了四件木匠做的旧家具：一张桌子、一张床、一个大衣柜、一个书柜。有一次同学来看我，走进我将要成为新房的单身宿舍，看到那土里土气的旧家具，她说："你就这样把自己打发了？"

其实我对彩礼不太在意。临到结婚婆婆给了500元，我妈给了1 000元，婆婆还为此歉疚了一辈子。

最有意思的是要结婚的时候，到处买不到喜糖。有个同事碰巧出差去上海，便交给他一只大旅行袋，他在大街上就像蚂蚁搬家一样，东家一斤西家一斤地买过去，才买够了我的喜糖。那年代钱少，但钱少有钱少的花法。当年那点儿钱加起来也仅够现在的一桌酒席。

正当我沉浸在回忆中时，手机突然响了，接起一听，"喂，小丽吗？生了，生了个女儿！"

"恭喜啊！恭喜你们喜得千金！"

"谢谢啊！还好还好，不用交'罚单'了。"

为什么生儿子就要交"罚单"呢？因为将来儿子结婚的时候，父母要为他准备彩礼，光一套结婚用的新房就得几十万甚至几百万人民币。当然，生儿子要交"罚单"只不过是句流行的玩笑话而已。现在，大多数家庭独生子女居多，子女结婚是头等大事，哪个父母不尽心尽力呢？

前几天报纸上说，现在的"结婚四大件"是电脑、钻戒、汽车、住房，而新好男人也有"十大标准"——一张文凭、两国语言、三房两厅、四个轮子、五官端正、禄（"六"的谐音）路畅通、七千月薪、八面玲珑、酒（"九"的谐音）烟不沾、十全十美。

时代进步了，再加上现代人的观念也在变化，结婚四大件也"水涨船高"，结婚，可真不是一件简单的事啊！

阅读理解

1. 结婚"四大件"按照年代的先后分别是(   )。

A. 手表、自行车、缝纫机、收音机

桌子、床、大衣柜、书柜

电视机、电冰箱、洗衣机、录音机

彩电、冰箱、空调、洗衣机

电脑、钻戒、汽车、住房

B. 手表、自行车、缝纫机、收音机

电视机、电冰箱、洗衣机、录音机

彩电、冰箱、空调、洗衣机

桌子、床、大衣柜、书柜

电脑、钻戒、汽车、住房

C. 手表、自行车、缝纫机、收音机

彩电、冰箱、空调、洗衣机

桌子、床、大衣柜、书柜

电视机、电冰箱、洗衣机、录音机

电脑、钻戒、汽车、住房

2. 文章中"不用交罚单"中"罚单"是指(   )。

A. 婚房　　　　　B. 彩礼　　　　　C. 几百万元人民币

3. 新好男人的"十大标准"不包括(   )。

A. 三房两厅　　　B. 八面玲珑　　　C. 三心二意

4. 文章中"八面玲珑"的意思是(   )。

A. 窗户很多，四面八方通明透亮

B. 形容为人处世圆滑，待人接物各方面都能巧妙应对，面面俱到

C. 长得帅气

5. 文章中"水涨船高"中的"水"和"船"分别指(   )。

A. 结婚这件事；结婚四大件

B. 水位；船身

C. 时代和现代人的观念；结婚四大件

八、写作

读完课文以后，你有什么话想对你的父母说？给父母写一封信吧，告诉他们你心中的话。

九、取中文名字

你的同桌有中文名字吗？没有的话，给你同桌起个名字，并说出名字的含义。可以的话，也给你的同桌起个小名，并说出小名的含义。

十、你画我猜

请你在课文的生词中选三个词，根据生词的意思画画，画完后让同桌猜，并写下生词。

例子：

答案：硬朗。

第七课

1. 你有过外号吗？你给其他同学取过外号吗？你如何看待"取外号"这一现象？

2. 你的父母对你有何期望或要求？

3. 将来如果你作为父母，会对自己孩子的未来有何期望呢？

课文

坐在路边鼓掌的人

女儿的同学都管她叫"23 号"。她的班里总共有 50 个人，每每考试，女儿都排名 23。久而久之[1]，便有了这个雅号，她也就成了名副其实[2]的中等生。

我们觉得这外号刺耳[3]，女儿却欣然接受。老公发愁地说，一碰到公司活动或者老同学聚会，别人都对自家的"小超人"赞不绝口[4]，他却只能"扮深沉"。人家的孩子，不仅成绩出类拔萃[5]，而且特长多多。唯有我们家的"23 号"，没有一样值得 炫 耀 (xuàn yào) 的地方。因此，他一

中等生：水平在初级和高级之间的学生。

外号：根据一个人的特点，给他/她起的另外一个有趣的名字。

炫耀：在别人面前显示自己的长处。

120

看到娱乐节目里那些才艺[6]非凡[7]的孩子们，就羡慕得两眼放光。

酒兴：喝酒的兴趣。

中秋节，亲友相聚，坐满了一个宽大的包间。众人的话题，也渐渐转向各家的小儿女。趁着酒兴，要孩子

政界：从事政治的圈子。

们说说将来要做什么。钢琴家、明星、政 界（zhèng jiè）要人，孩子们毫不怯场[8]，连那个4岁半的女孩，也会说将来要做央视的主持人[9]，赢得一阵赞叹。

12岁的女儿正为身边的小弟弟小妹妹剔蟹剥虾，盛

揩：擦。

汤揩（kāi）嘴，忙得不亦乐乎[10]。人们忽然想起，只剩她没说了。在众人的催促[11]下，她认真地回答："长大了，我的第一志愿是，当幼儿园老师，领着孩子们唱歌跳舞，做游戏。"众人礼貌地表示赞许[12]，紧接着追问她的第二志愿，她大大方方地说："我想做妈妈，穿着印有叮当猫的

围裙：围在身前，不让衣服弄脏的布。

围 裙（wéi qún），在厨房里做晚餐，然后给我的孩子讲故事，领着他在阳台上看星星。"

亲友愕然[13]，不知道该说些什么。老公的神情，极为尴尬。

其实，我们也动过很多脑筋。为提高她的学习成绩，请家教，报辅导班，买各种各样的资料。孩子也蛮懂事，

剪纸：民间工艺，用纸剪成各种图案。

漫画[14]书不看了，剪纸（jiǎn）班退出了，周末的懒觉也放弃了。像一只疲惫的小鸟，她从一个班赶到另一个班，卷子、练习册，一沓沓地做。可到底是个孩子，身体先扛[15]不住了，得了重感冒。

输液：静脉打针。

在病床上输 着液（shū yè），她还坚持写作业，最后引发[16]了

肺炎：肺部发炎病变。

肺 炎（fèi yán）。病好后，孩子的脸小了一圈。可期末考试的成绩，仍然是让我们哭笑不得[17]的23名。

后来，我们也曾试过增加营养、物质激励[18]等方式，几次三番地折腾[19]下来，女儿的小脸越来越苍白[20]。而且，

一说要考试，她就开始厌食^{yàn}、失眠、冒虚汗[21]，再接着，考出了令我们瞠目结舌[22]的 32 名。

    我和老公悄无声息[23]地放弃了轰轰烈烈[24]的揠苗助长活动，恢复了她正常的作息^{xī}时间，还给她画漫画的权利[25]，允许她继续订《儿童幽默》之类的书报，家中安稳[26]了很久。我们对女儿，是心疼的，可面对她的成绩，又有说不出的困惑[27]。

    周末，一群同事结伴郊游[28]。大家各自做了最拿手[29]的菜，带着老公和孩子去野餐^{yě cān}。一路上笑语盈盈，这家孩子唱歌，那家孩子表演小品[30]。女儿没什么看家本领，只是开心地不停鼓掌。她不时跑到后面，照看着那些食物，把倾斜[31]的饭盒摆好，松了的瓶盖拧紧，流出的菜汁擦净，忙忙碌碌，像个细心的小管家。

    野餐的时候，发生了一件意外的事。两个小男孩，一个奥数尖子，一个英语高手，同时夹住盘子里的一块糯米饼，谁也不肯放手，更不愿平分[32]。丰盛[33]的美食源源不断地摆上来，他们看都不看，大人们又笑又叹，连劝带哄[34]，可怎么都不管用。最后，还是女儿，用掷[35]硬币的方法，轻松地打破了这个僵局^{jiāng jú}。

    回来的路上，堵车，一些孩子焦躁起来。女儿的笑话一个接一个，全车人都被逗乐了。她手底下也没闲着，用装食品的彩色纸盒，剪出许多小动物，引得这群孩子赞叹不已。到了下车的时候，每个人都拿到了自己的生肖^{xiāo}剪纸。听到孩子们连连道谢，老公禁不住[36]露出了自豪的微笑。

    期中考试后，我接到了女儿班主任的电话。首先得知，女儿的成绩，仍是中等。不过他说，有一件奇怪的事想告诉我，他从教 30 年了，第一次遇见这种事。

厌食：不喜欢吃东西。

作息：工作和休息。

野餐：带食物去野外吃。

V 都不 V：表示最应该做的行为都不做。如"听都不听、想都不想"等。

僵局：相持不下的局面。

生肖：代表十二地支而用来记人的出生年的十二种动物，即鼠、牛、虎、兔、龙、蛇、马、羊、猴、鸡、狗、猪。

连连：表示接连或反复多次做某事。

例：他知道自己做得不对，连连道歉。

附加题：另外加上的练习题。

格言：较为精练、含有教育意义的话，如"虚心使人进步，骄傲使人落后"。

花蕾：没有开放的花。

蓦地：出乎意料地；突然。

何妨：用反问的语气表示"这样做是可以的"，带有建议的意图。

例：那么想唱歌，又～放弃手头这份你并不喜欢的工作。

既然你喜欢当老师，义务（免费）给孩子们上上课又～。

fù jiā tí
语文试卷上有一道附 加 题：你最欣赏班里的哪位同学，请说出理由。除女儿之外，全班同学竟然都写上了女儿的名字。

理由很多：热心助人，守[37]信用[38]，不爱生气，好相处等，写得最多的是乐观幽默。班主任还说，很多同学建议，由她来担任班长。他感叹道："你这个女儿，虽说成绩一般，可为人实在很优秀啊。"

我开玩笑地对女儿说："你快要成为英雄了。"正在织围巾的女儿，歪着头想了想，认真地告诉我说："老师
gé yán
曾讲过一句格 言：当英雄路过的时候，总要有人坐在路边鼓掌。"她轻轻地说："妈妈，我不想成为英雄，我想成为坐在路边鼓掌的人。"

我猛地[39]一震，默默地打量[40]着她。她安静地织着绒线，淡粉的线在竹针上缠缠绕绕[41]，仿佛一寸一寸的光
lěi   mò dì
阴[42]在她手里吐出星星点点的花蕾。我心里，竟是蓦 地一暖。

那一刻，我忽然被这个不想成为英雄的女孩打动[43]了。这世间有多少人，年少时渴望成为英雄，最终却成了烟火红尘里的平凡人。如果健康，如果快乐，如果没有违背[44]自己的心意，我们的孩子，做一个善良的普通人又何妨。

长大成人后，她一定会成为贤淑[45]的妻子，温柔的母亲，甚至热心的同事，和善的邻居。在那些漫长的岁月里，她都能安然地过着自己想要的生活。作为父母，还想为孩子祈求怎样更好的未来呢？

（作者：刘继荣　节选自《坐在路边鼓掌的人》　有改动）

生词

久而久之[1]	jiǔ'érjiǔzhī		经过了相当长的时间。

例：机器如果不好好养护，~就会变坏。

名副其实[2]	míngfùqíshí		名称或名声与实际相符合。

例：他们夫妇俩是~的才子佳人。

【反】名不副实；徒有虚名；有名无实

刺耳[3]	cì'ěr	形	说出来的话不好听，使人感觉不顺耳。

例：他这话听着有点儿~，没一句好话。

【近】难听；逆耳　　【反】悦耳；顺耳

赞不绝口[4]	zànbùjuékǒu		形容对人或事物十分赞赏。

例：小明对这家饭馆的菜~！

出类拔萃[5]	chūlèi-bácuì		形容人的品德、才能超出周围的人。

例：他无论学习还是工作都~。

才艺[6]	cáiyì	名	才能和技艺。

例：多才多艺　~高超

琳琳琴棋书画都行，有很多~。

非凡[7]	fēifán	形	超过一般；不寻常。

例：~的组织才能　市场上热闹~

【近】出众；杰出　　【反】平凡

怯场[8]	qièchǎng	动	在人多的场面上发言、表演等，因紧张害怕而神态举动不自然。

例：今天的表演不如平时，他有些~。

主持人[9]	zhǔchírén	名	会议或典礼中负责掌握整个过程的人。

例：一名~

他是电视台的一位很有名的~。

不亦乐乎[10]	bùyìlèhū		原意是"不也是很快乐的吗?"（见于《论语·学而》)，现常用来表示达到极点的意思。

例：他每天东奔西跑，忙得~。

催促[11]	cuīcù	动	叫别人快点做某事。

例：我一再~，他才动身。

赞许[12]	zànxǔ	动	认为好而加以称赞。

例：他的见义勇为行动受到人们的～。

【近】称赞；赞同　　【反】责怪；斥责

愕然[13]	èrán	形	吃惊的样子。

例：意外的消息传来，所有人都为之～。

漫画[14]	mànhuà	名	用简单而夸张的手法来描绘生活或时事的图画。

例：他很喜欢看～书。

扛[15]	káng	动	支撑；忍耐。

例：他冷得～不住了。

引发[16]	yǐnfā	动	引起；触发。

例：这种现象～了大家对天文学的浓厚兴趣。

哭笑不得[17]	kūxiào-bùdé		哭也不是，笑也不是，形容处境尴尬，不知如何是好。

例：回到家后，妈妈看着我手中的味精，～地说："你好粗心，让你买盐啊！"

【近】啼笑皆非

激励[18]	jīlì	动	激发鼓励。

例：在学习和生活中，我们要不断～自己成长！

折腾[19]	zhē·teng	动	反复做（某事）。

例：他把收音机拆了又装，装了又拆，～了几十回。

苍白[20]	cāngbái	形	白而略微发青；灰白。

例：脸色～　　～的须发。

虚汗[21]	xūhàn	名	由于衰弱、患病、心里紧张等而出的汗。

例：由于肚子痛，她的额头上冒出了密密麻麻的～。

瞠目结舌[22]	chēngmù-jiéshé		瞠着眼睛说不出话来，形容惊呆的样子。

例：他表演的空中飞人十分惊险，让人～。

【近】目瞪口呆；哑口无言

悄无声息[23]	qiǎowúshēngxī		没有声音或声音很小。

例：他～地走出了房间。

轰轰烈烈[24]	hōnghōnglièliè		形容气魄雄伟，声势浩大。
			例：~地做一番事业。
			开展了~的群众运动。
权利[25]	quánlì	名	法律规定可享受的权力和利益（跟"义务"相对）。
			例：每个儿童都有享受公平教育的~。
安稳[26]	ānwěn	形	平静；安定。
			例：睡不~ 过~日子。
			【近】稳定；平稳
困惑[27]	kùnhuò	形	感到疑难，不知道该怎么办。
			例：~不解 十分~
			【近】疑惑；怀疑 【反】理解；明白
郊游[28]	jiāoyóu	动	到郊外旅游。
			例：每周末，我们会有一次家庭聚餐或~。
拿手[29]	náshǒu	形	（对某种技艺）擅长。
			例：~好戏 ~好菜
			画漫画他很~。
			【近】擅长
小品[30]	xiǎopǐn	名	简短的、引人发笑的戏剧表演形式。
			例：广播~ 戏剧~。
倾斜[31]	qīngxié	动	不直；不正。
			例：这座百年大楼有些~。
			【反】垂直；笔直
平分[32]	píngfēn	动	平均分配。
			例：弟弟把这个苹果~成两半。
丰盛[33]	fēngshèng	形	丰富（指物质方面）。
			例：物产~ ~的酒席
连劝带哄[34]	liánquàn-dàihǒng		一边劝说，一边哄。
			例：无论大人们如何~，小明就是哭个不停。
掷[35]	zhì	动	扔；投。
			例：他在~铅球比赛中，得了第一名。
禁不住[36]	jīn·buzhù	动	忍不住；不由得。

例：看到他的表情，我～笑了起来。

【反】禁得住；禁得起

守[37]	shǒu	动	遵守；按照。
			例：～法　～约　～时　～纪律
信用[38]	xìnyòng	名	能够做好跟人约定的事情而取得的信任。
			例：讲～　守～　丧失～
			【近】信誉
猛地[39]	měng·de	副	忽然；突然。
			例：被别的小朋友抢走了玩具，他～哭起来。
打量[40]	dǎ·liang	动	观察（人的衣着、外貌）。
			例：对来人上下～了一番。
			【近】端详
缠绕[41]	chánrào	动	条状物回旋地束缚在别的物体上。
			例：宿舍里的线太多，都～在一起了。
光阴[42]	guāngyīn	名	时间。
			例：～似箭
			青年时代的～是最宝贵的。
打动[43]	dǎdòng	动	使人感动。
			例：这一番话～了他的心。
			【近】感动
违背[44]	wéibèi	动	违反；不遵守。
			例：他没有～自己的承诺。
贤淑[45]	xiánshū	形	形容女性心地善良、通情达理，对人温和。
			例：～的妻子/女子
			【近】贤惠

谈一谈

1. 为什么女儿的同学管她叫"23 号"？

2. 女儿如何看待同学给自己取的"23 号"这个外号？如果你是这个"女儿"，你会如何看待这个外号呢？

3. 女儿长大了想做什么？大家认为女儿的理想怎么样？你觉得呢？

4. 父母做了哪些事情来提高女儿的成绩？你如何看待父母的"努力"？

5. 在父母的"努力"下，女儿有何变化？女儿的成绩又有何变化？

6. 看到女儿的变化后，父母做出了哪些改变？

7. 女儿的哪些表现让父亲感到自豪？

8. 女儿班里的同学最欣赏谁？为什么？

9. 为什么"我""猛地一震"后，又"蓦地一暖"？

10. 分组交流：就格言"当英雄路过的时候，总要有人坐在路边鼓掌"展开讨论，说说你想当"英雄"还是当"坐在路边为英雄鼓掌的人"，为什么？

阅读课文

寻找妈妈的寻人启事

作文课上，老师教完了应用文写作知识[1]后，当场[2]给学生们拟定[3]了一个作文题目：假设自己的妈妈丢了，请每一个人写一则[4]寻人启事[5]。老师还给每个同学发了一份寻人启事样本，大家可以照 葫 芦 画 瓢（zhào hú lú huà piáo）。但是，里面的内容[6]必须切 实可信（qiè shí），要根据自己母亲的真实情况来写。

自己的妈妈丢了，写一则寻人启事？同学们似乎还没有回过 神（shén）来，面对着寻人启事范本[7]，同学们一时竟不知道该如何动笔。

见同学们不得要 领（lǐng），都没什么动静，老师说："这样吧，我再讲一遍寻人启事的要点[8]，大家一边听，一边写。"

"首先，写下丢失人的姓名。"

大家埋头在纸上写了自己妈妈的名字。

老师说："再写性别。"

女。大家唰唰写下。

应用文：指日常生活或工作中经常应用的文体，如公文、广告等。

样本：可以参照的范本。

照葫芦画瓢：比喻照样子模仿。

切实：切合实际；实实在在。

回神：从惊诧、出神等状态中恢复正常。

动笔：用笔写，落笔。

要领：重要的点。

"然后是丢失人的年龄。"

老师的话音刚落，班级里就炸开了锅^{yīn zhà guō}。有人说，我妈大抵⁹42 岁了吧。有人说，我妈妈从来没告诉过我她多大了啊，我估摸^{gū mō}她可能有 40 岁吧。有人说，我今年 14 岁，我推测¹⁰妈妈该有三十八九岁了吧？几十个同学，竟然没有一个人能够准确¹¹地说出自己妈妈的年龄。

老师摇摇头说："年龄先空^{kòng}着吧。"

下面是最重要的部分，请写出丢失人的体貌^{mào}特征¹²。

大家七嘴八舌¹³，貌似^{sì}对自己的母亲很了解。老师打断¹⁴了大家的话："同学们说的，也许是你母亲的特点¹⁵，比如身高、脸型、发型。但是，现在请大家特别要交待^{dài}的是母亲的体貌特征，比如脸上有颗痣^{zhì}，手背上面有道伤疤^{shāng bā}，腰背有点儿弯曲什么的。"

同学们停止了议论，歪^{wāi}着脑袋，努力回想¹⁶着妈妈的相貌^{xiàng mào}。朝夕相处¹⁷的妈妈，到底有些什么体貌特征呢？脸上有没有长痣？好像是有的，但想不起来在哪儿了。妈妈干活时，有时候磕磕碰碰会受伤，可是，哪儿留下过伤疤？倒真的没注意过啊。妈妈的腰杆^{yāo gǎn}这几年确实有点儿弯曲了，总是直不起来，可能是太累了的缘故¹⁸吧？可是，好像每个人的母亲都是这样的啊，这也算是体貌特征吗？

同学们有点儿牵强¹⁹地写下了几个特征，既像是自己母亲的，又好像不太像。

老师说，请同学们再写下，今天妈妈穿的是什么衣服和鞋子。如果妈妈真的丢了，那么，最后离开家时穿

话音（刚落）：说话的声音（还没完全消失）。

炸开了锅：形容一下子非常吵闹。

估摸：估计。

空（着）：使没有东西。

体貌：体态相貌。

貌似：表面上好像。

交待：把事情或特征向有关的人说明。

痣：皮肤上生的斑痕。

伤疤：伤口好了后留下的痕迹。

歪着：不正。

相貌：人的面部长的样子。

腰杆：腰部。

129

的衣服，将是很重要的鉴 别依据[20]。 | 鉴别：辨别（真假好坏）。

班级里再次炸开了锅。穿着干净漂亮衣服的同学们，叽叽喳喳地议论开了。哪个同学早上新穿了一双耐克鞋，大家立即注意到了；最喜欢的哪个男神女神，喜欢穿什么样式什么牌子的衣服，大家总是如数家珍[21]……可是，早上和自己一起出门，甚至将自己护送到学校门口的妈妈，穿的衣服是什么颜色的，什么样式的，却真的没有留意，而且自己似乎从来也没有留意过。 | 叽叽喳喳：形容杂乱细碎的声音。
男神：现多指女性心中最喜欢的男性，类似明星。
护送：陪同前往并保护。

作文课彻底[22]失败了，一则简单的寻人启事，竟然没有一个同学写完整、准确。最后，老师面色凝重地对大家说，不是寻人启事难写，而是大家对自己的妈妈根本就不关注、不了解啊。 | 凝重：庄重、严肃（多指神情）。

天底下的父母，都是用心[23]去看自己的孩子的。所以，孩子的每一个细小动作，都逃不过父母的眼睛。记住父母其实一点儿也不难，只要尽心[24]，就足够了。

每个人的成长都不是一件理所当然的事情，而我们偏偏对精心呵护我们的父母视而不见[25]：只看见了可口的佳肴，却不见忙碌在厨房的身影；只欣喜[26]于获得的优异[27]成绩，却忘记了深夜伴读的眼眸；只盼望[28]着自己的成长，却无视[29]因操劳[30]而佝偻的背影……要到何时，我们才能有一颗关切[31]的心，用它看清父母的面容，记住父母的恩情？让我们学会关爱他人，先从关爱自己的父母开始吧！ | 佳肴：美味的饭菜等。
眼眸：眼睛。
佝偻：脊背向前弯曲。
面容：面貌；容貌。
恩情：深厚的情义；恩惠。

（作者：孙道荣 来源：http://yuwen.chazidian.com/yuedu8668/ 有改动）

生词

知识[1]	zhī·shi	名	人们在社会实践中所获得的认识和经验的总和。
			例：学习～　历史～　课堂～
当场[2]	dāngchǎng	副	就在那个地方和那个时候。
			例：～出丑　～就决定
			他～就把这种新的技术演示了一次。
拟定[3]	nǐdìng	动	制订计划等。
			例：～报告内容。
			【近】制定；制订
则[4]	zé	量	用于分项或自成段落的文字的条数。
			例：三～寓言故事　新闻两～
启事[5]	qǐshì	名	为了说明某事而登在报刊、网络或贴在墙壁上的文字。
			例：征稿～　寻人～
内容[6]	nèiróng	名	事物内部所含的实质或存在的情况。
			例：这本书～很丰富。
			【反】形式
范本[7]	fànběn	名	可做模范的样本（多指书画）。
			例：习字～　作文～
要点[8]	yàodiǎn	名	讲话或文章等的主要内容。
			例：摘录～　抓住～　文章的～
大抵[9]	dàdǐ	副	大概；大都。
			例：情况～都是如此。
			他们俩是同年毕业的，后来的经历也～相同。
			【近】大概；大致
推测[10]	tuīcè	动	根据已经知道的事情来想象不知道的事情。
			例：无从～　～结果
			【近】预测；估计
准确[11]	zhǔnquè	形	行动的结果完全符合实际或预期。
			例：计算～　回答很～
			【近】正确；精确；确切　【反】错误

| 特征[12] | tèzhēng | 名 | 可以作为人或事物特点的征象、标志等。 |

例：外貌~　心理~　民族~

这个人的相貌有什么~？

这些衣服、楼房很有这个民族的~。

【近】特性；特点

| 七嘴八舌[13] | qīzuǐ-bāshé | | 形容人多口杂。 |

例：这时围观的人越来越多，~地说着车祸的经过。

【近】人多口杂；议论纷纷　【反】众口一词

| 打断[14] | dǎduàn | 动 | 使……停止。 |

例：外面吵闹的声音~了我的思路。

| 特点[15] | tèdiǎn | 名 | 人或事物所具有的独特的地方。 |

例：快餐的~就是快。

他的~是为人直爽。

| 回想[16] | huíxiǎng | 动 | 想（过去的事）。 |

例：~不起来　~起不少往事

【近】回忆；回顾

| 朝夕相处[17] | zhāoxīxiāngchǔ | | 从早到晚都在一起，形容常生活在一起，关系密切。 |

例：三年来，我和同桌~，建立了深厚的友谊。

| 缘故[18] | yuángù | 名 | 原因。 |

例：他到这时候还没来，不知什么~。

| 牵强[19] | qiānqiǎng | 形 | 勉强把两件没有关系或关系不大的事物拉在一起。 |

例：这个理由有些~。

【近】勉强

| 依据[20] | yījù | 名 | 作为论断前提或言行基础的事物。 |

例：理论~　判断要有~。

你的说法好像没有~，很难让人相信。

【近】根据

| 如数家珍[21] | rúshǔjiāzhēn | | 像数自己家里的珍宝一样，形容对所说的事很熟悉。 |

例：提起我小时候的事情，奶奶总是~。

| 彻底[22] | chèdǐ | 形 | 一直到底；深入、完全。 |

例：改正得很～。

～改变旧作风。

用心[23]	yòngxīn	形	集中注意力；多用心力。

例：学习～　　～听讲

你看书能不能用点儿心？

尽心[24]	jìnxīn	动	（为别人）费尽心思。

例：～尽力

对老人你们也算～了。

视而不见[25]	shì'érbùjiàn		尽管睁着眼睛看，却什么也没看见，指不重视或不注意。

例：他对别人要求很高，对自己的缺点却～。

父母对他的关心，他～。

欣喜[26]	xīnxǐ	形	欢喜，快乐。

例：～若狂　　～不已

优异[27]	yōuyì	形	（成绩、表现等）优秀、出色。

例：成绩～　　表现～

【近】优秀；优良；优越；杰出　　【反】差劲；低劣

盼望[28]	pànwàng	动	非常期望。

例：他～早日与亲人团聚。

【近】渴望；期望；希望；期待　　【反】失望；绝望

无视[29]	wúshì	动	不放在眼里；不认真对待；漠视。

例：～现实　　～法律　　～你的存在。

【近】忽视；轻视　　【反】重视

操劳[30]	cāoláo	动	辛苦地劳动；费心料理（事务）。

例：日夜～　　～过度

关切[31]	guānqiè	动	关心。

例：感谢各位对我的～。

对他的处境深表～。

【近】关心；体贴

词语辨析

1. 激励　鼓励

相同：

都是动词。在句子中常常作谓语。都表示通过一定的方式使人继续努力、上进。

例：学校发奖学金等，都是为了激励/鼓励大家继续努力学习。

不同：

"激励"重在精神上的勉励，激起人奋发的情绪。其对象多是将士、学生、工人等。

"鼓励"着重在激发人的积极性，使人增加勇气和信心去做得更好。

例：（1）老师鼓励大家发展自己的兴趣爱好。（很少用"激励"）

　　　（2）英雄事迹激励着我们向前。（×鼓励）

"激励"前的主语可以是人，也可以是精神、事迹。只能做谓语。

"鼓励"前的主语常常是人。可以用"……的鼓励"。

例：（1）小伟不敢参加这次面试，爸妈鼓励他大胆去试一试。（×激励）

　　　（2）谢谢老师的鼓励！（×激励）

　　　（3）雷锋精神激励我们乐于助人。（×鼓励）

搭配：

激励：~人心/~将士

鼓励：~他人/受到~/得到~/很大的~

练习：

（1）同学们在一起经常互相（　　），互相帮助。

（2）很多伟人的成才，都得益于他们良师的（　　）。

（3）许多优秀学子成才的故事（　　）我们好好学习。

2. 依据　根据

相同：

都可以兼作名词和介词。都表示把某种事物作为结论的前提，或语言、行动的基础（介词）。或者指作为论断前提或言行基础的事物（名词）。

例：（1）判断要有依据/根据。

　　　（2）依据/根据不同情况，分别处理。

不同：

"依据"侧重指结论或言行的凭据，多用于法律、科技等方面的书面语。

"根据"强调作为结论前提、言行基础的根本来源，口语、书面语都常用。

例：（1）科学的论断必须以一定的客观事实为依据。（凭据，书面语）

（2）根据气象台的预报，明天要下雨。（来源）

（3）根据我的了解，我觉得他不太适合你。（口语）

"根据"作为名词可嵌入"有"字构成"有根有据"，而"依据"则不能说成"有依有据"。

例：我这样说是有根有据的。（×有依有据）

搭配：

依据：~事实/~法律/有~

根据：~天气预报/~我的猜测/有~

练习：

（1）这个结论的（　　）是什么？

（2）这首歌（　　）民歌改编。

（3）买衣服时，大家都是（　　）自己的喜好来挑选的。

篇章训练

1. 根据课文中用来表示衔接手段的词语，如"……都/却……""不仅……而且……""因此""最后""一……就……"等，完成下列填空。

我们觉得这外号刺耳，女儿＿＿＿欣然接受。老公发愁地说，一碰到公司活动或者老同学聚会，别人＿＿＿对自家的"小超人"赞不绝口，他＿＿＿只能"扮深沉"。人家的孩子，不仅成绩出类拔萃，＿＿＿特长多多。＿＿＿我们家的"23 号"，没有一样值得炫耀的地方。＿＿＿，他＿＿＿看到娱乐节目里那些才艺非凡的孩子们，＿＿＿羡慕得两眼放光。

＿＿＿＿，我们也动过很多脑筋。为提高她的学习成绩，请家教，报辅导班，买各种各样的资料。孩子＿＿＿蛮懂事……像一只疲惫的小鸟，她＿＿＿一个班赶到另一个班，卷子、练习册，一沓沓地做。＿＿＿到底是个孩子，身体＿＿＿扛不住了，得了重感冒。

在病床上输着液，她＿＿＿坚持写作业，＿＿＿引发了肺炎。病好＿＿＿，孩子的脸小了一圈。＿＿＿期末考试的成绩，＿＿＿是让我们哭笑不得的 23 名。

＿＿＿，我们也曾试过增加营养、物质激励等方式，几次三番地折腾下来，女儿的小脸越来越苍白。＿＿＿，＿＿＿说要考试，她＿＿＿开始厌食、失眠、冒虚汗，＿＿＿接着，考出了令我们瞠目结舌的 32 名。

我和老公悄无声息地放弃了轰轰烈烈的揠苗助长活动……我们对女儿，是心疼的，

_____面对她的成绩，_____有说不出的困惑。

2. 你关注过自己最亲的亲人吗？请根据副课文的写寻人启事的要点，写一篇 300～500 字的寻找妈妈（爸爸/兄弟姐妹等）的寻人启事。

文化点滴

宽容的力量——陶行知先生的四块糖果

陶行知先生当校长的时候，有一天看到一位男生用砖头砸同学，便将其制止并叫他到校长办公室去。当陶校长回到办公室时，男孩已经等在那里了。

陶行知掏出一颗糖给这位同学："这是奖励你的，因为你比我先到办公室。"接着他又掏出一颗糖，说："这也是给你的，我不让你打同学，你立即住手了，说明你尊重我。"

男孩将信将疑地接过第二颗糖，陶先生又说道："据我了解，你打同学是因为他欺负女生，说明你很有正义感，我再奖励你一颗糖。"

这时，男孩感动得哭了，说："校长，我错了，同学再不对，我也不能采取这种方式。"陶先生于是又掏出一颗糖："你已认错了，我再奖励你一块。我的糖发完了，我们的谈话也结束了。"

（作者：佚名　来源：《生活教育》2011 年第 19 期）

经典诵读

xī mèng　　chù　　　　zhù
1. 昔 孟 母 择邻处 子不学 断机杼 （《三字经》）

译：以前，孟子的母亲曾三次搬家，是为了让孟子有一个好的学习环境。有一次孟子逃学，孟母就折断织布用的梭子来教育他，让孟子明白：学习跟织布一样，梭子断了就不能织布了，同样只有坚持学习，才能获得成功。

cí
2. 慈母手中线，游子身上衣。
féng　kǒng
临行密密缝，意恐迟迟归。
cùn　　　huī
谁言寸草心，报得三春晖。（孟郊《游子吟》）

译：慈祥的母亲用手中的针线，为出行的儿子缝制衣衫。母亲一针针密密缝制，怕儿子远行要很久才能回来。谁说像小草一样的些微孝心，能够报答如春天阳光般的母爱呢？

练习

一、词语搭配

赞不( )　　出类( )　　哭笑( )　　面面( )

悄无( )　　连劝( )　　轰轰( )　　久而( )

名副( )　　不亦( )　　才艺( )　　违背( )

二、选词填空

禁不住　　怯场　　激励　　苍白　　赞不绝口

折腾　　拿手　　困惑　　刺耳　　连劝带哄

1. "有志者事竟成"，这句话一直( )着我。

2. 小孩子扬起头看着我，似乎很( )。

3. 在舞台上，他从来没有( )过，不知道这次怎么这么紧张。

4. 听我的，这件事就这么办，不要瞎( )。

5. 听到别人说脏话，我觉得很( )。

6. 她脸色( )，一定是生病了。

7. 看着这些美味的菜，我( )流口水了。

8. 这个小孩不小心摔倒哭了，他只好( )才让小孩止住哭。

9. 西红柿炒蛋是我最( )的菜。

10. 他爱好剪纸，剪出来的小动物十分生动、形象，让人( )。

三、用下列词语改写句子，句子意思不变

……都不……　　回想　　又何妨……　　话音刚落

连连　　非凡　　催促　　炸开了锅

1. 主持人刚介绍完游戏规则，大家马上就大声热烈地讨论起来了。

改成：_____

2. 老奶奶对给她让座的小姑娘不断地说着感谢的话。

改成：＿＿＿＿＿＿＿＿＿＿＿＿＿＿＿＿＿＿＿＿＿＿＿

3. 每周末，这儿的市场上十分热闹。

改成：＿＿＿＿＿＿＿＿＿＿＿＿＿＿＿＿＿＿＿＿＿＿＿

4. 我总是想不起来小时候的事情。

改成：＿＿＿＿＿＿＿＿＿＿＿＿＿＿＿＿＿＿＿＿＿＿＿

5. 小男孩进商场后一直盯着那款飞机玩具，没有看其他玩具一眼。

改成：＿＿＿＿＿＿＿＿＿＿＿＿＿＿＿＿＿＿＿＿＿＿＿

6. 只要你觉得开心、幸福，做一个普通人也很好。

改成：＿＿＿＿＿＿＿＿＿＿＿＿＿＿＿＿＿＿＿＿＿＿＿

7. 她动作很慢，每次出去玩，她总是最后一个出门，因此，我经常叫她快点儿。

改成：＿＿＿＿＿＿＿＿＿＿＿＿＿＿＿＿＿＿＿＿＿＿＿

四、用括号里的词完成句子

1. 她总是粗心大意，大家都叫她"马大哈"，＿＿＿＿＿＿＿＿＿＿。（久而久之）

2. 聚会上，大家都多才多艺，有唱歌的、讲笑话的、表演魔术的，而她＿＿＿＿＿＿＿
＿＿＿＿＿＿＿＿＿＿＿＿＿＿＿＿＿。（只是）

3. 他的父母给他报辅导班，请家教，买了很多资料，可他的成绩＿＿＿＿＿＿＿
＿＿＿＿＿＿＿＿＿＿＿＿＿。（仍然）

4. 不是作业难写，＿＿＿＿＿＿＿＿＿＿＿＿＿＿＿＿。（而是）

5. 要想得到别人的信任其实很简单，＿＿＿＿＿＿＿＿＿＿。（只要）

6. 由于自家孩子没有什么特长，因此，一看到才艺非凡的孩子，＿＿＿＿＿＿
＿＿＿＿＿＿＿＿＿＿＿＿＿＿＿。（就）

7. 虽然女儿成绩一般，＿＿＿＿＿＿＿＿＿＿＿＿＿＿。（可是）

8. 很多人年少时都渴望成为英雄，最终＿＿＿＿＿＿＿＿＿＿。（却）

五、熟练背诵下列语段

1. 当英雄路过的时候，总要有人坐在路边鼓掌。

2. 天底下的父母，都是用心去看自己的孩子的。所以，孩子的每一个细小动作，都逃不过父母的眼睛。

3. 每个人的成长都不是一件理所当然的事情，而我们偏偏对精心呵护我们的父母视而不见：只看见了可口的佳肴，却不见忙碌在厨房的身影；只欣喜于获得的优异成绩，却忘记了深夜伴读的眼眸；只盼望着自己的成长，却无视因操劳而佝偻的背影……要到何时，我们才能有一颗关切的心，用它看清父母的面容，记住父母的恩情？让我们学会关爱他人，先从关爱自己的父母开始吧！

六、阅读练习

一觉睡到小时候

我妈抠(kōu)门儿，那可是远近闻名。就拿我身上这条裤子举例吧，这条蓝卡其裤子最早是我大姐的，她穿旧了给我二姐，二姐穿短了又给我。到我腿上时，膝盖那里已经磨得快透明了，随时会破个洞露出膝盖来。

那条裤子又旧又皱又难看也就算了，裤脚还在我脚踝(huái)上面。最令人无法接受的是，它还是女式的！女式裤子的裤门不是在前面，而是开在左侧腰胯(kuà)那里，这意味着每次上厕所，无论大便还是小解，我都要蹲下来。

想想这个情景，我都快哭了。可是这些我不能跟我妈说，我一个男的，说这些多难为情啊。所以我眼睁睁(zhēng zhēng)地看着我妈熟练地把裤脚拆了线，放了下来，这样才勉强遮住了我的脚踝。

我知道，哭闹是没用的，我这个年纪了也没脸用这一招儿。

谁知第二天我把真相只藏了一节课，就因在课间上厕所时的扭扭捏捏(niǔ niǔ niē niē)被后座的刘双燕发现了。别看刘双燕的名字很娘，其实他是男生，光他的名字就被我们取笑了好几年。如今终于逮着机会让大家把焦点从他那儿引开，所以他特别兴奋。留意到我的奇怪举止，他马上亮出大嗓门道：

"哟，女孩子尿尿才会脱裤子蹲着，你这是为什么呢？"

刘双燕提醒了大家，一阵观察之后，窃笑声四起。

"你不是女扮男装的吧？"

因为笑点新鲜出炉，于是大家都不肯出厕所，任由哄笑一阵又一阵爆发开来。我平日里能言善辩，可现在一句话也没有。面对大家的调侃(tiáo kǎn)，我只好假装什么也没发生，低着头，脸红耳热，找个机会挤出厕所奔逃回教室。

　　刘双燕这么一闹，整天下来我觉得自己好像穿着一条钉子裤，浑身上下哪里都不舒服。放学路上，我成功地让裤子的两个膝盖开了"窗户"。

　　谁知我妈看到我的裤子破成那样儿，一脸淡定地搬出针线筐，找出两块布，飞针走线，一会儿工夫，两扇"窗户"就合上了。好在两块补 丁（bǔ dīng）跟裤子颜色相近，针脚也整齐，乍一看几乎看不出补丁来。

　　但是同学们的嘴可不是用补丁能补上的，他们把两片嘴唇上下一碰，讥 诮（jī qiào）和笑声就出口了，如乱箭穿心，我还无处可躲。

　　要说裤子短一点儿也不是什么大毛病，我正长个儿呢，感觉裤子每年都在变短，可问题是女式裤子裆浅，一旦我大步跑起来，裤裆很容易就会"刺啦"一声绽了线。为这事儿，我妈补了一次又一次，从裤裆到屁股，再回到膝盖，有时是无意的"天灾"，有时是我的"人祸"。没办法，我妈后来找了一块特别结实的劳动布，加宽了裤裆，才算解决了这个难题。

　　可另一个问题没法解决——我的情绪。自从那条裤子上身，我几乎变了一个人，回到家不是少言寡语就是牢 骚 满 腹（láo sāo mǎn fù）、暴躁易怒。我妈似乎隐约猜到了什么，把针线筐摆在膝盖上，看着它出了半天神。

　　第二天，我在学校又一次被同学围观，这次没有笑声，而是一片啧 啧 称 奇（zé zé chēng qí），还不时有人伸手摸我屁股。

　　跑到厕所褪下裤子一看，屁股那里的补丁上竟然多出两只熊猫，黑眼睛白身子，怀里还抱着一棵绿色竹子。我自己都看愣了，不知道我妈什么时候把针线活练得这么精 巧（jīng qiǎo）。很快，我膝盖那里的补丁上也出了花样，那是两棵绿色的枝 蔓（zhī màn），到膝盖上之后开出几朵牵牛花。这次我不仅在教室被围观，连在上学或放学的路上都会有老师好奇地看几眼，还有女老师跳下自行车，问我裤子在哪儿买的。

　　我突然意识到，我可能因为这条打着补丁的裤子，莫名地走在了我们学校时尚的前端。

　　有一天下课，刘双燕红着脸趴在我耳边小声地问我，能不能让我妈在他的裤子上也缝两只熊猫，嫌太麻烦了换成两朵花也行。我摇了摇头，理由是裤子破了才会缝补丁，有了补丁才需要花样来遮 掩（zhē yǎn）。刘双燕愣了一下，忽然转身从文具盒里摸出铅笔刀，在他裤子的膝盖那里割出两道长口子，当时我就惊呆了。

第二天，刘双燕的两个膝盖上也开出了花朵，这次是粉红色的月季花。我妈显然也误会了刘双燕的名字，以为女孩子肯定喜欢粉红的花朵。不过刘双燕显然不介意，从此之后几乎每天都穿着那条裤子满学校转悠显 xiǎn bai 摆，然后回来告诉我有多少人夸他裤子好看。

这件事情的高潮是我的新书包，那也是我的伤心事了。为了要一个又新又大的书包，我已经赌气每天抱着书本去上学快一个学期了。不知道是不是因为不断有同学让我带裤子找我妈缝补，让她得到了更大的启发，反正有一天早晨，我妈突然变魔术一样拿着一个又大又厚、花里胡哨的书包给我。看了半天，我才明白那个五颜六色的书包竟然是很多碎布头拼 pīn jiē 接而成的。那些碎布头平日里只有打补丁时才有存在的意义，而现在，它们就像太阳光，呈碎片状光 guāng máng shè 芒 四射。

我妈说家里的碎布头几乎都用完了，本来她还想模仿二姐写的"天天向上"给我拼在书包上，可是布不够了，只拼成了一个小太阳。看上去书包就像一个补丁摞着一个补丁，针眼儿密得让人眼花。

可是我已经惊喜不过来了，因为我背着它到学校的第一天，它就取代我裤子上的补丁成为焦点。几乎所有看到我书包的同学都惊讶得合不拢嘴，细看后又止不住羡慕和赞美。它果然像一个太阳，背到哪里哪里亮。

我更没想到的是，之后没多久，学校里慢慢多出了一个又一个碎布头拼接成的书包。我知道它们之中只有一个也出自我妈之手，就是我弟弟背的那个。因为羡慕我的书包，他哭闹了三天。没办法，我妈到裁缝铺要了一些碎布头，给他也做了一个缩小版的。

这种书包在学校和马路上耀眼地晃着，谁也阻挡不了它们的流行，直到不久之后连镇上的商店都有这样的书包在卖，不同的是它们是机器做的，每一个都一模一样。我妈完全没有料到，她竟然靠一针一线引 yǐn lǐng 领了一个风 cháo 潮。

我妈也没想到，直到有一天新衣服、新书包都没用旧就会扔了换了，我还在梦里找那个晃眼的书包，还有那条一回忆起来就仿佛在开花的补丁裤子……

（作者：巩高峰　节选自《一觉睡到小时候》　略有改动）

阅读理解

根据课文判断以下句子的对错，对的打"√"，错的打"×"。

1. "我"妈很抠门，因为她从不给"我"买新衣服。 （ ）

2. "我"作为一个男的，对女式裤子感到很难为情。 （ ）

3. 刘双燕很娘，是因为他的表现很像女生。 （ ）

4. "我"在膝盖那儿给裤子开了"窗户"，这样就不会被调侃了。 （ ）

5. 自从穿了女式裤子后，"我"的情绪变得十分不好，暴躁易怒。 （ ）

6. 自从裤子补丁上多了两只小熊猫后，同学们都不再笑话"我"了。 （ ）

7. "我"每天抱着书本去上学是因为我没有书包。 （ ）

8. 妈妈会变魔术，变出了一个又新又大的书包。 （ ）

9. 同学们十分喜欢、羡慕"我"的新书包。 （ ）

10. "我"忘不了妈妈用碎布拼接的那个晃眼的书包以及补丁上有熊猫的裤子，因为那是妈妈一针一线用爱缝出来的。 （ ）

七、分组讨论

家庭是孩子的第一所学校，父母是孩子的第一任老师，家庭教育会影响孩子的一生。有人认为，"当好父母是一件很难的事情"，你同意这种观点吗？根据父母对你的要求与期待，跟大家分享一下你的家庭教育故事吧，谈谈你如何看待父母对你的教育方式？如果是你，你会如何教育好自己的孩子呢？

八、写作

想象一下：课文中，外号为"23号"的女孩长大以后可能从事什么工作？然后根据想象描述一下她未来某一天的生活情景。

九、故事接力

试试用下列学过的词语，编一则故事（先请同学们思考5分钟，然后教师随机点同学接力）。

词语：成绩、辅导班、资料、特长、才艺、理想、野餐、郊游、性格、健康、快乐、幸福生活……

故事：我叫小芸，是独生女，我爸爸妈妈……

第八课

1. 根据你的所见所闻谈一谈：和城市教育相比，农村的教育怎么样？

2. 假如有机会让你去农村支教，你愿意去吗？为什么？

3. 你听说过志愿者教师去农村支教的故事吗？对他们的行为有何感想？

课文

丁大卫：支教中国西部的美国人

美国人丁大卫在 威　廉玛丽学院就读[1]期间，曾到北
京大学进修过一年。1993 年，他在美国肯塔基大学、日
本东京等地从事教育工作期间，关注到中国教育问题，

了解到甘肃省东乡族自治县东乡族是中国成人文盲率
最高的民族，文化程度综合[2]均值相当于[3]小学二三年级，
于是便萌生[4]了到中国东乡自治县从教的念头[5]。

进修：为了提高水平暂时离开职位而进一步学习。

文盲：多指不识字的成年人。

从教：做有关教育的工作。

143

今年是美国人丁大卫来到中国的第十三个年头，也是他在西部教书的第十个年头了。在甘肃省东乡族自治县，丁大卫说，我很喜欢这里，我和我妻子在这里很快乐很知足[6]。

1995年，丁大卫先来到甘肃兰州西北民族学院应聘当大学教师。当时学校给他定的工资是每月1 200元。老实的大卫跑去问别人，1 200元在兰州是不是很高了？别人说，算很高了。于是，大卫主动找到学校，要求把工资降到900元。学校不同意，大卫一再坚持，说：怎么也不能超过1 000元。最后，学校给他每月950元。

2000年，央视《实话实说》对丁大卫进行了专 访(fǎng)。访谈中，主持人崔永元以轻松幽默的口吻[7]说话，而丁大卫一直是很诚恳的样子。崔永元问他："大卫，你每月工资够用吗？"大卫说："够了，我每月的钱除了买些饭票，就用来买些邮票，给家里打打电话，三四百元就够了。"说到这里，现场观众中有不少人"哇"的一声发出惊叹[8]。这时，大卫拿出自己在中国生活五年积累的财富——他的所有家 当(dàng)：一顶大卫家乡足球队的队帽，一本相册，一副用相 框(kuàng xiāng) 镶 好的家人合影，两套换洗的衣服（其中一件军装是大卫爸爸年轻时当兵穿过的，整整40年了），一双未洗的普通运动鞋，几件以饭盆、口杯、牙刷、剃 须(tì xū)刀为阵容的生活必需品，还有一面随身带着的五星红旗。当大卫将一面中国红旗打开，向现场观众展示时，偌(ruò)大的演播厅里鸦雀无声。崔永元问："你怎么会将五星红旗时时[9]带在身边？"大卫说："我时时带着它，就是为了提醒自己，我现在是在中国，我要多说美丽的中文。有人到我房间里来，看到墙上挂着的五星红旗，也会缩小[10]我们之间的差距[11]。再说，每当[12]我看到这面红旗，就会告诫自己：你现在是一位中国教师，

怎么也……：不管怎么样都是/要一样的结果。后面一般接否定式。

例：我怎么也想不起她的名字来了。

孩子怎么也不能打骂父母。

专访：指对某个问题或对某个人进行访问。

以……+动词：用一种方式/方法做某事。

例：她以一种友好的态度和我说话。

家当：家庭所有有价值的东西。

相框：放置相片的框架。

镶：这里指把一个东西放在一个框里。

合影：几个人合在一块儿照的相片。

剃须刀：剃刮胡须的用具。

例：一把~

阵容：队伍所显示的力量，多指人力的配备。

例：这部电影里面有很多明星参与表演，~很强大。

偌大：书面语，这么大，那么大。

你要多为中国教书育人。"

当崔永元问丁大卫在中国是否感觉清苦[13]时，丁大卫说："很好的。比如这次你们中央台让我这样一个平凡的人来做嘉宾(jiā bīn)，而且还让我坐飞机，吃很好的饭菜。"

崔永元说："我觉得你很像我们中国的一个人——雷锋。"丁大卫想了想说："还真有点儿像。只是雷锋挺平常的，他只是一个凭良心做事的人，这样的人不应该只有一个，每个人都应该做得到的。"

节目最后播放[14]一组外采镜头(jìng)。一个女大学生对着镜头说："丁老师从来没骂过我，但我真的好怕他啊，因为我怕他因我而失望的样子。"最后一个镜头是：丁老师教过的那所小学的孩子们，一个个争着抢着到镜头前流着泪喊："你回来教我吧。"此时，丁大卫不敢再看大屏幕，深深地低下了头。一个美国青年，在中国得到了人世间最珍贵的东西，那就是人们对自己的敬重[15]。

当年的节目播出后感动了许多人。一晃[16]8年又过去了，丁大卫仍然坚守[17]在中国西部。现在的丁大卫在甘肃省东乡族自治县教育局一教研室任[18]教育顾问(gù)。原本只会说普通话的大卫，随着和越来越多的东乡人接触，已经能非常娴熟[19]地说东乡话了。最近几年，在大卫的努力下，东乡语和普通话双语字典也已出版[20]了。现在越来越多的东乡县孩子都能说普通话了。

除此之外，他还在县里的"无校村"筹款[21]建起 11 所学校。丁大卫把上节目后收到的所有善款(shàn kuǎn)都捐献了出来，修建了若干[22]图书室、体育馆，办了学校。他喜爱中国的传统节日，还和当地教师一起过教师节。尽管[23]已是教研室的教育顾问了，可是他却从没有放下执教[24]的念头，依旧[25]投身于教育的第一线(tóu)。他站上讲台，珍惜为孩子们上课的每一分钟。假期，丁大卫组织当地教师，

嘉宾：让人尊敬的客人。

还真……：指原来不觉得，现在确信是这种情况。

例：现在想起来觉得自己还真傻。

这家店的面条味道还真不错。

镜头：拍电影电视的一组画面。

教育局：市级政府管理教育工作的机构。

顾问：有某方面的专门知识、供个人或组织征询意见的人。

在……下：表示经过某种行动或某条件，后面接表结果的句子。

例：在大家的帮助下，他有机会上学了。

除此之外，还……：除了这个，还有别的也一样的人或事。

例：她很会唱歌，除此之外，她还很会跳舞。

善款：对别人、对社会有帮助的钱。

投身：为某方面献出自己的力量。

第一线：指直接从事某工作的地方。

牵头[26]和北京师范大学结成培训[27]合作[28]伙伴，使每一位东乡县教育工作者都有走出去接受培训的机会。大卫说只有教师们获得提高，学生们才可能有璀璨[29]的未来。

有人告诉大卫，人在二三十岁的时候可以不顾[30]一切地做一些事情，而快到不惑之年[31]的人应该现实一些，过条件好的生活。大卫却说，如果每个人都向往[32]享受奢华[33]的生活，而没有人愿意付出，那么世界上绝大部分人都难以过上优越[34]的生活。生活都必须是有意义的，而他现在做的是自己喜欢的事情，这是一种自我的满足。丁大卫自己从没有想过要离开，假若[35]以后有了孩子，看着孩子在东乡长大，他也会很高兴。他相信自己的孩子会像东乡孩子一样健康茁壮[36]地成长。

假若……也……：表示如果在某条件下，会出现一样的结果。
例：假若他在这里学习汉语，他也会很开心的。

（作者：佚名　来源：http：//www.sina.com.cn　有改动）

生词

就读[1]　jiùdú　动　指在学校学习。
例：几年前他曾经～于北京大学。

综合[2]　zōnghé　动　把不同的事物合在一起。
例：～各方意见　～管理
会议上他～每个人的意见，最后确定了工作目标。

相当（于）[3]　xiāngdāng（yú）动　（数量、价值、条件、情况）两方面差不多。
例：他俩年纪～。
这座塔高110米，～于28层高的大楼。

萌生[4]　méngshēng　动　开始发生，产生。
例：～希望　～爱情
他们两个一见面就～了好感。

念头[5]　niàn·tou　名　心里的打算。
例：产生～　萌生～

他太想念家乡了，有了想回家工作的~。

【近】想法

知足[6]	zhīzú	形	满足于已经得到的（生活、愿望等）。

例：~常乐　~无求

容易~的人生活过得都比较快乐。

口吻[7]	kǒuwěn	名	口气；语气。

例：开玩笑的~　教训人的~　温和的~

他经常用一种看不起人的~和别人讲话，让人
不太喜欢。

惊叹[8]	jīngtàn	动	令人惊讶赞叹。

例：精美的工艺品让人~。

时时[9]	shíshí	副	常常，经常。

例：20年来我~想起那件事。

缩小[10]	suōxiǎo	动	使由大变小。

例：~距离

为了让同学们更好地复习，老师~了考试复习
的范围。

【反】扩大

差距[11]	chājù	名	事物之间相差多少的程度。

例：他们两个的水平有很大的~。

（每）当[12]	（měi）dāng	副	每一次（一般用来说过去或经常性的事情）。

例：~看到这本书，我就想起在中国学汉语的
日子。

清苦[13]	qīngkǔ	形	指日子过得辛苦，没有足够的钱生活。

例：生活~

他的生活过得很~，经常向朋友借钱。

播放[14]	bōfàng	动	通过广播/电视播送。

例：~电影　~音乐　~电视

电视台正在~足球比赛的情况。

敬重[15]	jìngzhòng	动	尊敬；尊重。

例：他对父母和老师都很~。

一晃[16]	yīhuàng	动	指时间过得很快。

例：~就是五年，孩子都长这么大了。

从大学毕业到现在，~就是十年了。

坚守[17]	jiānshǒu	动	坚持守卫，不离开。

例：~阵地　~工作岗位

李叔叔工作认真，在工作岗位上~了几十年。

任[18]	rèn	动	任用、担任。

例：~班长　被~为厂长

他工作非常认真，被~为小组的组长。

娴熟[19]	xiánshú	形	很熟练，熟悉。

例：技术~　做法~

他的开车技术特别~。

出版[20]	chūbǎn	动	把书刊、图画等编写和印制出来，并向公众发行。

例：~书籍　~社　~物

那本汉语词典已经~了。

筹（款）[21]	chóu（kuǎn）	动	把钱一点一点地积累起来。

例：~办工厂　~钱

为了开公司，他到处~款。

若干[22]	ruògān	代	多少（一般指数量不确定）。

例：关于教育的~问题。

对于公司以后的发展，他提出了~建议。

尽管[23]	jǐnguǎn	连	表示暂时承认某一事实/条件存在，但后面一般接表示与该事实相反的结果。

例：~他不接受我的意见，但我有意见还是会说的。

我没心情吃饭，~那家餐厅的菜很好吃。

执教[24]	zhíjiào	动	担任教学任务。

例：老先生在华文学院~很多年了。

依旧[25]	yījiù	副	和原来一样，没变。

例：图书馆的人都走了，他~坐在那里看书。

这么多年过去了，她~那么漂亮。

【近】依然

牵头[26]	qiān//tóu	动	带头；临时负责组织做某事。
			例：这次活动由我们学校~举行。
培训[27]	péixùn	动	为了一定的目的进行一段时间的教育和训练。
			例：~技术工人/专业干部
			【近】训练
合作[28]	hézuò	动	互相配合地做某事或共同完成某个任务。
			例：分工~　技术~　~愉快
			他们分工~，最后把任务完成得非常好。
璀璨[29]	cuǐcàn	形	书面语，形容珠宝等光彩明亮。
			例：这座古塔是我国古代建筑史上的一颗~的明珠。
不顾[30]	bùgù	动	不考虑。
			例：~后果　~危险
			他~一切，跳到河里把孩子救了起来。
			【近】不管
不惑（之年）[31]	bùhuò（zhīnián）	名	指人到了四十岁。
向往[32]	xiàngwǎng	动	因热爱、羡慕某种事物或境界而希望得到或达到。
			例：我们都~过上她那样的美好生活。
奢华[33]	shēhuá	形	指花费过多的钱来享受。
			例：生活~
			他家非常有钱，每天的生活都过得很~。
			【近】奢侈　【反】节俭
优越[34]	yōuyuè	形	一般指条件或环境非常好，比别的强。
			例：生活~　条件~
			他从小家境~，想要什么就有什么。
假若[35]	jiǎruò	连	如果，假如。
			例：~你遇到这种事，你该怎么办？
			~你有很多钱，你会干什么？
茁壮[36]	zhuózhuàng	形	指年轻人、孩子、动物等身体结实、有力气；也指植物长得很好。
			例：公园里的树木每年都在~成长。
			孩子们一天天地~成长。

谈一谈

1. 美国人丁大卫为什么想到中国东乡自治县从教？

2. 为什么丁大卫要主动找学校把工资降低？

3. 在央视《实话实说》中，当丁大卫将一面中国红旗打开，向现场观众展示时，为什么偌大的演播厅里鸦雀无声？

4. 丁大卫为什么要将五星红旗时时带在身边？

5. 中国的雷锋和丁大卫有什么相同之处？

6. 丁大卫为东乡自治县的教育发展做了哪些事？请举例说明。

7. 丁大卫认为有意义的生活应该是怎样的？

8. 讨论（分组各选一题讨论 10 分钟，每组一人记录每人看法的关键词，一人负责汇报本组主要看法）。

（1）你认为是什么让大卫坚守在东乡自治县从教这么多年，从来没有想过要离开？

（2）课文中提到，"人在二三十岁的时候可以不顾一切地做一些事情，而快到不惑之年的人应该现实一些，过条件好的生活"，对此，你是怎么看的？

（3）你向往什么样的生活？优越奢华的还是愿意为他人付出的生活？对你来说，生活的意义是什么？

阅读课文

亲情滋养[1]的优雅

　　她是一位公司白领，喜欢写字，她的字里透着[2]优雅。因为喜欢，我们成了朋友，经常一起去吃饭。渐渐地我发现，她更令人钦佩[3]的，是人比字更优雅。

　　比如，她每次招呼饭店的服务员，都是甜甜地叫一声"小妹"。开始我以为，这是她称呼上的习惯，就像有的人直呼"服务员"，或者像我，干脆对服务员大喊一声："喂——"也曾以为，她在作秀，但并非[4]如此。有时，分明[5]服务员有错，或态度[6]不好，她对她们的称呼依

作秀：装样子。

涵养：很有礼貌有教养。

肉麻：不真实的话造成的不舒服的感觉。

豪宅：豪华的房子。
上流：指较高的社会地位。
门卫：守门的人。

脏兮兮：不干净的样子。

替班：代替别人上班。

旧没变，仍是一声声叫着"小妹"。多好的 涵养，多优雅的姿态[7]！

于是我也试着学她，但我那声"小妹"，叫得很别扭[8]，甚至肉麻。

我请教她，这一声呼唤，动人的秘诀[9]是什么？她笑了，说："有什么秘诀啊，我是真把她们当成自己的小妹了。我的小妹，也是一位服务员，在另一个城市打工。"

她说，"看到她们，我总会想起小妹，她一个人身在异乡，辛苦打工，也一定经常被人呼来唤去，经常被顾客刁难[10]，或者被老板挑剔[11]吧。她委屈吗？她哭过吗？我多想，每个人都能像我，像对待亲妹妹一样对她们"。

她说，其实，她以前也不是这样，而是受了老板的影响。她说："我们公司的老板，身价千万，居有 豪宅，出有名车，一身的名牌[12]，常被大人物接见[13]，常和上流阶层交往，是个很有档次[14]的人。可就是这样优雅的人，却时常泡在传达室，不拘小节[15]地和门卫并肩蹲在门口，甚至坐在台阶上聊天。我也曾猜测，他是在给员工做样子吧，或者，门卫是他亲戚，门卫有背景[16]？

事实却不是这样。有天中午，我上班早到，路过传达室，想看有无邮件，竟发现老板正躺在门卫脏兮兮的床上，和衣似睡非睡。

我弄出的响动[17]惊醒了他。他坐起来，问我，这么早就来上班了？我答非所问[18]，门卫呢？

老板说，哦，他回老家取过冬的衣服了，我替他守一会儿。

一个老板，居然为请假的门卫替班，还睡在他脏乱的床上？我很惊讶。老板似乎心情不错，也看出了我的惊讶，他说，他的父亲，也曾是一名门卫。

老板少年时家境贫寒，父亲身体虚弱[19]，又没一技之
长，农活都由母亲做，一年下来只够温饱。但他和弟弟
都在上学，很需要钱，父亲就托人找门路，去城里做了
门卫。

有天晚上，兄弟俩正埋头写功课，父亲踩着月光回
了家。他带来一个好大的食品袋，里面是 喷(pèn)香的炒菜。
父亲说，是一个同事炒了菜送他的。今天，是中秋节。

父亲舍不得吃，请值班的人帮他看一个小时门，连
夜把菜送回家。但父亲没吃，他只在家待了几分钟就走
了。那也是父亲做门卫十年来唯一一次在家过中秋。

老板说到这儿，眼睛湿润[20]。很多年来，他不知道门
卫是做什么的。等他上了班，后来又自己创业[21]，接触了
很多门卫，才知道门卫并不像父亲说得那么清闲[22]。要晚
睡早起，打扫院子，烧锅炉送开水；还要收发报刊；即
使睡觉，也得睁着一只眼。最难受的是，每天守着大门，
看别人自由进出，自己却不能离开片刻。做门卫的那种
孤独，谁能体会得到呢？

可是，当他亲眼看见了这些，父亲已经不在了。在
他即将毕业的那年，父亲因为体弱多病被单位辞退[23]，不
久就去世了。几年来，每到中秋，老板都亲自来值班，
他给门卫买好礼物，让他回家团聚。他是想，每年都要
体味[24]一次父亲有过的孤寂[25]，也给门卫阖(hé)家欢乐的整个
夜晚，而不是几分钟。老板还说，他有个遗憾，就是再
也无法知道那个送炒菜给父亲的好人是谁。于是，他把
自己当成了那个人，把每一任[26]门卫，都当成了自己的
父亲。

原来是这样！曾经，我觉得老板在传达室的那些粗
陋(lòu)的动作，有失[27]优雅。但那以后我却觉得，一个能与门
卫促膝(cù xī)谈心、亲如父子的老板，最配"优雅"二字了。

贫寒：穷苦，日子过得很辛苦。

温饱：吃得饱、穿得暖的生活。

门路：方法。

喷香：很香。

值班：在规定的时间工作。

锅炉：烧火用的锅。

单位：工作的地方。

阖（家）：全家。

粗陋：随便不讲究。

促膝谈心：很亲密地聊天、谈话。

资产：财产；钱财。

渗入：可以流动的物体慢慢地进入到物体里面去。

骨髓：骨头空腔中柔软像胶的物质。

……不来：不能做到的，做不好的。"不来"表示不可能。有"想不来、等不来、哭不来"等。

例：她跳舞给人的感觉我是学不来的。

熏染：指环境对人产生的影响。

蹿：乱跑；乱逃。

揽：抱着，抱住。

揍：打（人）。

他的优雅，并非来自他的地位、资产、穿着，也不是他的智慧和干练[28]，而是渗入到骨髓的亲情。

讲完老板的故事，她接着说，她很欣赏一位作家的话：因为我有妻子，所以我爱天下所有的女人；因为我有孩子，所以我爱天下所有的孩子。

我明白了，如果我不像爱自己的亲人一样去爱别人，像她，像那位老板，他们所拥有的优雅品质，我是根本学不来的。按说[29]，优雅的品质，要用文化去熏染，用人格[30]做支撑[31]。没想到的是，亲情更能滋养优雅的品质。谁都有父母兄弟姐妹，我们爱他们，何曾[32]不希望，他们也被这个世界上所有的人爱着呢？

是的，我没有当服务员的小妹，也没有当门卫的父亲，可是，我有一位胆小的母亲。所以，当我在街上看到一个老妇人，被一条突然蹿出的小狗吓哭时，我没有嘲笑[33]她，而是把她揽在怀里安慰；当一个小孩用石头砸路边的泥水，弄脏了我的衣服，我一笑了之，因为我想起我有个同样顽皮[34]的儿子，如果他在外面闯了祸[35]，你们，可千万别揍他。

（作者：文冬 来源：乐读网 有删改）

生词

滋养[1]	zīyǎng	动	提供物质所需要的营养。
			例：～身体　～品
			最近他身体不好，需要吃好的东西来～身体。
透（着）[2]	tòu	动	表现出来。
			例：这朵花白里～红。

钦佩[3]	qīnpèi	动	佩服。
			例：～的目光　～的语气
			他这助人为乐的精神，使人十分～。
			【近】佩服　【反】轻视
并非[4]	bìngfēi	动	并不是。
			例：他这样做～发自内心。
分明[5]	fēnmíng	副	确实的（地），明显的（地）。
			例：这～是你的错，为什么要说是别人的错呢？
			【近】明明
态度[6]	tài·du	名	对于事情的看法和行动。
			例：工作～　端正～
			她对待学习的～一直很认真。
			她对人的～很友好。
姿态[7]	zītài	名	身体或言行表现出来的样子。
			例：她跳舞的时候～非常优美。
			他经常有种看不起别人的～，让人很不喜欢。
别扭[8]	biè·niu	形	不自然。
			例：跟陌生人在一起吃饭，多少有点儿～。
			【反】自然；自在
秘诀[9]	mìjué	名	不公开的能解决问题的好办法。
			例：成功的～
			你的汉语这么好，学习的～是什么？
			【近】窍门
刁难[10]	diāonàn	动	故意让人觉得为难，让别人不知道该怎么做。
			例：百般～　故意～
			店老板每次都～她，让她很难过。
			【近】为难　【反】迎合
挑剔[11]	tiāo·ti	动	过分严格地从细节上说某人或某物的不好。
			例：她由于过分～，跟谁也合不来。
名牌[12]	míngpái	名	很多人都知道的、很有名的牌子。
			例：～货　～商品　～大学
			她家境优越，穿的用的都是～。

接见[13]	jiējiàn	动	跟来的人见面（多用于主人接待客人或上级会见下属）。
			例：~外宾 ~领导 ~代表
			主人已经站在门口准备~快来的客人了。
			【近】接待
档次[14]	dàngcì	名	根据一定标准分成的不同等级。
			例：商品种类多，~全。
			这家酒店是五星级，~很高。
			【近】级别
不拘小节[15]	bùjūxiǎojié		多指不注意生活小事。
			例：她的性格开朗直爽，~。
背景[16]	bèijǐng	名	背后依靠的力量。
			例：他说话的口气很看不起别人，恐怕是有~的。
			他很快就当上学校领导，应该是有~的。
			【近】后台
响动[17]	xiǎng·dong	名	动作的声音；动静。
			例：夜很静，什么~也没有。
			【近】动静；响声
答非所问[18]	dáfēisuǒwèn		回答的不是所问的内容。
			例：老师问 A 问题，他回答关于 B 的，他是~。
虚弱[19]	xūruò	形	指身体不太好。
			例：生病后，她的身体一直很~。
			【近】脆弱 【反】健康；强壮
湿润[20]	shīrùn	形	湿的；潮湿。
			例：~的土地 空气清新~
			他有点儿激动，眼睛都~了。
			【近】潮湿 【反】干燥
创业[21]	chuàngyè	动	创办事业。
			例：~史 艰苦~
			大学毕业之后，他就开始~，开了一家小公司。

清闲[22]	qīngxián	形	没有事情可以做，很空闲。
			例：~自在
			他一时还过不惯~的退休生活。
			【近】清净;空闲　【反】繁忙;忙碌
辞退[23]	cítuì	动	不再任用（职员）。
			例：~员工　~工作人员
			【近】解雇　【反】雇用
体味[24]	tǐwèi	动	仔细地感觉。
			例：~人生苦乐　慢慢~　细细~
			他正在慢慢~这道美味的菜。
			这首歌太好听了，她在细细~着。
			【近】体会;回味
孤寂[25]	gūjì	形	周围很少人，孤独，没有趣味。
			例：他一个人留在家里，感到十分~。
			【近】孤独;孤单　【反】温暖;热闹
任[26]	rèn	量	表示（担任某职位等的）次数。
			例：他是学者出身，做过一~县长。
			这已经是他第三~女朋友了。
有失[27]	yǒushī	动	失去某种东西或在某方面有所不足。
			例：~体面　~颜面　~身份
干练[28]	gànliàn	形	既有才能又有经验。
			例：他的确是一个精明~的人才。
按说[29]	ànshuō	副	依照事实或者道理来说。
			例：这么大的孩子，~该懂事了。
			这个问题已经说了很多遍了，~该明白才对。
			【近】按理
人格[30]	réngé	名	个人的道德品德。
			例：~平等　尊重~
			我们应该尊重每个人的~。
			【近】品格
支撑[31]	zhīchēng	动	抵抗住压力。
			例：楼房用柱子~着。

			他一个人～养活全家人的压力。
			【近】支持；维持
何曾[32]	hécéng	副	用反问的语气表示"从没有过"。
			例：这些年来，他～忘记家乡的一草一木？
			毕业离家多年，他～不想念自己的家人？
			【近】未曾
嘲笑[33]	cháoxiào	动	用不好的话语笑话别人。
			例：自己做得对，就不要怕别人～。
			【反】表扬
顽皮[34]	wánpí	形	（儿童、少年等）爱玩爱闹，不听话。
			例：这孩子～极了，老师也拿他没办法。
			【近】调皮　【反】乖巧
闯祸[35]	chuǎnghuò	动	因做事冲动而造成了不好的结果。
			例：孩子不懂事，常常～。

词语辨析

1. 依旧　依然

相同：

表示某种行为状态维持原样，不因别的因素影响而改变。当句子表示情况在一段时间内持续不变时，"依然""依旧"可互换。

例：（1）过了这么久，疼痛依旧/依然不止。

（2）毕业后几年没见，她依旧/依然那么年轻。

两者都可以作副词，作状语。也都可以作动词，表"照旧"，作谓语。

例：（1）她还是和小时候一样，依旧/依然充满活力。（副词）

（2）这么多天过去了，他烦恼依旧。（动词）

不同：

"依旧"还可以指间隔了某一段时间后，恢复跟以前一样的情况；而"依然"只能表示情况一段时间内持续不变。

例：（1）每到冬天，梅花在寒冷的地方开得依旧那么娇艳。（×依然）

（2）下次去北京，你依旧住在你姑妈家吗？（×依然）

（3）路边的老房子，虽然饱经150年的风霜，今天依然完好无损。

"依旧"的"旧"指从前的、原先的，与"新"相对，强调过去和现在的比较，前后常接与时间相关的词语。

例：三十年了，母校依旧是老样子，条件不仅没有改善，而且房屋更旧了，桌椅更破了。

"依然"的"然"意为"如此/这样/那样"，强调人或事物一直保持原状未变。

例：黄河的泥沙问题一直没有得到根本解决，地上依然出现悬河现象。

搭配：

依然：~美丽/~年轻/~是/~如故

依旧：~美丽/~年轻/~是/烦恼~/我心~

练习：

（1）图书馆的人走了，可是他（　　　）在那里看书。

（2）家乡山水（　　　），但是这个时候的心情已大不一样了。

（3）十几年过去了，老屋里的摆设（　　　）是老样子。

（4）每到夏天，楼下那家糖水店生意（　　　）非常好。

（5）毕业在外漂泊这么多年了，他（　　　）想念家乡的一草一木。

2. 分明　明明

相同：

都可作副词。都有"清楚、很明显"的意思，表示显然/确实如此，其下文意思往往有转折，有不满和责怪的意味。

例：（1）这哪是酒店啊，分明/明明是皇宫啊。

（2）他分明/明明向你打招呼了，你怎么没有看见他呢？

（3）分明/明明这样做是不对的，为什么还要做呢？

不同：

"分明"可以作形容词，表示很清楚、二者有明显不同，作谓语和补语。

例：一个善，一个恶，这两个角色演得很分明。（×明明）

搭配：

分明：~是/~知道/黑白~/是非~/层次~

明明：~是/~知道

练习：

（1）这件事谁对谁错，大家都看得很（　　　）。

（2）这句话你（　　　）说过，为什么不敢承认呢？

（3）我们做人就是要黑白（　　　）。

（4）这不是眼睛的毛病，（　　）是脑部的问题。

篇章训练

1. 阅读课文《亲情滋养的优雅》中的老板是一位很有地位的人，但是为什么他和传达室的门卫关系这么好？请根据以下提示的关键词语及其顺序，注意恰当使用时间词语比如"少年时""有天晚上""很多年来""每到中秋"等自然连贯地把原因说出来。

（1）贫寒　　温饱　　少年时

（2）父亲　　门卫　　门路

（3）中秋　　喷香　　炒菜　　有天晚上

（4）创业　　孤独　　清闲　　很多年来

（5）去世　　阖家欢乐　　每到中秋

2. 课文中的那位白领与老板的"优雅"有什么相同之处？各自的"优雅"体现在什么地方？请用具体的事例来说明，以150字左右的短文书面回答。

3. 背诵文中好词好句，学习相关连词、副词的用法。

（1）于是，他把自己当成了那个人，把每一任门卫，都当成了自己的父亲。

（2）他的优雅，并非来自他的地位、资产、穿着，也不是他的智慧和干练，而是渗入到骨髓的亲情。

（3）因为我有妻子，所以我爱天下所有的女人；因为我有孩子，所以我爱天下所有的孩子。

（4）谁都有父亲兄弟姐妹，我们爱他们，何曾不希望，他们也被这个世界上所有的人爱着呢？

文化点滴

"留学生" 的由来

在中国古代，尤其隋唐时期，很多外国人都以来华留学为荣。

唐朝时，日本政府为了学习中国的先进文化，曾多次派遣唐使来中国。遣唐使团是外交使节，在中国停留的时间不能过长，因而难以更好地吸取中国的先进文化。所以日本政府从第二次派遣唐使起，就同时派遣"留学生"和"还学生"。

所谓"留学生"就是当遣唐使等回国后仍然留在中国学习的学生，"还学生"则在遣唐使回国时一起回国。

后来，"留学生"这个词就一直沿用下来，其语义也有了变化发展：凡是留居外国学习或研究的学生，都称作"留学生"。

（作者：佚名　来源：百度百科　有改动）

经典诵读

1. 勿(wù)以恶(è)小而为之，勿以善小而不为。（《三国志(zhī)》）

译：对任何一件事，不要因为它是很小的坏事就去做；相反，也不要因为它是很小的好事而不去做它。

2. 三人行，必有我师焉(yān)，择其善者而从之，其不善者而改之。（《论语》）

译：三个人在一起，其中必有某人在某方面是值得我学习的，那他就可当我的老师。我选取他的优点来学习，对他的缺点和不足，我会引以为戒，有则改之。

练习

一、词语搭配

（　）念头　　　缩小（　）　　　（　）常乐

（　）苦干　　　动作（　）　　　（　）音乐

（　）愉快　　　条件（　）　　　（　）成长

（　）节目　　　生活（　）　　　（　）岗位

二、选词填空（有两个词多余）

奢华　优越　娴熟　坚守　一晃眼　若干
出版　每当　璀璨　敬重　相当于　从教

1. 他开车的技术很（　），从来都没有出现过什么意外。

2. 李老师（　）工作岗位几十年了。

3. 图书馆即将（　）新一册的中文书。

4. 牧羊犬的智力非常高，一般（　）六岁左右小孩的智力。

5. 时间过得真快，（　　　）就到了毕业季了。

6. 上海就像中国的一颗（　　　）明珠。

7. 和农村相比，城市的教育条件要（　　　）得多。

8. 这位老教授学问高、为人好，深受大家的（　　　）。

9. 只考虑享受（　　　）的生活而不考虑为他人付出的想法是不对的。

10. （　　　）看到那张照片，他就会非常想念家人。

三、请将括号里的词语放在句中正确的位置，将答案写在括号内

1. A 你 B 能 C 重新回到过去，D 你最想做的事情是什么？（假若）　　（　　　）

2. 你有什么困难 A 说一说 B，我们 C 一定 D 帮助你解决。（尽管）　　（　　　）

3. A 很多年 B 没有见，李老师 C 那么 D 年轻。（依旧）　　（　　　）

4. 他不听 A 别人的意见，B 居然 C 后果 D 地做那件事。（不顾）　　（　　　）

5. 离开家乡 A 很久了，B 我 C 想念家人和朋友 D。（时时）　　（　　　）

6. 今年学校 A 新来同学的数量 B 去年的 C 两倍 D 还要多。（相当于）　　（　　　）

四、用下列词语改写句子，句子意思不变

念头　　若干　　综合　　并非　　奢华

惊叹　　合作　　假若　　口吻

1. 由于经常听爸爸说有关国外的事情，他渐渐地产生出国读书的想法。

改成：＿＿＿＿＿＿＿＿＿＿＿＿＿＿＿＿＿＿＿＿＿＿＿＿＿＿＿

2. 他用一种不礼貌的语气对那位老奶奶说话。

改成：＿＿＿＿＿＿＿＿＿＿＿＿＿＿＿＿＿＿＿＿＿＿＿＿＿＿＿

3. 这女孩不仅汉语好，而且英语、西班牙语、日语、泰语都很厉害，令人赞叹！

改成：＿＿＿＿＿＿＿＿＿＿＿＿＿＿＿＿＿＿＿＿＿＿＿＿＿＿＿

4. 如果我有钱，我也把它捐到山区的学校去。

改成：＿＿＿＿＿＿＿＿＿＿＿＿＿＿＿＿＿＿＿＿＿＿＿＿＿＿＿

5. 这次大会要讨论的问题有好几个。

改成：＿＿＿＿＿＿＿＿＿＿＿＿＿＿＿＿＿＿＿＿＿＿＿＿＿＿＿

6. 这篇报告有你的意见，有他的意见，也有班上其他同学的意见。

改成：＿＿＿＿＿＿＿＿＿＿＿＿＿＿＿＿＿＿＿＿＿＿＿＿＿＿＿

7. 这件事情并不是他的错，所以不要再怪他了。

改成：＿＿＿＿＿＿＿＿＿＿＿＿＿＿＿＿＿＿＿＿＿＿＿＿＿＿＿

8. 她的汉语口语进步很快，一个很重要的方法就是经常和其他人一起练习。

改成：＿＿＿＿＿＿＿＿＿＿＿＿＿＿＿＿＿＿＿＿＿＿＿＿＿

9. 他很会享受，吃好的，穿好的，用好的，十分讲究。

改成：＿＿＿＿＿＿＿＿＿＿＿＿＿＿＿＿＿＿＿＿＿＿＿＿＿

五、用括号中的词语，将下列每组的两个句子合并成一个完整的句子

①复习的时候我很认真地回忆老师讲过的知识。 （怎么也）
②可是我回忆不起来。

＿＿＿＿＿＿＿＿＿＿＿＿＿＿＿＿＿＿＿＿＿＿＿＿＿＿＿＿

③朋友说那家店的衣服质量很好。 （还真）
④有一天，我发现那家店的衣服质量确实不错。

＿＿＿＿＿＿＿＿＿＿＿＿＿＿＿＿＿＿＿＿＿＿＿＿＿＿＿＿

⑤大家都帮助这位迷路的小男孩。 （在……下）
⑥最后小男孩找到了他的妈妈。

＿＿＿＿＿＿＿＿＿＿＿＿＿＿＿＿＿＿＿＿＿＿＿＿＿＿＿＿

六、熟练背诵下列语段

1. 一个美国青年，在中国得到了人世间最珍贵的东西，那就是人们对自己的敬重。

2. 只有教师们获得提高，学生们才可能有璀璨的未来。

3. 如果每个人都向往享受奢华的生活，而没有人愿意付出，那么世界上绝大部分人都难以过上优越的生活。生活都必须是有意义的，而他现在做的是自己喜欢的事情，这是一种自我的满足。

七、阅读练习

中国女孩感受的中美两国教育

翘翘的马尾辫，充满青春气息的穿着，阳光般灿烂的笑脸，眼前的张驰和每个刚刚拿到录取通知书的孩子一样，眼睛里充满了轻松和愉快。让人怎么也想象不出，这位可爱的"邻家女孩"在同学眼中是个很有 传(chuán) 奇色彩的人物。

张驰在北京上的小学，后随父母到美国读了初中，刚上到九年级时又因父母工作的

原因回到了中国。

张驰并没有在北京继续上高中，而是到了号称"高考集中营"的河北省一所县中
学度过了三年 封 闭式的高中生活，并且参加了今年的高考。

fēng

这样的经历在同龄人中已经算得上传奇了，更让身边人惊奇的是，刚回国的张驰除
了英语比别人学得好以外，其他学科成绩都不怎么样，数学只能考 20 多分，但是三年
后，张驰的学习成绩已经攀 升 到全年级第二，最后的高考成绩是 586 分。

pān shēng

有人说，中国的学生学习负担太重了，中国的高考太摧 残 人，中国的教育把学生

cuī cán
都变成了考试机器。对于从轻松自由的美国回来的张驰来说，这样的感触是不是更强
烈？但是当问到张驰怎么看待自己的经历时，她却说："我不后悔回国度过的这艰苦的
三年，这三年让我明白了很多道理，也长大了很多。"

在美国，每个学生都会被称赞，但一切都得靠自己。

"初中三年的学习真的非常轻松"，张驰说出了很多人对美国教育的印象。

"在美国，得全 A 或 A 比较多的学生会被学校奖励看电影"，张驰介绍，三年中这
样的奖励她经历过几次。

张驰应该算班里学习好的。但在美国，张驰并没有像在中国学校那样，因此被人另
眼相看。"人们不会因为你学习成绩的好坏决定是否跟你交朋友。"张驰说，"相反，人
们会觉得只会学习的人是怪人，同学们会疏 远他。"

shū

在美国校园里最"风光"的是球队的队员和拉拉队队员，"每个男孩都期 盼 自己

pàn
能成为球队的一员，每个女孩都希望自己能穿上啦啦队的队服"，张驰说。

当然，在美国上学也有各种各样的考试，每学期结束的时候，学校会把学生的学习
成绩寄到家里。所以，每个人的成绩只有自己知道，同学间不会相互比较。

"不比较，并不是说学习成绩不重要，只是学习成绩不是唯一重要的。"张驰说，
在美国上学受表扬是家常 便 饭，有的人是因为问题回答得精彩，有的人是因为讲了很

biàn
棒的故事，有的人是因为帮助了别人，有的人则可能因为换了漂亮的发型。

于是，在美国的学校里，学生看起来十分轻松自在。每个人都可以做自己喜欢做的
事情，因为"无论你做什么，都有可能得到肯定"。

"不过这种轻松并不是绝对的"，张驰介绍，同样的作业有些学生几天就能完成，
有些学生则要忙上半个月、一个月。美国学校的作业很少有对错之分，每个学生的想法

都会被认为是有道理的。老师也不会督 促学生学习，当然更不会强迫学生学习，"正因
如此，在美国要想做出成绩要完全靠自己"。

    一次历史课上，老师给学生布置的作业是，通过阅读资料来介绍"美西战争"（美
国和西班牙之间的战争），这种作业在中国的历史课堂上也非常常见。但查过资料后张
驰发现，各种书上对美西战争的介绍有很大的不同，就连最关键的要素：到底是谁先发
动的战争，都没有统一的意见。这让张驰多少有些意外。张驰说："在中国的课堂上，
老师让我们学习的通常都是有定论的、有普遍认可结果的知识，这种怎么也找不到标准
答案的作业多少让我有些不适应。"交作业的时候，同学们的答案五花八门，只要是能
讲得通的答案，老师都会给予褒 奖 。

    "学生完成一份作业并不难，但是要想很好地完成一份作业其实挺难的。"张驰说，
美国学校更注重的是培养学生运用知识解决问题的能力，作业完成得怎么样完全取决于
学生的阅读量。"所以，学生想取得好成绩就需要自己大量阅读相关资料，不想努力的
话，成绩也不会很差。"不管在中国还是美国要想成功都必须付出努力。

    "我一直想让张驰明白，在中国也好，在美国也好，要想成功必须通过自己的努
力。"张先生说，"在美国接受的教育对张驰来说会终身受益，它让张驰学会了独立思
考；中国的教育让张驰迅速成熟起来，而且给了她最艰苦的磨炼。"张先生这样评析中
美两国的教育对女儿的影响。

    其实，如何评价两国的教育对张先生来说已经不重要了，因为他知道任何一种教育
制度都有好的一面，也有不太好的一面。重要的是让孩子拥有取舍的能力，让孩子学会
如何取得成功。

（作者：樊未晨　来源：新华网　有删改）

阅读理解

1. 张驰因为什么原因回到中国的学校读书？（　　　）

  A. 不喜欢在美国　　　　　　　　B. 父母工作

  C. 很想回中国　　　　　　　　　D. 在美国学校学习不好

2. 课文中关于中国教育讨论，下面哪种说法是不符合原文题意的？（　　　）

  A. 中国的高考很折磨人　　　　　B. 中国学生学习压力很大

C. 中国教育不会有进步　　　　　D. 中国的学生只会考试

3. 在美国学校，很多情况都会受到表扬。下列哪种情况是文中没有提及的？（　　）

A. 帮助别人　　　　　　　　　B. 讲故事讲得好

C. 完成作业非常棒　　　　　　D. 学习成绩好

4. 从一次"美西战争"的历史作业中，我们可以看出中美教育的差异，在于（　　）。

A. 中国大部分课堂作业没有标准答案，美国反之

B. 中国和美国大部分课堂作业都有标准答案

C. 中国大部分课堂作业有标准答案，美国没有

D. 中国和美国大部分课堂作业都没有标准答案

5. 中美教育的相同点是什么？（　　）

A. 都注重培养学生解决问题的能力　B. 注意加强学生要努力的意识

C. 注重培养学生的思维方式　　　　D. 注重培养学生的学习方法

6. 中美两国的教育相比较，哪一个更优越？（　　）

A. 中国教育更优越　　　　　　B. 美国教育更优越

C. 两者同样优越　　　　　　　D. 难分高下

八、课堂分享会

回家查看相关资料，可以是你听到的、看到的有关中外教育的故事，也可以是相关视频、音频、报刊、书籍上的介绍，下次在课堂上每人做一个五到七分钟的分享。

九、写作

请同学们回去欣赏电影《一个都不能少》，看完之后写 500～800 字的读后感。

十、猜词游戏

1. "背对背快速读词"小比赛：将全班分成两组，每组派一个代表上台，进行"背对背快速读词"的小比赛。双方背对着，各自拿一叠写有本课课文生词的卡片（生词卡片数量相等，词语相同，只是词语出现的顺序不同）。教师数"一二三，开始"，两组代表展示自己手里的生词卡片，迅速转身，读出对方手里展示的卡片生词，谁又快又准确地将对方的词读出来，该组即加一分。同样的方法继续下一张卡片，如此循环，直到所有的生词卡片读完为止。最后分数最高者胜出，教师可以给适当的奖励。

2. 每个小组派两个代表上台，一人动作演示或者口头解释词语意思（但是解释词语意思不可以含所猜的词语），组内其他人负责猜词，10 个词为一轮。看哪组在规定时间内猜出的词最多，可以得到适当的奖励。

第九课

课前准备

1. 你觉得父母对子女的爱表现在哪些方面？
2. 子女的哪些行为可以体现他们对父母的爱？

课文

爱的回音壁

现今中年以下的夫妻，多数都只有一个孩子。对孩子的关爱之心，大概达到了中国有史以来的最高值。家的感情好像个苹果，若兄弟姐妹多了，就会分成好几瓣给各人分享。若只有一个孩子，他/她便独享父母全部的爱了。

在前所未有[1]的爱意中浸泡[2]的孩子，是否会感到莫大的幸福呢？我好奇地问过孩子。没想到，孩子们撇着嘴说："不，我没觉着我爸妈有多爱我啊。"

孩子们的答案令我大吃一惊，我向孩子们循循善诱[3]

回音壁：可以将声音反弹回来的墙壁。

若……，便……：如果……就。
例：做错事情若不及时道歉，便会给人留下不好的印象。

167

道："你看，妈妈工作那么忙，还要给你洗衣做饭。爸爸在外面辛辛苦苦、挣钱养家，多不容易！他们多么爱你们啊。"

谁让……呢：反问句，用于解释原因。

例：他考试没考好，谁让他不好好学习呢？

孩子们却很漠然[4]地说："那算什么呀！谁让他们当爸爸妈妈呢？也不能白当啊，那些事是他们应该做的。我以后当了爸爸妈妈也会这样。这难道就是爱吗？爱也太平常了吧！"

我震住[5]了。一个不懂得爱的孩子，就像不会呼吸的鱼，出了家庭的水箱，在干燥的社会上，他不爱别人，

必将：一定会。

例：污染环境～给人类带来灾难。

我们的目标～实现。

焦渴：非常口渴。

也不爱自己，那必将焦渴（jiāo）而死。

可是，究竟怎样让由你一手哺育[6]长大的孩子懂得什么是爱呢？

从孩子的眼睛接受第一缕光线时，就已被无微不至[7]的呵护[8]包绕，他们早已对关照体贴熟视无睹[9]了。生物学上有一条规律[10]，当某种物质过于浓烈[11]时，对它的感觉会迅速迟钝[12]麻痹。

动词＋于……："于"相当于"在"。

例：北京位于中国的北方。

购物广场位于市中心。

命题：题目。

寒霜：寒冷的冰霜。

离异：离婚。

早逝：过早去世。

如果把爱定位于关怀、照料，那么，随着孩子年龄的增长，对他的看顾、照料逐渐减少，孩子就会抱怨爱的衰减[13]。"爱就是照料"这个简陋[14]的命题，把许多成人和孩子一同领入了误区[15]。

寒霜（shuāng）陡[16]降也能使人感悟幸福，比如父母离异或是早逝。但灾变未免太过残酷[17]。孩子虽然在追忆[18]中可能明白什么是被爱，那却是一间正常人家不愿走进的课堂。

降生：出生。

甘霖：久旱以后所下的雨。

平衡：（收入和支出）数量相同。

账簿：记录钱、货物出入的本子。

孩子降生于人间后，原本应该一手承接[19]爱的乳汁，一手播洒爱的甘霖（gān lín），爱应该是一本收支[20]平衡（héng zhàng）的账簿（bù）。可惜从一开始，成人就迅速倾注[21]了所有的爱，把孩子的一只手塞得太满。若全是接受、收入，却没有付出、

淤积：沉积在某处。

腐朽：东西变坏变质。

支出，爱沉淀[22]着，淤积（yū jī）着，从神奇逐渐化为腐朽（fǔ xiǔ），反

而让孩子无法感受到别人的爱。

我又问一群孩子，那你们什么时候感到别人是爱你的呢？

我没指望[23]得到像样的回答。一个成人都争执[24]不休的问题，孩子能懂多少？没想到孩子的答案却清楚而又坚定。

"我帮妈妈买醋。她看我没打破瓶子，也没洒了醋，就说'闺女能帮妈干活了。我特高兴！'从那会儿起，我知道她是爱我的。"翘翘辫女孩说。

"我爸下班回来，我给他倒了一杯水，因为我刚在幼儿园里学了一首歌，歌词里说的是给妈妈倒水，可我妈还没回来呢，我就先给我爸倒了。我爸只说了一句'好儿子！'就流泪了。从那次起，我知道他是爱我的。"光头小男孩说。

"我给我奶奶耳朵上夹了一朵花，要是别人，她才不让呢，马上就得揪下来。可我插的，她一直带着，见人就说，'看，这是我孙女打扮我呢'。我知道她是爱我的。"另一个女孩说。

我大大地惊异[25]了。惊讶孩子们提到的这些事的碎小(suì)，更感动于他们谈论时的郑重神气和结论[26]的斩钉(zhǎn dīng)截铁(jié tiě)。

爱与被爱高度[27]简化[28]了，统一了。孩子在被他人需要时，感受到了一个幼小生命的意义。成人注视并强调[29]了这种价值[30]，他们就感悟[31]到了深深的爱意，在尝试[32]给予的时候，他们懂得了什么是接受。爱是一面辽阔光(liáo kuò)滑的回音壁，微小的爱意反复回响着，变成巨大的轰鸣(hōng míng)。当孩子们付出的爱被隆重[33]接受并珍藏时，他们终于强烈地感觉到了被爱的尊贵[34]与神圣[35]。

像样：有一定的水平。

不休：不停止。

……而又……：表示事物同时具备两方面的性质。

例：他聪明而又善良。

她美丽而又大方。

光头：理光头发的头。

要是 N₁，才……呢，可 N₂，……：表示对比，突出后者。

例：要是他去了，我才不想去呢，可你去了，弄得我也想一起去。

碎小：零碎短小。

斩钉截铁：形容说话办事坚决，毫不犹像。

辽阔：广阔、宽广。

轰鸣：轰隆轰隆的巨大声音。

双重：两层；两方面的。

被太多的爱压得麻木[36]，腾不出左手的孩子，只得用右手，完成给予爱和领悟[37]爱的双重任务。

天下的父母们，如果你爱你的孩子，一定要让他从力所能及[38]的时候，开始爱你和周围的人。这绝非成人的自私，而是为孩子一生着想的远见。不要抱怨孩子天生无爱，爱与被爱是长期磨炼[39]成的本领，就像走路一样，需要反复练习，才会举步如飞。如果把孩子浸泡在无边无际[40]的爱里，早早剥夺[41]了他感知爱和给予爱的能力，养育出一个爱的低能儿，即使不算弥天大错，也是成人权力的滥施。

为……着想：为某人或者某事的利益考虑。
例：父母总是为了孩子着想。

举步如飞：形容走得快。

感知：感觉。

低能儿：能力低的人。

弥天（大错）：非常大的（错误）。

在爱他人之中领略[42]被爱，会有加倍的丰收[43]。孩子渐渐长大，一个爱自己爱世界爱人类也爱自然的青年，便喷薄欲出了。

喷薄（欲出）：形容水涌起或太阳初升的样子。

（作者：毕淑敏 来源：http：//yuwen.chazidian.com/yuedu12207/ 略有改动）

生词

前所未有[1]	qiánsuǒwèiyǒu		历史上从来没有过的。
			例：男朋友向她求婚的时候，她感到 ~ 的幸福。
浸泡[2]	jìnpào	动	泡在液体里。
			例：洗衣服前要先 ~ 衣服。
			孩子 ~ 在父母的爱里。
循循善诱[3]	xúnxún-shànyòu		善于一步一步地引导别人学习。
			例：在老师的 ~ 下，我们终于明白怎么做了。
漠然[4]	mòrán	形	不关心、不在意的样子。
			例：面对环境污染的问题，我们不能 ~ 对待。
			他总是对别人很 ~，不热情。
			【近】冷漠

| 震住[5] | zhènzhù | 动 | 因大吃一惊而愣住。 |

例：看到父亲居然给儿子下跪，我们都被眼前的一幕给~了。

| 哺育[6] | bǔyù | 动 | 喂养、教育。 |

例：妈妈~儿女。

| 无微不至[7] | wúwēi-bùzhì | | 每个细微的地方都考虑到了，形容待人非常细心周到。 |

例：父母对孩子的照顾~。

| 呵护[8] | hēhù | 动 | 爱护、保护。 |

例：~儿童

父母愿意做一切事情来~孩子的健康成长。

【近】保护；爱护

| 熟视无睹[9] | shúshì-wúdǔ | | 虽然经常看见，还跟没看见一样，指对客观事物不关心。 |

例：对于破坏环境的行为，我们不能~。

【近】视而不见

| 规律[10] | guīlǜ | 名 | 在某条件下重复出现的事物之间的联系。 |

例：一条~　有~　遵照~　按照~

四季变化很有~。

我们的作息时间要有~。

| 浓烈[11] | nóngliè | 形 | 浓重强烈。 |

例：~的爱

花儿发出~的香气。

| 迟钝[12] | chídùn | 形 | （感官、思想、行动等）反应慢，不灵敏。 |

例：感觉~　反应~

【反】敏感

| 衰减[13] | shuāijiǎn | 动 | 减弱、减退。 |

例：功能~

人老了，精力会慢慢~。

| 简陋[14] | jiǎnlòu | 形 | （房屋、东西等）简单、不完备。 |

例：这个房间很~，连卫生间都没有。

【近】简单

误区[15]	wùqū	名	较长时间形成的某种错误认识或错误做法。
			例：认为不吃早餐就能够减肥是个认识~。
陡[16]	dǒu	副	突然、很快地。
			例：听到这个坏消息后，他面色~变。
残酷[17]	cánkù	形	凶狠冷酷。
			例：~无情
			这部电影里战争的场面太~了。
			他面试了二十几家公司都被拒绝了，让他觉得社会很~。
追忆[18]	zhuīyì	动	回忆。
			例：爷爷很喜欢~年轻时发生的事儿。
			【近】回忆
承接[19]	chéngjiē	动	①用东西接住流下来的液体。
			例：孩子总喜欢用手~雨水。
			②接受。
			例：~广告生意
收支[20]	shōuzhī	名	收入和支出。
			例：公司的~平衡。
倾注[21]	qīngzhù	动	①由上而下地流入。
			例：泉水~入小河。
			一股泉水~到深潭里。
			②（感情、力量等）集中到一个目标上。
			例：母亲的爱~在儿女身上。
沉淀[22]	chéndiàn	动	①溶液中难溶解的固体物质从溶液中析出。
			例：这里的水质不好，要先~一下才能喝。
			②比喻凝聚，积累。
			例：情感需要~，才能写出好的作品。
指望[23]	zhǐ·wàng	动	①很期待，很盼望。
		名	②可能实现的良好愿望。
			例：有~ 没~
			他~别人能给他点儿帮助。
			这次 HSK 考试取得好成绩是没~了。

			【近】希望；盼望
争执[24]	zhēngzhí	动	争论中坚持自己的看法。
			例：~不下　发生~
			【近】争吵
惊异[25]	jīngyì	形	觉得很吃惊奇怪。
			例：他的回答令人~。
结论[26]	jiélùn	名	对人或者事情最后的看法或者总结。
			例：得出~
			【近】结果
高度[27]	gāodù	形	程度很高的。
			例：~重视　~的学习热情
简化[28]	jiǎnhuà	动	把复杂的变成简单的。
			例：~工作　~设计
强调[29]	qiángdiào	动	特别着重或者着重提出。
			例：他多次~了这件事的重要性。
			老师反复~考试不能作弊。
价值[30]	jiàzhí	名	用途或者好的作用。
			例：人生~　这些书的~不大。
感悟[31]	gǎnwù	动	有所感觉而有新的认识。
			例：人生~
			再一次看这本书，他又有了新的~。
			【近】感受
尝试[32]	chángshì	动	试着去做。
			例：为了解决这个问题，他们~过很多方法。
隆重[33]	lóngzhòng	形	盛大庄重。
			例：会议很~　~召开
			他们在中国受到~的接待。
尊贵[34]	zūnguì	形	值得尊敬的、高贵的。
			例：~的客人
神圣[35]	shénshèng	形	特别崇高而庄重的。
			例：医生是份~的职业。
麻木[36]	mámù	形	①身体某部分发麻以至没有感觉。

例：全身~　手脚~

②比喻思想不敏锐，反应迟钝。

例：他感受不到爱和恨，他的感情很~。

| 领悟[37] | lǐngwù | 动 | 领会、理解。 |

例：他的年纪太小了，还~不了爷爷的话。

【近】领会；感悟

| 力所能及[38] | lìsuǒnéngjí | | 自己的能力所能办到的。 |

例：父母可以让孩子做些~的家务。

| 磨炼[39] | móliàn | 动 | 在艰难困苦的环境中锻炼。 |

例：~意志

一个人在外~了几年，他成熟了许多。

【近】锻炼

| 无边无际[40] | wúbiān-wújì | | 没有边际，形容范围非常广阔。 |

例：~的海洋　天空~

| 剥夺[41] | bōduó | 动 | 强制夺取，多指看不见的、抽象的事物。 |

例：~自由

每个人都不应该~他们学习的权利。

| 领略[42] | lǐnglüè | 动 | 了解事物的情况，进而认识它的意义，或者辨别它的滋味。 |

例：~自然风光　~不同的风味

【近】感受

| 丰收[43] | fēngshōu | 动 | 收成好；收获很多。 |

例：人们希望秋天的时候能有个大~。

谈一谈

1. 在前所未有的爱中浸泡的孩子为什么不觉得自己是幸福的？

2. 你如何理解这句话"一个不懂得爱的孩子，就像不会呼吸的鱼，出了家庭的水箱，在干燥的社会上，他不爱别人，也不爱自己，那必将焦渴而死"。

3. "爱就是照料"这个命题会把许多成人和孩子一同领入怎样的误区？

4. 孩子在哪几件事情上感受到别人是爱自己的？

5. 为什么孩子从碎小的事情当中可以感受到爱？

6. 你觉得父母应该怎样培养孩子爱的能力？

7. 讨论（分组各选一题讨论 10 分钟，每组一人记录每人看法的关键词，一人负责汇报本组主要看法）。

（1）你觉得你父母爱你吗？你觉得父母的爱是理所当然的吗？

（2）你想要父母以什么样的方式来爱你？你想过怎样爱父母吗？

（3）你认为人生的不同阶段父母对你的爱有什么不同吗？

阅读课文

鹰爸

除夕清晨，一名来自南京市、跟随父母到美国旅行的 4 岁幼童，以他自己的独特裸跑方式在美国纽约 –13℃的暴雪[1]中迎接 2012 年中国农历新年。近日，这段视频被孩子的家人放到网上，4 岁裸跑弟迅速引来了网民的关注，爆红[2]网络，短短几天视频的点击率高达 26 万多。

对 4 岁裸跑弟父亲的这种做法及其极限性教育方式，网民议论纷纷，褒贬不一。

有七八成的网友都表示对小男孩的同情[3]，反对其父亲的做法。有位网友说："刚看了孩子的裸跑视频，简直心疼死了！因为我也有差不多大的孩子。我知道他爱孩子并有自己的一套教育方法和原则[4]。可这种极端[5]的方式以后还是别做了吧。训练意志和锻炼[6]身体有无数种方式，哪怕你给他少穿点都可以理解，但在孩子冻到难以忍受的情况下还要他笑，笑的样子真的让人心疼死了！"

"我反复看了视频，听到孩子在哀求父亲，想要爸爸、妈妈抱抱，没想到，爸爸、妈妈都让孩子跑，然后

以……方式：用……方法。
例：他想要以自己的方式来解决问题。

裸跑：没穿衣服跑步。

点击率：指网站页面上某一内容被点击的次数与被显示次数之比。

议论纷纷：形容意见不一，议论很多。

褒贬：好的与坏的评价。

成：十分之一叫一成。

网友：对互联网使用者的一种友好称呼方式。

哪怕……都：即使……也。
例：哪怕只睡一个小时都比熬夜好。

趴：身体向前靠在物体上。

未成年：法律上指 18 周岁以下。

部门：组成某一整体的部分或单位。

取缔：取消或禁止。

早产儿：提前出生的婴儿。

魔鬼：鬼怪。"魔鬼训练"指一种非常严厉、强度非常大的训练方式。

当下：目前。

后遗症：病后遗留下的一些症状。

殆尽：差不多没有。

情商：指人的情绪品质和对社会的适应能力。与智商相对。

以……而：因为某事怎样或有某种结果。

例：中国以长城而闻名于世。

殊不知…：竟不知道。

例：都知道运动有益健康，殊不知运动过度会损害健康。

唯有：只有。

磨砺：在艰苦困难的环境中锻炼。

亦：也。

放手：松开手，比喻解除顾虑或限制。

pā
趴下。这就算极限训练？他们是孩子的亲爹亲妈吗？作为 4 岁孩子的母亲，看得我心都疼。"一位有 4 岁孩子的家长林晓晓女士略显气愤地说道。而且，她还建议有关

dì
未成年人保护部门对此事进行调查[7]，强烈要求取缔这种家长的监护权。

孩子的父亲何先生则表示："我从不强迫[8]孩子，对他的训练都是在鼓励、引导和沟通[9]中来做的。这雪地裸跑，是在 30 分钟的雪中穿衣慢跑后，与他沟通，他同意了才开始进行的，也对他进行了很详细的说明，包括冷的程度。强迫不会成事的。俗话说：强扭的瓜不甜！强按头的牛依然不喝水！所以，尊重孩子意愿[10]，好好引导，是没问题的。"

其实，裸跑弟是早产儿。在他四年的成长中，两年前就开始了这种常人难以理解的"极限训练"，不单是雪中裸跑，每天 3 公里的快走慢跑、被父亲从六层楼高的滑

mó guǐ
雪场一脚踹下去等，都可说是"魔鬼训练"。而当下的

yí zhèng
结果显然是喜大于忧的，早产可能带来的后遗 症 消除

dài
殆尽，智商[11]情商充分发展。

网友寒江孤影说："朋友们别大惊小怪[12]，日本早在若干年前就有一些幼儿园在大冬天让孩子用毛巾擦身子，那些吃惊的人都是些没有见识，自己不敢吃苦[13]，也不愿意让孩子吃苦的人。"

还有人认为：中国家长向来[14]以"爱护"孩子而出

shū
名，对孩子嘘寒问暖[15]，照顾得无微不至。殊 不知这样的爱不是真正的爱，而是溺爱[16]。温室[17]里的花朵经不起

wéi   mó lì
风雨，唯有在大自然的磨 砺中才能变得坚强与伟岸，孩

yì
子亦如此。家长只有学会放手，让孩子在大自然中学习、

适应，才能培养孩子健康的体魄^{pò}、坚强的意志、独立的个性以及足够的社会适应能力。

其实，以极端方式来为孩子去除[18]生理隐患[19]的，鹰爸并不是第一个。200多年前，德国有一个著名的父亲老卡尔，他的儿子威特早产，出生后被医生认为可能是痴^{chī}呆儿。老卡尔便是用几乎接近极限的方式挖掘[20]了儿子的潜^{qián}能，威特后来成为德国历史上著名的天才、学术大家。父亲老卡尔后来将威特14岁之前的成长历程[21]写成了《卡尔威特的教育》，成为后来风靡[22]世界的早期教育的开山之作。

老卡尔的做法，后来被现代心理学印证^{yìn zhèng}。孩子出生后的一段时期，给予充分而科学的感知觉刺激，会促进大脑中枢^{shū}的良性[23]发展。这个理论，也成为发展心理学各流派的核心理论。

鹰爸的做法，比老卡尔来得更惊险[24]。不过，从新闻细节来看，鹰爸并非一时冲动[25]，心血来潮^{cháo}。那些看似骇人^{hài}的方式，前提[26]都是确保[27]了孩子安全，而那些不可思议[28]的场面，都以"循序渐进[29]"为前提，因此，大体[30]上说，鹰爸的做法还算科学。

法国著名教育家卢梭认为："孩子一生下来就已经是个学生，不过他不是老师的学生，而是大自然的学生。"他认为无论夏天或冬天都要用冷水甚至冰水给孩子洗澡，以期[31]让孩子的体质变得越来越强壮。苏霍姆林斯基则坚持认为夏天以及春秋两季较暖和的月份里让孩子们完全在室外睡觉。这些看似对孩子的苛刻要求，却正是提高孩子身体素质，培养孩子健康体魄的科学方式。

韩国中小学生冬日赤膊^{chì bó}训练，通过极其艰苦的训练，

体魄：体格和精力。

痴呆儿：智商偏低的孩子。

潜能：现在看不到的但存在的能力。

学术：有系统的、专门的学问。

开山（之作）：最初、最开始的（作品）。

心理学：研究心理现象的学科。

印证：证明与事实相符。

中枢：神经系统的主要部分。

流派：指学术思想或文艺创作方面的派别。

心血来潮：突然产生某种想法。

骇人：使人非常吃惊（常是不好的事情）。

赤膊：光着上身。

以求从精神和肉体两方面增强自己的能力。在日本东京的一家幼儿园，小朋友们在操场上用干毛巾摩擦身体。这家幼儿园的400多名小朋友每天都会以这种方式在寒冬里锻炼身体，以增强抗寒能力。

"鹰爸教育"本质上亦是一种人性教育，更是一种爱心教育，这是一种超越溺爱的大爱。在中国家长普遍溺爱成风，中国孩子体质日益下降的今天，这样的"鹰式教育"尤为重要，值得从中借鉴[32]与学习。

尤为：多用在两个字的形容词前，表示"更"。

（作者：张侃　来源：http://xinli.youth.cn/zxlm/xlhjy/2012/0830/12396.shtml 《裸跑弟的成长，细数鹰爸教育得失》有改动）

生词

暴雪[1]	bàoxuě	名	很大的雪。
			例：~要来了，不要出去玩儿了。
爆红[2]	bàohóng	形	引起很大的关注。
			例：他因为上了一个有名的节目而~。
同情[3]	tóngqíng	动	对于别人的遭遇在感情上产生理解。
			例：~心　~别人
			我很~她的遭遇。
原则[4]	yuánzé	名	说话或行事所依据的标准。
			例：坚持~　基本~
			他做事情很有自己的~。
极端[5]	jíduān	名	①事物顺着某个发展方向达到的顶点。
			例：看事情要全面，不要走~。
		形	②太过绝对。
			例：这种观点太~。
锻炼[6]	duànliàn	动	通过体育运动使身体强壮。
			例：~身体　体育~
			【近】磨炼
调查[7]	diàochá	动	为了了解情况进行考察（多指到现场）。

			例：事情应该认真~后再处理。
强迫[8]	qiǎngpò	动	施加压力让别人服从。
			例：他不愿意去就别~他了。
			不应该~别人接受自己的看法。
沟通[9]	gōutōng	动/名	交流；使两个方向的能通连。
			例：与人~ ~东西方文化
			【近】交流
意愿[10]	yìyuàn	名	想法、愿望、心愿。
			例：我们要尊重别人的~。
			【近】愿望；心愿
智商[11]	zhìshāng	名	智力商数，个人智力水平的数量化指标（IQ）。
			例：~高/低
			一般人的~都差不多。
大惊小怪[12]	dàjīng-xiǎoguài		对于不足为奇的事情过分惊讶。
			例：对平常事，有什么好~的？
			他经常迟到旷课，有什么好~的？
吃苦[13]	chīkǔ	动	经受艰苦。
			例：他在外国找工作的时候吃了很多苦。
向来[14]	xiànglái	副	一直以来。
			例：他~都不喜欢做运动。
			【近】一直；从来
嘘寒问暖[15]	xūhán-wènnuǎn		形容对别人的生活十分关心。
			例：父母对孩子总是~的。
溺爱[16]	nì'ài	动	过分宠爱（自己的孩子）。
			例：~孩子对孩子并不好。
温室[17]	wēnshì	名	为花草树木而做的温暖房子。
			例：被父母溺爱的孩子像~里的花朵。
去除[18]	qùchú	动	除掉不好的气味等。
			例：他想~房子里奇怪的气味。
隐患[19]	yǐnhuàn	名	藏着的、看不见的危险。
			例：消除~ 安全~
挖掘[20]	wājué	动	挖；发掘。

例：～地下的财富　　～个人潜力

| 历程[21] | lìchéng | 名 | 经历的过程。 |

例：成长～

【近】经历；过程

| 风靡[22] | fēngmí | 动 | 形容事物很流行。 |

例：～一时　　～世界

这首歌～世界/一时。

【近】流行；风行

| 良性[23] | liángxìng | 形 | 能产生好结果的。 |

例：好的竞争有利于～发展。

| 惊险[24] | jīngxiǎn | 形 | （场面、情景）危险，使人惊奇紧张。 |

例：玩过山车是一种～的游乐项目。

【近】危险

| 冲动[25] | chōngdòng | 形 | 情感特别强烈，不能理性地控制自己。 |

例：他做事很～，做完后常常后悔。

遇事别～，先冷静然后再做决定。

【反】冷静

| 前提[26] | qiántí | 名 | 事物发生或发展的条件。 |

例：努力学习是取得好成绩的～。

【近】条件

| 确保[27] | quèbǎo | 动 | 尽最大可能地保持或者保证。 |

例：过马路的时候要～交通安全。

【近】保证

| 不可思议[28] | bùkě-sīyì | | 不可想象，不能理解。 |

例：没见他平时多努力，却考过了 HSK 六级，真让人～。

| 循序渐进[29] | xúnxù-jiànjìn | | （学习、工作）按照一定的步骤或顺序来做。 |

例：做事情不应该急，而要～。

学习要～，不能一下子就成功。

| 大体（上）[30] | dàtǐ（shàng） | 副 | 就大多数情形或主要方面来说。 |

例：我们的看法虽然有点不一样，但～是相同的。

以期[31]	yǐqī	连	用在下半句话的开头，表示前半句行为所希望达到的目的。
			例：他学习到深夜，~有个好的考试成绩。
			【近】希望；期望
借鉴[32]	jièjiàn	动	跟别的人或事比较，吸收别人的优点或吸取教训。
			例：小李的汉语很好，我们可以~他的学习方法。
			【近】参考；引用

词语辨析

1. 感悟　感受

相同：

都有通过一些事情得到一些体会的意思。

例：（1）经过这件事才感悟/感受了人生的道理。

　　（2）在新的班级，我感受到了大家的关心。

不同：

"感悟"强调心里的感受和体会，常指感觉并明白了某种道理。

"感受"是人对一切外部的反应，包括心理感受和身体感受等。

例：（1）自己当了妈妈后才感悟/感受到当父母的不易。

　　（2）她从大家的帮助中感受到了人间的爱。（×感悟）

　　（3）这几天天气异常，我才真正感受了寒冷的滋味。（×感悟）

"感悟"是动词；"感受"是动词和名词。

例：（1）每个人从困难中感悟到的道理是不一样的。（动词）

　　（2）我感受到了大家的热情。（动词）

　　（3）丽丽总是觉得别人不能理解她的感受。（名词）

搭配：

感悟：~爱/~人生/~道理

感受：~爱/~温暖/~寒冷

练习

（1）经历了这场大病之后，他（　　）出身体健康的重要性。

（2）在这个班里他（　　）到了同学之间的温暖。

（3）我们应该试着去理解别人的（　　）。

2. 领略　　领悟　　领会

相同：

都是动词。都指对于事物产生的看法，

例：（1）来广州我才真正地领略到什么叫粤式风味。

　　（2）我说的那些话，他好像还没有领悟过来。

　　（3）你把他的意思领会错了。

不同：

"领略" 主要指体验、欣赏、认识和尝试。对象是风景、滋味等具体事物。

"领悟" 主要指理解，弄明白。对象常是深层的含义、道理等事物。

"领会" 主要指看了事物后有所体会明白。对象常是话语、知识等。

例：（1）走！让我们去领略不同地方的风光。（×领悟/领会）

　　（2）我刚说的话，他好像还没领悟/领会过来。（×领略）

　　（3）你把他的意思领会/领悟错了。（×领略）

　　（4）今天学的知识有点难，我还没有很好地领会/领悟。（×领略）

搭配：

领略：～风景/～风光/～风味/～滋味

领悟：～含义/～道理

领会：～精神/～意思/～知识

练习：

（1）（　　）不同地方的风光有利于增长我们的知识。

（2）他的年纪太小了，还是（　　）不了爷爷话里的道理。

（3）他（　　）错了她话语的意思，所以非常生气。

篇章训练

1. 课文《鹰爸》中鹰爸对孩子的"魔鬼训练"有些人赞同，有些不赞同，请根据下面的提示词说出赞同和不赞同的原因。

不赞成的：

（1）孩子裸跑　心疼　极端　哪怕……都

（2）孩子哀求　没想到　气愤　未成年人保护　　调查　　取缔

赞成的：

（3）大惊小怪　吃苦　以……而　嘘寒问暖　溺爱

鹰爸这样做的原因：

（4）早产儿　不强迫　鼓励　裸跑　雪中穿衣慢跑　沟通　包括　意愿

2. 课文中认为对孩子进行极限训练好吗？为什么要进行极限训练？你觉得应该怎样培养孩子的体魄？请用 300～400 字的短文书面回答。

文化点滴

"中国式教学"　在英国实验显现文化差异

BBC 拍了一部纪录片，来测试"中国式教学"能不能在英国适应。

这个项目叫做"中国化的英国学校"。BBC 花半年时间筛选中国教师，然后花一个月时间在英国汉普郡的博航特中学开设"中国实验班"，不仅全天作息安排和中国学校相同，所有课程也都由中国老师来上，并且全程跟拍，最后剪辑出一部几十分钟的纪录片。

一开始，在中英媒体的报道中，已经显现出文化差别。英国媒体的报道大多写实，标题多是"中国式教育能适应英国孩子吗？"中国媒体有些主观，标题多是"中国教师赴英教学将英国学生训哭了"。英媒带着探究心理，中媒的标题则带着价值观立场。训哭英国孩子，或许显得强势，或许是对中国教育的批评。

就中英教育碰撞而言，老师们并不认同彼此的教学方式和教育理念。

英国老师认为"懒散"是自由精神的培养。参加实验的英国学生也认为，教室里很压抑，好像自己时时刻刻和其他所有同学在竞争，中国老师把学生当成"防弹海绵"。

中国老师则把英国学生的行为总结成懒散、无纪律，并且认为是"高福利制度"养出这群懒汉。英国用不同的教学大纲应对不同的学生，中国只有一个教学大纲，要么适应，要么淘汰。显然认为中国的教学法能迫使学生上进。

中英教学法孰优孰劣，没法比较，也没法得出结论。但是，这次实验可以显现很多深层次的文化差别。首先是老师和学生的地位不同。在英国，老师和学生的地位平等，各自都得负责，各有各的自由，老师的责任心不及中国强；在中国，师生地位不等同，老师因为责任超大，学生的部分自由也便不知不觉地被剥夺，学生的主观能动性（比如课堂提问）被压抑。

其次是英国学生的"懒散"，并非不求上进，也不是"高福利制度"带来的结果，而是生活方式和年龄段特征。英国的孩子，从小到大，有一个逐渐紧张的过程。十四五岁的孩子是从玩耍式学习到自觉性学习的过渡期，他们的阅读量大大超过中国学生，是根据兴趣而不是考试来指挥。大学升学考试有几十门课程供选择，而不是中国学生一样只有几门。到了大学，英国学生的学习很紧张。中国则相反，到了大学可以松口气。

再次，中英教育的目标不同。英国教育是要努力培养出不同个性和思想的人，遵守法律是最重要的品格，所从事的职业是个人选择。中国教育是要培养出相同思想、不同专业的人，考试成绩是优劣的重要评价标准，出人头地是成功的标志。

所有这些差别，导致中英两国的老师对教学方式、对学生行为的不同评价。另一个微妙的差别是，英国师生更多地看到中国老师及中国式教育的长处，而中国老师基本否定英国的教育理念和学生行为，这是视野的问题，我们得认真反思下。

（作者：陈冰　来源：《新京报》　引自凤凰网）

经典诵读

1. 爱之不以道，适所以害之也。（《资治通鉴》）

译：如果爱孩子却不以正确的方法去爱，就会害了孩子。

2. 严父出 孝子（xiào），慈母多败儿。（《增广贤文》）

译：严厉的父母能教育出孝顺的孩子，溺爱孩子的父母往往教不出好孩子。

练习

一、词语搭配

前所（　　）　　（　　）无际　　（　　）迟钝　　（　　）平衡

熟视（　　）　　（　　）不至　　（　　）价值　　（　　）争执

循循（　　）　　（　　）能及　　（　　）平衡　　（　　）自由

二、在括号内填入合适的词语使之成为完整的短文

未免　　若……便　　循循善诱　　要是……才……呢

熟视无睹　　感悟　　争执　　感受　　而又

我们家有三个孩子，小的时候兄弟姐妹之间常常发生（　　），我常常想要是自己

是家里的独生子就好了，（　　）自己是个独生子（　　）可以拥有全部的玩具和糖果，但这样想又（　　）显得自己太过自私。我把自己这样的想法告诉了妈妈，妈妈听后（　　）道："（　　）把家里全部玩的和吃的都给了你，你（　　）不会高兴（　　），有人一起玩、一起吃才有意思！"我听后清楚（　　）坚定地回答妈妈，"不会的，我一定会更高兴！"后来我们都开始在离家很远的地方上学，兄弟姐妹之间很久才能见一次，我很怀念一家人在一起的时光。那时我才终于慢慢（　　）到了妈妈说过的话：如果对于家人在一起时的彼此关爱一直（　　），就无法深刻地（　　）到家庭的幸福。

三、完成对话

1. 面对众多的竞争者，他感到＿＿＿＿＿＿＿＿＿＿。（前所未有）
2. 在孩子遇到问题时，好的父母＿＿＿＿＿＿＿＿＿＿。（循循善诱）
3. 对于同一件事情，每个人的＿＿＿＿＿＿＿＿＿＿。（感悟）
4. ＿＿＿＿＿＿＿＿＿＿，他的身体康复得很快。（无微不至）
5. 一些孩子对父母的爱＿＿＿＿＿＿＿＿＿＿，认为一切都是应该的。（熟视无睹）
6. ＿＿＿＿＿＿＿＿＿＿，这样才能有更丰富的生活。（尝试）

四、用这些词语改写句子，句子意思不变

要是……才　　不……可　　而又　　若……便　　未免

1. 如果孩子挑食的坏习惯不改，那么会对他的健康成长不利。

改成：＿＿＿＿＿＿＿＿＿＿

2. 把所有责任都推卸给她，对她太不公平了！

改成：＿＿＿＿＿＿＿＿＿＿

3. 玛丽是个非常体贴和善良的女孩。

改成：＿＿＿＿＿＿＿＿＿＿

4. 如果跟一个不熟悉的人去旅游，我非常不愿意。但是跟好朋友，我非常乐意。

改成：＿＿＿＿＿＿＿＿＿＿

五、熟练背诵下列语段

1. 孩子降生于人间后，原本应该一手承接爱的乳汁，一手播洒爱的甘霖，爱应该是一本收支平衡的账簿。可惜从一开始，成人就迅速倾注了所有的爱，把孩子的一只手塞得太满。若全是接受、收入，却没有付出、支出，爱沉淀着，淤积着，从神奇逐渐化为腐朽，反而让孩子无法感受到别人的爱。

2. 在爱他人之中领略被爱，会有加倍的丰收。孩子渐渐长大，一个爱自己爱世界爱人类也爱自然的青年，便喷薄欲出了。

六、阅读练习

改变一生的那一分

放学已经有一会儿了，学校办公室里只剩下杜老师一个人了，忽然间，门被推开了一条非常狭窄(xiá zhǎi)的小缝，一颗小脑袋小心翼翼地探了进来。小家伙对着办公桌怯怯地叫了声："老师。"

"查分数吗？你只考了59分，全班就你一个人不及格。"杜老师尽量控制自己的音量，努力展示自己温和的一面。按照惯例(guàn lì)，每次考试结束以后，办公室的门口总是挤满了迫不及待的学生，毫无例外的，每次这个小男孩都是班里最后一个来查分数的。

"老师，能不能，能不能……"支支吾吾地说了好几遍"能不能"，小男孩才非常愧疚地抬起始终低着的头。他的脸涨得通红，用细得像丝线似的声音哆嗦着穿过杜老师的耳膜，"能不能给我的作文加一分，让我及格呢？"

"加一分？这样不太好吧！作文打分也要严格对照(duì zhào)评分标准。"杜老师为难地摇了摇头，面带歉意地对小男孩笑了笑。看到小男孩很失望很不安的样子，杜老师安慰他说："你不用太在乎分数，只要你尽力了，即使考试不及格，老师也不会骂你的。老师只是希望你以后上课的时候能够更加认真，争取期末考试的时候取得好成绩。"

"但是，但是……我妈——她会用竹(zhú)条抽我的。"小男孩的声音带着哭腔，双手习惯性地往头顶挡，就好像是竹条已经到了他的头顶。

杜老师一下沉默了，她理解父母望子成龙(wàng zǐ chéng lóng)的心情。但是，在管教孩子的问题上，根本犯不上动竹条呀。给他加上一分吗？杜老师有点儿犹豫不决，她做事向来很讲原则，可偏偏长着一颗非常柔软的心。

不经意地，她又看了小男孩一眼，正迎上他那无助的眼神。杜老师的心猛地一震——哎！归根结底(guī gēn jié dǐ)，他只是个孩子，心灵还非常稚嫩啊。

"你看这样行吗？"杜老师灵感一闪，温暖的目光笼罩着小男孩的全身，小男孩微张着嘴，灿烂如星的双眼中涌动着无尽的期盼。"我在你总成绩上给你加一分，但这一分不是送你的，而是借给你的，你必须还给我，期末考试的时候，你要给我以一还十，怎么样？"

"好的好的，期末考试的时候我一定还你。"小男孩的眼睛一下亮了起来，随后他咬了咬嘴唇，欲言又止，然后迈^{mài}开脚步，逃跑似的从办公室跑远了。他的背后，传来了杜老师柔和的声音："要好好学习，不要总是逃课去捉青蛙、摸小鱼了啊。"

从那以后，小男孩在学习上变得非常刻苦了，也没有旷过课了，上课时也专心听老师讲，作业完成得很认真。期末考试的时候，小男孩的语文竟然取得了98分的好成绩，即使被扣去应还的10分，还剩下88分。学校给他颁发了一张学习成绩进步奖的 奖^{jiǎng}状^{zhuàng}，这是小男孩上学三年以来第一次得到的奖状。小男孩紧紧地抱着奖状和奖品站在领奖台上，挨妈妈的竹条都不哭的他，此刻竟然热泪盈眶。

后来，小男孩以优异的成绩考上了重点中学，几年之后，他又以拔尖的成绩考上了名牌大学，成为村里的第一个大学生。再后来，他成了某集团的老总。每年回家乡探亲的时候，他都不忘去看望他当年的语文老师杜老师。

这是我的一位朋友的亲身经历，时至今日，当他向我们讲起这一分"高^{gāo}利^{lì}贷^{dài}"的往事时，仍然非常激动，正是杜老师当年"借"给他的那一分，彻底改变了他的一生。

（来源：水水．给我一杯幸福感 淡定的人生最幸福［M］．北京：中国经济出版社，2013：66．）

阅读理解

1. 杜老师在告诉小男孩成绩的时候为什么要尽量控制音量，努力展示温柔的一面？（　　　）

A. 她觉得做老师应该保持温柔

B. 她不希望伤害到小男孩的感情

C. 她觉得太大声小男孩会被吓到

2. 文中"小男孩才非常愧疚地抬起始终低着的头。他的脸涨得通红，用细得像丝

线似的声音哆嗦着穿过杜老师的耳膜，'能不能给我的作文加一分，让我及格呢？'"表现小男孩怎样的情感？（　　）

A. 他觉得很丢脸　　　　　B. 害羞　　　　　C. 胆怯

3. 杜老师为什么同意小男孩的要求？（　　）

A. 她觉得小男孩很无助

B. 她觉得小男孩很稚嫩

C. 她觉得管教孩子不应该用竹条

4. 小男孩挨妈妈的竹鞭都不哭，为什么语文取得了 98 分的好成绩在领奖台反而热泪盈眶？（　　）

A. 妈妈的竹条打得不疼

B. 付出终于有回报觉得很激动

C. 他明白了努力学习的重要性

5. 为什么我的朋友认为"高利贷"的事彻底改变了他的一生？（　　）

A. 他当时为了还老师的分数努力学习，后来才能考进大学

B. 在努力学习中他明白了要有丰富的收获必须要好好努力

C. 小男孩从中感悟到老师的爱和努力的重要性

6. 根据课文判断以下句子的对错，对的打"√"，错的打"×"。

（1）按照惯例，每次考试结束以后，办公室的门口总是挤满了迫不及待的学生，小男孩也是其中一个。　　　　　　　　　　　　　　　　　　　　（　　）

（2）杜老师严格对照评分标准，给小男孩加了一分。　　　　　　　（　　）

（3）杜老师答应加了一分后，小男孩迈开脚步，逃跑似的从办公室跑远了，是因为他害怕老师又不加分了。　　　　　　　　　　　　　　　　　　　（　　）

（4）小男孩拿着学校颁发的学习成绩进步奖的奖状热泪盈眶，是因为自己付出的终于有回报，也做到了他答应老师的事情。　　　　　　　　　　　　　（　　）

（5）"高利贷"的事对小男孩的一生产生了影响。　　　　　　　　（　　）

七、小组活动

以 3～5 个同学为一组，分享一下父母对自己的爱及爱的表现方式，并且讨论一下自己希望得到怎样的爱。之后每小组代表总结该小组的看法。

八、写作

通过互联网查找并阅读被称为"虎妈"的美国华裔教授教育自己女儿的事例。写

一篇500字左右的短文，说说你是否赞同虎妈的做法并说明理由。

九、猜词游戏

全班分为2组或者2人一组，对以下36个生词进行猜词游戏。

呵护、熟视无睹、规律、浓烈、迟钝、定位、衰减、简陋、误区、陡、残酷、追忆、承接、播撒、收支、倾注、沉淀、指望、争执、结论、高度、简化、强调、价值、感悟、尝试、隆重、尊贵、神圣、麻木、领悟、磨炼、无边无际、剥夺、领略、丰收

第十课

1. 你知道中国有哪些网上购物的网站吗？

2. 在你们国家，都有哪些网上购物的网站？

3. 谈一谈你的网上购物经历？

课文

一个 "老外" 的淘宝生活

　　如果你只读过一些西方关于中国的报道，可能会误解[1]中国的真实生活。有些外国人会以为中国人缺乏[2]自由，大部分商品都是不合格的假冒[3]伪劣[4]产品。如果，你有幸[5]在中国生活一段时间的话，就会惊讶地发现：事实上，这里的生活比其他国家都要自由、随心[6]；这里有如此多诚实可靠的工人和商人，你能买到许许多多高品质、可信赖[7]的产品；你会看到所谓[8]的"美国梦"正在中国一幕幕地上演。这就是我在中国生活了几年的

事实上：其实是……。

例：有人说汉语难学，~很容易学。

— AA：A 是名量词，指数量多。

例：一个个　一张张

190

真实感受。

有别于：和……不同。
例：新加坡的气候有别于
中国。

非A莫属：A是名词或代
词，表示一定是A。
例：非你莫属　非他莫属

简而言之：简单地说。

欺诈：用不好的手段骗人。

审查：检查是否正确。

荣升：（等级等）提高了。

等级：按质量、程度、地位等的
差异而做出的区别。

纯正：不掺杂其他成分。

音色：声音的特色。

关税：国家对进出口商品所征收
的税。

　　我是一名从事钢琴教学的美国人，后来到中国学习
汉语和音乐。随后[9]不久，我和妻子便决定搬去沈阳定
居[10]。中国给我的感受，完全有别于西方报道中所说的那
样。在中国生活的这些年，让我印象最深刻的，非淘宝
莫属。

　　简而言之，淘宝相当于中国版的亚马逊或者比它更
好，它是一个带有"中国特色"的网上购物平台。不少
人认为，网上购物是危险的，卖的都是假货，你会经常
上当[11]受骗[12]。与现实购物相比，网购更加便捷高效[13]，
但同时也充斥[14]着各种各样的风险[15]，存在欺诈（qī zhà）、假货、
卖家与买家沟通不畅等种种问题。但是，就我个人的经
历而言，这些情况从来没有遭遇过。本来，淘宝自有一
套审查（shěn chá）卖方的系统，目的在于帮助你挑选那些负责任
的卖家。在此基础上，还需要自己进行"精挑细选[16]"。

　　作为一个幸运的买家，过去几年，我在网上买了不少
东西，几乎翻不完购买记录。我现在可是四星买家，要不
了多久就荣升（róng shēng）五星了（等级（děng jí）是根据你的购物数量以
及评论[17]而定的）。我买的东西，有些价格昂贵[18]，但质量
很有保证。我买过一架纯正（chún zhèng）的朱雀（zhū què）古筝（zhēng），音色比
那些厂家刚生产的古筝还要悦耳[19]。我还买过一台德国产的
咖啡机，因为要从德国发货，所以花了几个星期的时间才
到货。但是，当这台海外货到达我手中时，它依然[20]裹着三
层包装，完好无损[21]。不但咖啡机的价格十分便宜，而且还
不用自己付关税（shuì）。我去云南旅游时，品尝了云南咖啡，觉
得香醇[22]无比[23]，于是在大理的店铺里买下一袋咖啡豆。回
家后，我发现淘宝上有同一品牌[24]的咖啡豆，因为直接从厂
家发货，比店铺里的便宜很多，并且速度也很快。这样的
例子真是数不胜数[25]……

在淘宝开店的人很多，不少店主想利用这份额外[26]的收入换取[27]一次家庭度假的机会或购买一辆新车。当你在线跟客服聊天时，另一端说不定是一位一边做饭一边卖东西的家庭主妇。他们对自己的产品非常自豪，对顾客的服务十分上心[28]。

我曾在淘宝上买过一台电脑，跟卖家聊天时发现他和我住同一条街，因此我应邀去他家取电脑。厨房里开着一台电脑，女主人正在准备晚饭。她仔细地在电脑上安装[29]中文版应用软件[30]，并向我介绍如何[31]使用。我再次回来买一些配 件时遇到了她的丈夫，这一对年轻夫妇非常友好。那次我们聊得非常愉快，我还在淘宝上给她写了一段很棒的评论。顺便说一句，这台电脑是我买过的最好的一台。

pèi jiàn

配件：机器的零件。

身处异国他乡[32]，难免[33]会有觉得孤单的时候。这时，我通常[34]在线和卖家们聊天，特别喜欢用轻松随意的"淘宝体"和客服们交流。当然，你得会读、会写汉字。聊天时，最有趣的是问候语"亲！"，这是"亲爱的"的缩写，是淘宝上常用的一种招呼语。卖家会花很多时间来介绍所卖宝贝的大小、颜色、用法等，希望你能把它买下来，并总是用非常礼貌的方式和你交流。选好你看中的商品后，就会转到付款页面，这叫"拍钱"或者"拍"。买家在付款时，都会选择快递这种运送方式，因为它可以送货上门，就像美国联合包裹（UPS）一样。在淘宝，既能轻松购物，又能跟中国人交流。

……体：一种说话的方式。

例：QQ体 凡客体 咆哮体

页面：网上某一页。

享受一段真正的"淘宝生活"可能吗？可能。你可以花很多时间一字一句地和卖家在线聊天并享受对方贴心[35]周到的服务，然后你可以坐在家里等待快递员，和他们友好地交谈[36]几句。更好的是，当你外出时，你可以解释说："我现在不在家，麻烦你把包裹放到物业那儿。"

fù

寄来的包裹里常附带一份意外的小礼物。以前我收到过

附带：另加的。

一个书签，可以把它像笔一样塞到口袋里，十分方便。我还收到过小刀、汤勺和可折叠的不锈钢筷子等各种实用[37]的小礼品。

拥有一笔自己的小生意难道不正是"美国梦"的基$\overset{jī}{\cdot}$石$\overset{shí}{\cdot}$吗？这些"独立企业"遍布[38]全国，卖家勤勤恳恳[39]，以自己的服务和买家们的高度好评为荣，它们不正和我们一直认为的美国特色小企业一样吗？中国在很多方面和美国一样，也是一块独立而自由的土地。淘宝真实地展现[40]了一种具有中国特色的"中国梦"。

（作者：Paul Huebner　来源：中国日报网）

难道不……吗：加强语气。

例：这难道不是你的吗？（这就是你的。）

基石：比喻事业的基础。

以……为……：把……当作……。

例：以……为傲　以……为中心

生词

误解[1]	wùjiě	动	①理解得不正确。
			例：我没这个意思，你～了。
		名	②不正确的理解。
			例：这是一种～。
			【近】误会；曲解
缺乏[2]	quēfá	动	（所需要的、想要的或应有的事物）没有或不够。
			例：材料～　～经验　～锻炼
			【近】缺少【反】富余
假冒[3]	jiǎmào	动	用假的来冒充真的。
			例：如果来信的地址没错，那就不是别人～的。
伪劣[4]	wěiliè	形	假的和质量很差的。
			例：～商品　～书画
有幸[5]	yǒuxìng	形	很幸运；有运气。
			例：大会上，我～见到了王教授。
			【近】幸运
随心[6]	suíxīn	形	符合自己的心愿。

例：～所欲

| 信赖[7] | xìnlài | 动 | 信任并依靠。 |

例：他是个值得～的朋友。

【近】信任；相信　【反】怀疑

| 所谓[8] | suǒwèi | 形 | ①所说的。 |

例：～共识，就是指共同的认识。

②（某些人）所说的（含不承认意）。

例：就这水平？难道这就是～的代表作？

| 随后[9] | suíhòu | 副 | 表示一件事情在另一件事情后发生。 |

例：保罗先来了广州，～又去了上海。

【近】后来

| 定居[10] | dìngjū | 动 | 在一个地方长期居住下来。 |

例：在广州～的外国人很多。

| 上当[11] | shàngdàng | 动 | 被别人骗。 |

例：上了一回当　上了他的当

这些苹果根本不到五斤，你～了。

| 受骗[12] | shòupiàn | 动 | 被骗。 |

例：上当～的事，我可没经历过。

| 高效[13] | gāoxiào | 形 | 效率高的。 |

例：这篇文章介绍了～学习的十个方法。

| 充斥[14] | chōngchì | 动 | 充满，塞满（含厌恶意）。 |

例：不能让质量低劣的商品～市场。

【近】充满

| 风险[15] | fēngxiǎn | 名 | 有可能出现的危险。 |

例：承担～　冒～

| 精挑细选[16] | jīngtiāo-xìxuǎn | | 非常仔细地选。 |

例：什么？这就是你～的好东西？

| 评论[17] | pínglùn | 动 | ①提出批评、议论。 |

例：你来～一下这篇作文写得怎么样？

| | | 名 | ②提出批评、议论的文章或言论。 |

例：发表～

【近】评价

| 昂贵[18] | ángguì | 形 | 价格高。 |

例：这条项链价格～。

【反】低廉；便宜

| 悦耳[19] | yuè'ěr | 形 | 好听。 |

例：歌声～

【反】刺耳

| 依然[20] | yīrán | 副 | 仍然；依旧。 |

例：到现在，问题～没有得到解决。

| 完好无损[21] | wánhǎo-wúsǔn | | 完整，没有弄坏。 |

例：他是个爱惜书的人，每本书都～。

| 香醇[22] | xiāngchún | 形 | （气味、滋味）香而纯正。 |

例：～的美酒/咖啡/奶茶

| 无比[23] | wúbǐ | 动 | 没有别的能够相比（多用于好的方面）。 |

例：～强大　～幸运　英勇～　威力～

| 品牌[24] | pǐnpái | 名 | 产品的牌子，特指著名产品的牌子。 |

例：他钱不多，却总喜欢买一些大～。

| 数不胜数[25] | shǔbùshèngshǔ | | 很多，数也数不过来。 |

例：天上的星星真是～。

| 额外[26] | éwài | 形 | 超出规定数量或范围的。 |

例：现在只有5个人参加活动，要～再加一个。

| 换取[27] | huànqǔ | 动 | 用交换的方法取得。 |

例：在家里，我的零花钱只能通过做家务来～。

| 上心[28] | shàngxīn | 形 | 用心。 |

例：这孩子对读书很～，所以不用担心。

| 安装[29] | ānzhuāng | 动 | 按照一定的方法把机械或器材固定在一定的地方。 |

例：～自来水管　～电话　～空调

| 软件[30] | ruǎnjiàn | 名 | 例：系统～　应用～　安装～ |
| 如何[31] | rúhé | 代 | ①怎么。 |

例：这件事应该～处理呢？

②怎么样。

例：最近，你的身体～？

| 异国他乡[32] | yìguó-tāxiāng | | 外国，外地。 |

例：身处～，我常常想家。

难免[33]	nánmiǎn	形	很难避免。

例：生气的时候～说错话。

人的一生中，失败总是～的。

【近】未免

通常[34]	tōngcháng	形	在一般的情况下，行为、事情有规律地发生。常常。

例：他～6点起床，现在都8点了怎么还没起?

【近】经常

贴心[35]	tiēxīn	形	心紧挨着心，非常亲近。

例：中国有句话说，女儿是～小棉袄。

【近】体贴；周到

交谈[36]	jiāotán	动	互相接触谈话。

例：刚认识一会儿，他们就～起来了。

【近】交流；聊天

实用[37]	shíyòng	形	有实际实用价值的。

例：这种家具又美观，又～。

【近】有用

遍布[38]	biànbù	动	分布到所有的地方。

例：如今，通信网已经～全国。

勤勤恳恳[39]	qínqínkěnkěn	形	勤快认真。

例：～地工作

展现[40]	zhǎnxiàn	动	显现出；展示。

例：走进大门，～在眼前的是一个宽广的庭院。

【近】展示；显现

谈一谈

1. 课文开头提到，一些西方报道中所说的中国是什么样的?

2. 作者对中国的真实感受与西方报道所说的有什么不一样?

3. 网上购物有一定的风险，作者是怎么看待这个问题的? 你怎么看待?

4. 小组讨论，列出课文中作者在网上买过的产品，并写下作者对这些产品的评价。

产品	评价

5. 请概括网上购物的步骤。

```
┌──────────┐      ┌──────────┐      ┌──────────┐ ⟶
│          │ ⟹   │          │ ⟹   │          │
└──────────┘      └──────────┘      └──────────┘ ⟵
       ┌──────────┐      ┌──────────┐
       │          │ ⟸   │          │
       └──────────┘      └──────────┘
```

6. 根据作者在淘宝购买电脑的经历，设计一段作者与淘宝卖家的对话并表演，要求列出时间、地点、人物。

阅读课文

"买一退九"的经营智慧

由华裔企业家谢家华领航¹ 的捷步电子商务¹公司，连续两年登上福布斯杂志"全美最佳工作环境"企业前百名之列。但是，这家通过网站售卖²鞋子的公司，起初做得并不是太好。从1999年成立，到最初的四年半，公司财务一路颠簸³，加上网络销售层出不穷⁴的挑战⁵，对于没有可以请教学习对象又不懂鞋业的谢家华，唯一能做的就是跳脱传统思维，改善公司体制，帮助有发展潜力的网络鞋店度过艰难时期。

作为公司的执行总裁，谢家华一直试图⁶找到一种差异⁷化的网络经营和服务模式，真正做到以客户为中心，以便⁸与众多的电商同行区分⁹开，好植根于网购达人们的

---

háng

领航：引导船或飞机前行。

财务：管钱的事务。

跳脱：从里面跳出来。

体制：国家、国家机关、企业、事业单位等的组织制度。

例：经济～　教育～　政治～

qián

潜力：潜在的力量。

例：～巨大　发展～

植根：扎根。

达人：高手。

代理：代替谁处理。

举措：采取的办法。

商誉：商家的名声信誉。

误差：与准确的数相差。

有心：有某种想法。

任：任凭、听凭。

实体：真实具体的。（实体店和网店相对）

需求：需要、要求。

运费：送货的钱。

劝服：用道理说服人。

期限：起止时间。

试验：～很多次　～成功

反响：公众的反应。

例：～热烈

订购：预先购买。

政策：国家～　经济～

繁荣：城市～　经济～

心田里。经过深入了解和调查，原本以为交给送货公司

代理送货，并解决仓库问题就可以了，事后才知道举 措 ^{jǔ cuò}
有误，送货公司做不到跟客户说好的交货约定，弄得售

前和售后都一团糟[10]，谢家华一面极力[11]挽救可能败坏[12]

的商誉，一面下决心为顾客提供最佳的服务质量。

一天，一个偶然[13]的机会，谢家华听到一位老顾客在

抱怨：“我切实地感受到捷步给我们带来的方便，但有时

尺码还是有些误 差 ^{wù chā}，而且每次在选一件与它搭配[14]的衣

服上都要花很长时间。如果捷步能一次给我送来多双鞋

子，好让我就着某件衣服挑选其中的一双，那就太

好了！”

说者无意，听者却有心，谢家华幡然醒悟[15]，是呀，

捷步为什么不能一次多送给顾客们几双鞋子，任由他们

去挑选呢？像在实体鞋店里一样，这不正是以顾客为中

心、满足他们需求的最好举措嘛！

“不仅要免费给顾客多快递几双鞋子，而且他们挑剩

下来的鞋子，公司也负责免费上门取货，并且承担退货

的全部运费，顾客不需要多支出一分钱！”当谢家华将这

个新的经营服务策略公布[16]后，几乎遭到了公司所有人的

一致反对，他们觉得这样一定会让公司亏死，因为这将

意味着[17]，公司今天发出 1 万双鞋子，结果一周后要收回

9 000 双！但谢家华最终靠着一己之力[18]劝 服 ^{quàn fú}了董事会，

董事会给他一年期限做试验，如果到时反响不好，就立

即叫停。

“如果您要想试 10 双不同的鞋子来搭配衣服，那我

们就建议您订购 10 双，然后再将不太搭的 9 双退给我

们。”没想到，这个开放的退货政策恰恰[19]是捷步走向繁 ^{fán}
荣 ^{róng} 的关键开始，它意味着那些不太清楚自己脚尺码大小

的顾客，可以同时订购不同尺寸大小以及外观的同一品牌鞋子，然后留下他们喜欢而且尺寸正好的，最后再将不合适的退回去，而且在经济上又没有任何额外的负担和支出！

外观：从外面看的样子。

负担：承受的责任或费用。

支出：付出去的钱。

结果，在该项政策推出后的几年期间内，捷步吸引了近两千万个不同客户的订单，而每一天大部分的顾客都是回头客，也就是那些一次买一退九的顾客，而且他们每个订单的平均支出都在 130～150 美元，比第一次光顾[20]捷步的新顾客要高出很多。

回头客：再次购买的顾客。

如今，捷步的年销售额超过了 12 亿美元，靠着真诚为顾客服务、用心为顾客作周全[21]的考虑和舍得为顾客付出的创新[22]举措，最终，捷步赢得了顾客们的好感[23]和持续支持！捷步公司奇迹般的成长，使得许多人都想知道其中的秘诀。"我们卖的不是鞋子，而是 10 倍的随意选
择和创新性的 超 值服务！我们没有秘诀，只是不停创
新想法，再去证实[24]它是否行得通，保持开放、敢于探
索的心胸。"谢家华如是说。现今，捷步公司内部员工运用科技信息为"提供最佳服务"出谋划策，成了公司的

超值：服务、质量等超出所花的钱。

探索：多方寻找答案。

如是：这样。

智慧 源 头，每一位员工都参与其中，提出建议，激 发各种新颖思维。

源头：水开始流出的地方。指来源之地。

激发：刺激使奋发。

其实，大多消费者都是最善良和懂得 报 恩的，谁对他们好，真心替他们着想，他们就一定会心知肚明[25]，并且愿意死心塌地[26]地追随他。

报恩：感激、回报别人对自己的好。

（作者：徐立新　来源：《辽宁青年》　标题和文章均有改动）

199

生词

商务[1]	shāngwù	名	商业上的事。

例：这两家公司有～上的往来。

售卖[2]　shòumài　动　卖。

例：现在，街上有很多～饮料的机器。

颠簸[3]　diānbǒ　动　上下或左右震动。

例：汽车在乡间的小路上～了一整天。

层出不穷[4]　céngchū-bùqióng　某种事物不断地出现。

例：好人好事～。

挑战[5]　tiǎozhàn　动　和……比赛。

例：面对～，他感到有些紧张。

试图[6]　shìtú　动　打算。

例：他～翻进去，最后被工作人员拦住了。

差异[7]　chāyì　名　事物间不同的地方。

例：文化～　性格～

以便[8]　yǐbiàn　连　用在下半句话的开头，表示使下文所说的目的容易实现。

例：大家出门前要好好检查，～带齐东西。

区分[9]　qūfēn　动　区别，分开。

例：经理说，要注意～这两种不同的产品。

一团糟[10]　yītuánzāo　形　形容很乱，不容易收拾。

例：生日晚会结束后，房间里～。

极力[11]　jílì　副　用尽一切力量。

例：大家都赞成的事，他却～反对。

败坏[12]　bàihuài　动　①损害；破坏（名誉、风气等）。

例：～名誉

形　②（道德、纪律等）极坏。

例：纪律～

偶然[13]　ǒurán　形　例：一个很～的机会，我认识了他。

在热闹的城市里，我～听到了几声鸟叫。

【反】必然

搭配[14]	dāpèi	动	按一定的要求和规则配合。
			例：他穿衣服很会~。
幡然醒悟[15]	fānránxǐngwù		突然明白。
			例：听了老师说的话，李明~。
公布[16]	gōngbù	动	公开出来，使大家知道。
			例：~答案　　~于众
意味着[17]	yìwèi·zhe	动	含有某种意义。
			例：你这么说，~不想参加。
一己之力[18]	yījǐzhīlì		一个人的力量。
			例：他靠着~完成了这项任务。
恰恰[19]	qiàqià	副	刚好；正。
			例：我跑到那里时，~十二点。
			你所讨厌的~却是别人所喜欢的。
			【近】恰好
光顾[20]	guānggù	动	客人来到。
			例：谢谢你~本店。
			【近】光临
周全[21]	zhōuquán	形	考虑、照顾很全面。
			例：这件事，一定要计划得~一些。
创新[22]	chuàngxīn	动	创造新的。
			例：勇于~　　~精神
好感[23]	hǎogǎn	名	对人对事满意或喜欢的心情。
			例：对……有~　产生~　增加~
证实[24]	zhèngshí	动	证明人或事的真实性。
			例：他说的话不太可信，需要~一下。
心知肚明[25]	xīnzhī-dùmíng		心里十分明白。
			例：关于这件事的真相，你我都~。
死心塌地[26]	sǐxīn-tādì		主意已定，绝不改变。
			例：从公司成立的那天起，他就~地在那工作，到现在已经十年了。

词语辨析

1. 误解　曲解

相同：

都可作动词。都有理解得不正确这一意思。

例：（1）我没这个意思，你误解了。

　　（2）她的性格就是这样，总是喜欢曲解别人的意图。

不同：

"误解"是中性词。"曲解"多指故意地、错误地解释客观事实或别人的原意，贬义词。

例：（1）不好意思，我没仔细听，所以误解了你的原话。（×曲解）

　　（2）事实就摆在眼前，你还在曲解？（×误解）

"误解"既可作动词，也可以作名词。"曲解"只作动词。

例：（1）原来你是这个意思啊，是我误解了。（动词）

　　（2）多数人认为女生很柔弱，这是一种误解。（名词）

　　（3）你非要曲解我的意思，那我再怎么解释也没用。（动词）

搭配：

误解：～意思/产生～

曲解：～事实/～原话

练习：

（1）你这样说，根本就是一种（　　）。

（2）他明知道事情的真相，却选择了（　　）事实。

（3）电话里没说清楚，她（　　）了我的意思。

2. 充斥　充满

相同：

都作动词。都有"填满，塞满"的意思。

例：（1）看着刚出生的宝宝，她的眼里充满了疼爱。

　　（2）她的话里充斥着对生活现状的厌恶和不满。

不同：

"充斥"含有"厌恶"的意思，其对象多指不好的东西，含贬义。

"充满"没有"厌恶"的意思，中性词。

例：（1）消极情绪充斥着整座城市。（×充满）

　　　（2）欢呼声充满了会场。（×充斥）

"充满"还有"充分具有"的意思。

例：歌声里充满了信心和力量。（×充斥）

搭配：

充斥：～市场/～城市/～（整个）国家

充满：～激情/～欢乐/～信心/～力量

练习：

（1）她的眼里（　　）泪水。

（2）不能让假冒伪劣产品（　　）市场。

（3）站在广州塔上，他的心里（　　）了兴奋与激动。

篇章训练

1. 课文《"买一退九"的经营智慧》中，谢家华经历了哪些困难后走向了成功？请根据以下提示的词语及其顺序，注意恰当使用连词、"……后/后来"等时间词语自然连贯地把故事讲出来。

（1）公司成立　面临挑战　艰难时期

（2）深入调查　举措有误　挽救商誉

（3）偶然机会　幡然醒悟　说服董事会　走向成功

2. 阅读课文中，谢家华取得成功的秘诀是什么？你赞同他的看法吗？请用 300～500 字的短文书面回答。

文化点滴

中国古代商人经商十诀：

知地取胜，择地生财	商场如战场，选择好的地段容易发财。
时贱而买，时贵而卖	价钱低的时候买进，价格高的时候卖出。
见端知未，预测生财	经商要具有敏锐的观察力和准确的判断力。

薄利多销，无敢居贵	价格便宜可以卖得更多。
雕红刻翠，留连顾客	豪华的装饰和周到的服务，能吸引更多顾客。
以义为利，趋义避财	做生意要讲求道义。
长袖善舞，多钱善贾	长衣袖便于跳舞，本钱多便于做生意。
奇计胜兵，奇谋生财	经商要善于出奇制胜。
居安思危，处盈虑方	少一些安乐，多一份忧患。
择人任势，用人以诚	待人要真诚，童叟无欺。

经典诵读

1. 天下熙熙（xī xī），皆为利来；天下攘攘（rǎng rǎng），皆为利往。（《史记》）

译：天下的人来来往往，都是为了利益。

2. 人弃我取，人取我与。（《史记》）

译：商人低价收买滞销物品，待涨价时卖出。

练习

一、根据拼音写出汉字，然后把它们填在合适的短语里

xìnlài éwài dìngjū pǐncháng zhǎnxiàn quēfá biànbù huànqǔ

（   ）收入　　（   ）全国　　（   ）经验　　（   ）美食

（   ）他人　　（   ）风采　　（   ）报酬　　（   ）广州

二、词语搭配，然后把它们填在合适的横线上

（　）国（　）乡　　勤（　）恳（　）　　精（　）细（　）

完好（　）（　）　　数（　）（　）数

星星_____　　　　手机_____　　　　买东西_____

身处_____　　　　工作_____

三、选词填空

假冒　　依然　　展现　　信赖　　所谓

随后　　遍布　　昂贵　　上当　　实用

1. 十分钟过去了，教室里____只有5个学生。

2. ____友谊，就是朋友之间的感情。

3. 你别骗我，我可不会____。

4. 现在，网络已经____全国，在哪儿都可以很方便地上网。

5. 啊，原来这块手表是____的，那块才是真的。

6. 我愿意找他帮忙，是因为他是一个值得____的人。

7. 她先回了一趟家，____又去市场买菜了。

8. 买东西不要只看外表，还要看是否____。

9. 这种____的礼物，我可送不起。

10. 这部电影____了古人勤劳勇敢的精神。

四、用括号里的词完成句子

1. 他先去了美国，_____。（随后）

2. A：今天下午你有什么打算？

　　B：_____。（随后）

3. 父母已经跟他说了很多遍了，_____。（依然）

4. A：事情都过去这么久了，别伤心了。

　　B：_____。（依然）

5. 事情已经到了这一步，_____。（如何）

6. A：_____？（如何）

　　B：我一般先预习生词，再预习课文。

7. 他还是个小孩子，_____。（难免）

8. 最近工作太忙，家里事情又太多，_____。（难免）

9. 你先拿着钥匙，_____。（以便）

10. 他给了我一张名片，_____。（以便）

五、用下列词语改写句子，句子意思不变

非……莫属　　以……为……　　难道不……吗

1. （1）你想去中国留学。

　　改成：_____

　　（2）这本书就是你的。

　　改成：_____

　　（3）你想去旅游，我们也想去旅游啊！

　　改成：_____

2. （1）顾客是我们工作的中心。

　　改成：_____

　　（2）目前，我们的学习重点是汉语发音。

　　改成：_____

　　（3）这次你得了第一名，是我们全家人的骄傲。

　　改成：_____

3. （1）我们宿舍学习最努力的人是她。

　　改成：_____

　　（2）玩游戏他最厉害。

　　改成：_____

　　（3）提到我最喜欢的中国城市，一定是广州。

　　改成：_____

六、熟练背诵下列语段

1. 我们卖的不是鞋子，而是10倍的随意选择和创新性的超值服务！我们没有秘诀，只是不停创新想法，再去证实它是否行得通，保持开放、敢于探索的心胸。

2. 其实，大多消费者都是最善良和懂得报恩的，谁对他们好，真心替他们着想，他们就一定会心知肚明，并且愿意死心塌地地追随他。

七、阅读练习

淘宝卖故事

在淘宝上，商品琳琅满目，可你听说过卖故事的吗？淘宝真是一个人才辈出之地，如今，出现了专门卖故事的人。卖家是南京的80后丛平平，她开了一家卖故事的淘宝店，并且可以让人在店里存放故事。这个成立于2012年的"CY故事"淘宝店吸引了三万多位顾客前来访问。

在这个特殊的淘宝店里，每一个页面的底端都有这样一句话："世界上每天那么多人来来往往，常常以为自己生活的圈子就是整个世界。其实，很多人活着的方式，可能我们永远也不会知道。"丛平平说："这就是我开店的初衷，浏览者来这里就像旅行，能看到平时看不到的风景。"

在"CY故事"淘宝店网站，随处可见"小清新"的风格，店里卖各种一元一篇、千字左右的原创故事。小店的营利模式是什么？原来，除了店主自己的故事之外，售卖的大多是别人寄存的故事。任何人都可以将自己的原创故事写出来，发到"CY故事"的邮箱寄存，被选中的故事，将会配上精美的原创图片作为商品标出，故事一旦卖出，网店收取20%的租费，剩下的80%完全归卖家所有。例如，你的故事有100人买了，赚了100元钱，其中80元归作者。

在这个故事网店中，大多数是关于爱情的，也有关于亲情的，但都是真实的故事。丛平平说："真实的人生比文学作品、电视剧更出彩，平凡人身上也有动人的故事发生。"小店里的第66个故事，也是最受读者欢迎的故事，是丛平平朋友的经历，讲的是女主人公与老公一见钟情后闪婚的经历。尽管平常，但不紧不慢的叙述中却有一种直抵人心的力量。丛平平说，这个故事因为真实，所以精彩，大家都爱不释手。自其上架以来，已有9 000多次点击浏览量，取得了30天之内便售出了111件的好成绩。

"电影、电视剧、小说有很多，里面的故事也都很美好，但如果这些作品中的情节真实地发生在你我身边，那么就会让看到的人觉得生活是很精彩的，这也是一种正能量。"丛平平笑着说。在"CY故事"淘宝店，大家可以看到人生百态，感觉、感知、感悟直至产生共鸣，在不经意中吸取陌生人给予的正能量。

说到为什么要开淘宝店卖故事，是因为丛平平一直有个给别人讲故事的梦想。上学时她就开始通过写小说、写故事来记录心情。大学毕业后，丛平平几乎完全放弃了理科

专业，进入了南京的一家广告公司。与此同时，她也成了一名较为专业的 撰 稿人，[zhuàn gǎo]
为国内数十家知名杂志写稿，年收入加起来也接近 6 位数。

去年，由于私人原因丛平平结束了一份刚开始几个月的工作，休息的这个机会让她
更加强烈地觉得，一定要实现小时候的梦想，给别人讲故事。最后，她选择了淘宝这个
大众的平台，在好友的帮助下，"CY 故事"正式开店了。

在她的网店，只要点开故事的商品链接，就能阅读故事的全文。这意味着，即使你
不付这一元钱，也可以阅读所有的故事。而付钱还是不付钱，看起来都是靠读者"自
觉"。这样的方式能赚钱吗？丛平平说，尽管一年以来浏览量已超过 26 万，但每月也只
有 200 多人购买。不过，她说，在"CY 故事"淘宝店，就是可以让买家自己选择。
"看到了一个故事后你得到了启发或是鼓励，那么这个故事的价值便得到了体现。"丛
平平半开玩笑半认真地说，"谁不爱钱，我也爱，但赚钱绝对不是我最重要的目标。"

有人问丛平平："买了你的故事有什么用呢？"她回答说："我不知道有什么用。看
书有什么用？听音乐有什么用？看电影有什么用？谈恋爱有什么用？"是的，买故事和
看书、听音乐、看电影、谈恋爱一样，也许并不是所有事情都要说出理由，情到深处，
一份感觉便让你沉迷。

（作者：佚名 来源：http：//jsnews.jschina.com.cn/system/2013/07/20/017996744.shtml
标题和文章均有改动）

阅读理解

1. 关于"CY 故事"淘宝店，下面哪个不对？（   ）

A. 店里的故事不都是丛平平写的

B. 别人可以去店里存放故事

C. 卖故事的钱都归丛平平所有

2. "浏览者来这里就像旅行，能看到平时看不到的风景"这句话的意思是（   ）。

A. 浏览者平时很少看风景

B. 浏览者在能在这里看到不一样的人生风景

C. 浏览者平时看的风景太普通

3. 丛平平开淘宝店卖故事，并不是因为（   ）。

A. 传递正能量　　　　B. 赚很多钱　　　　C. 追求梦想

4. 一年以来浏览量已超过 26 万，但每月也只有 200 多人购买，这说明(　　)。

A. 故事店提供免费阅读

B. 浏览者根本不喜欢店里的故事

C. 有的人没有被故事打动，所以没有付钱

5. 根据课文判断以下句子的对错，对的打"√"，错的打"×"。

(1) 在"CY 故事"淘宝店，可以感知不同人的生活态度。　　　　(　　)

(2) 将自己的原创故事发到"CY 故事"的邮箱寄存，一旦有人购买就可以分得一部分钱。　　　　(　　)

(3) 开淘宝店卖故事，既是丛平平的梦想，也能让人体会生活的精彩。　(　　)

八、辩论

分小组辩论，并把正反对的观点记录下来。

正方：网上购物很方便，也很可信，鼓励网上购物。

反方：网上购物有风险，所以不要网上购物。

		观点
正方	1.	
	2.	
	3.	
反方	1.	
	2.	
	3.	

九、写作

以"记一次网购经历"为题，写一篇记叙文，不少于 500 字。

十、案例搜集

课后通过网上查阅资料，搜集 2~3 个有关电子商务的故事，并与同学交流、分享。

第十一课

1. 日常生活中，你有理财的习惯吗？

2. 你听说过"你不理财，财不理你"这句话吗？是什么意思？

3. 你所知道的理财方式有哪些？

课文

理财是一种习惯

　　"新三年，旧三年，缝缝补补[1]又三年。吃不穷，穿不穷，算计[2]不当，就要受穷。"当我们沿用[3]这古老的格言，来打理自己的钱袋时，是否依然那么得心应手[4]？如今，"你不理财，财不理你"这一观念被越来越多的人所接受。

　　古人言，君子爱财，取之有道。那么究竟什么是理财，为什么要理财，怎样去理财？每当谈及[5]这些问题，

新三年，旧三年……又三年：形容生活艰苦贫穷。

是否：是不是。

理论：人们由实践概括出来的关于自然界与社会的知识的有系统的结论。

例：～知识 学习～

水库：保存水和调节水流的人工湖。

保险：向机构缴纳一定的费用以补偿因自然灾害、意外事故或人身伤亡而造成的损失。

例：养老～ 医疗～ ～金

功夫不负有心人：只要用心去做一件事，就会取得成功。

蕴含：包含。

不少人都能列举[6]出一大堆理论（lǐ lùn），但往往忽视[7]了一个最简单的道理：理财其实是一种习惯。

收入就像一条河，支出是你花出去的钱，收入减去支出，就是你的财。财富就像一个水库（kù），理财就是管好你的水库，开源节流[8]，让你无论在什么时候口袋里都有钱花。从谈恋爱、结婚、生孩子，到退休、养老[9]，再到你的保险、子女教育，每一样都需要水库里有水。这就是需要理财的原因。

但是人这一辈子，光靠水库里的水还远远不够。

有个故事，相邻[10]的两座山上有两座庙，这两座庙里分别住着一个和尚，他们每天几乎都在同一时间下山挑水。经年累月[11]，他们就成了朋友。他们就这样日复一日[12]地下山挑水，时间一晃，五年就过去了。一天，东山的和尚下来挑水，突然发现西山的和尚没来，他心里纳闷儿[13]了："这位老兄，是不是睡过头了？"出乎意料的是，西山的和尚第二天也没来，第三天仍然没来。整整一个星期过去了，这个和尚还是没有露面[14]。东山的和尚再也按捺不住[15]了，说："我这老兄可能是生病了，我得去看看他。"

第二天一早，他就爬上西山，推开庙门一看，大吃一惊[16]，原来那个没挑水的和尚，正在庙里练拳呢。他十分诧异，就问："莫非[17]你不用喝水？这几天怎么不见你去挑水呢？"西山的和尚不慌不忙[18]地说："来，我带你去后院看看。"说着就把他带到后院，指着一口井跟他说："这五年来，我一直都在打这口井，每天做完功课我就来打井，能多打点儿就多打点儿。功夫不负[19]有心人，这口井终于在一个星期前冒出水来了。从此以后，我再也不用下山挑水喝了，就有充裕[20]的时间来练拳了。"

这只是民间的一个小故事，却蕴含（yùn hán）了一个大道理：人在年轻的时候拿薪水，就像是在挑水喝。但是一定要利用挣来的钱和业余时间替自己打一口井。这样，当你老了，再也拼不过年轻人的时候，不用挑水一样会有水喝，而且要喝得很从容[21]、很悠闲[22]，这是我们追求的人生的一种境界。所以，打井就像投 资。理财的第一个层面是节省一定数量的钱，第二个层面就是拿这些钱去投资。

投资：为达到一定目的而投入的钱。

日常生活中有多种投资方式可以选择。银行储 蓄是大部分人所选择的传统投资方式，从理财的角度来看，储蓄宜[23]以短期为主，重在存取方便，而又享受利息。作为投资新 宠 的股票，已成为老百姓日常谈论的热门[24]话题。虽然炒[25]股具有高风险的特点，但其高收 益、可转 让 、交 易灵活等优点也吸引了不少人。基 金在各类投资中收益适中[26]，如果缺乏时间和专业知识，居民家庭购买基金等于将资金交给专家，不仅风险小，也省时省事。而保险作为一种居安思危[27]的投资，在家庭投资活动中也许并不是最重要的，却是必需[28]的。保险就像一把财务保护伞，它能让家庭把风险交给保险公司，即使有意外，也能使家庭得以维持基本的生活。投资方式多种多样，需要结合自身实际情况，选择适合自己的。井打好了，当井里的水源源不断地冒出来，就会重新填入你的水库，这就叫投资收入。

储蓄：把钱存到银行里。

短期：不长的时间。

新宠：新的受人喜欢的事物。

收益：收入。

转让：把自己的东西或权利让给别人。

交易：买卖。

基金：投资基金。

经过一番辛苦，水库修好了，井打好了，井里的水也冒出来了，理财是不是就结束了呢？不是。有一点不可忽视的是：人得在，才有财可理。根本的问题如果没解决，没有人，人不能赚钱，还谈理什么财。所以，个人的根本保障[29]问题，是最基础的问题。这好比在水库外面修一道堤坝，最后再给它上一层保险。

所以，理财看起来也很简单：修个水库，打口井，砌[30]堵墙。这就是日常生活中理财需要做的三件事。

一个和谐[31]的社会，人人都需要理财。但是在多数人的眼中，理财是有钱人的专利，它高不可攀[32]，有钱人才

专利：法律保障创造发明者在一定时期内由于创造发明而独自享有的利益。

例：～产品　～权

有理财可谈。其实，在实际的生活中并非这样。现今，生活节奏³³越来越快，许多人为了事业而打拼³⁴，辛苦挣来的血汗钱，不应只躺在银行账户³⁵里睡大觉，而应养成灵活理财的习惯，让理财变为生活的一部分。

（据国家理财规划师专业委员会秘书长刘彦斌的演讲视频整理）

生词

缝补[1]	féngbǔ	动	缝制或缝补衣物、鞋等。

例：～衣服

这件衣服缝缝补补穿了好多年。

算计[2]	suànjì	动	考虑；打算。

例：去中国学习汉语的事，爸爸说他得～一下。

沿用[3]	yányòng	动	继续使用。

例：这条街还是～原来的名称。

得心应手[4]	déxīn-yìngshǒu		比喻技术熟练或事情进行得很顺利。

例：这位老作家语言运用～。

谈及[5]	tánjí	动	说到；提及。

例：一旦～旅游，他就说个不停。

列举[6]	lièjǔ	动	一个个地说出来。

例：～事实　～优点

忽视[7]	hūshì	动	不注意，不重视。

例：你们这种做法就～了民众的真正需求。

【反】重视

开源节流[8]	kāiyuán-jiéliú		节约开支，增加收入。

例：公司目前的首要目标是～。

养老[9]	yǎnglǎo	动	奉养老人；年老后在家休养。

例：～送终　居家～

相邻[10]	xiānglín	动	离得很近，挨着。

例：左右～　前后～

经年累月[11]	jīngnián-lěiyuè		时间很长。

例：他是个船员，~在海上。

| 日复一日[12] | rìfùyīrì | | 过了一天又一天。 |

例：从此，她就这样等下去，~，年复一年。

| 纳闷儿[13] | nàmènr | 动 | 心里有疑问，不明白。 |

例：听说有上海来的电话找我，一时想不出是谁，心里有些~。

| 露面[14] | lòumiàn | 动 | 出现在一定的场合。 |

例：公开~

那件事后，他就没有露过面了。

| 按捺不住[15] | ànnàbùzhù | | 不能控制。 |

例：听到获奖的消息，他~心里的激动，哭了起来。

| 大吃一惊[16] | dàchīyījīng | | 因为没想到或不理解感到特别奇怪。 |

例：听说她已经回国了，昨天见到她让我~。

| 莫非[17] | mòfēi | 副 | 表示猜测或反问。 |

例：他纳闷儿地说，~我听错了？

| 不慌不忙[18] | bùhuāng-bùmáng | | 慢慢地，不着急。 |

例：已经迟到了，他还~地走进教室。

| 负[19] | fù | 动 | 对不住（别人的好意、期望等）。 |

例：~约   忘恩~义

| 充裕[20] | chōngyù | 形 | 充足，有余。 |

例：时间~

| 从容[21] | cóngróng | 形 | 不着急。 |

例：不管做什么，他都特别~。

| 悠闲[22] | yōuxián | 形 | 空闲而舒适。 |

例：退休后，爷爷过着~的生活。

| 宜[23] | yí | 动 | 合适。 |

例：不~   ~居

| 热门[24] | rèmén | 名 | 吸引许多人的事物。 |

例：~话题   ~专业

现在，这新产品是个~。

| 炒[25] | chǎo | 动 | 不停地买进卖出，从中获得金钱等。 |

例：~股　~房　~黄金

适中[26]	shìzhōng	形	程度刚刚好。既不是太过，又不是不及。

例：冷热~　身材~

居安思危[27]	jū'ān-sīwēi		安全的时候想到可能出现的危险。

例：在和平年代，我们也应该~。

必需[28]	bìxū	动	一定要有，不可少。

例：柴米油盐都是生活中~的。

现在，手机成了生活的~品。

保障[29]	bǎozhàng	动	①保护（生命、财产等）。

例：~安全　~生命

		名	②起保护作用的事物。

例：安全是生产的~。

砌[30]	qì	动	用和好的灰泥把砖、石等一层层垒起来。

例：堆~　~墙

和谐[31]	héxié	形	和睦；配合得适当。

例：~社会　关系~

你这身衣服颜色搭配得很~啊。

高不可攀[32]	gāobùkěpān		很难抓住东西往上爬，或很难达到。

例：她虽然不怎么跟人说话，但并非~。

节奏[33]	jiézòu	名	音乐或诗歌中有规律的快慢长短现象。

例：这首歌~明快。

工作要有~地进行。

打拼[34]	dǎpīn	动	努力去干。

例：每天都在为生活~。

账户[35]	zhànghù	名	户头。

例：银行~　邮箱~　设立~

谈一谈

1. "新三年，旧三年，缝缝补补又三年"这句话是什么意思？它表明了一种什么样的理财观念？

2. 什么是理财？理财的原因有哪些？请列出来。

3. 请将两个和尚的故事改编成对话，并总结该故事说明的道理。

4. 课文中提到理财有两个层面，分别是哪两个？

5. 投资的方式有哪些？分别有什么优缺点？请写在下面的表格里。

方式	优点	缺点

6. 理财需要做三件事：修个水库、打口井、砌堵墙。根据你对课文内容的理解，用自己的话解释一下这三件事。

阅读课文

祖传的理财三原则

欢天喜地[1]过大年，在一片欢乐祥和、喜气洋洋[2]的氛围中，一年一度[3]的华人社会最大的狂欢终于落下 帷（wéi）幕——年过好了。只是，小孩子手里那一叠压岁钱应该如何打理呢？是由他们自由支配，还是交给大人代为保管[4]？通常，自由支配和大人保管这两种方法是中国孩子经常采纳[5]的。与中国父母的"再穷，也不要穷孩子"相反，比尔·盖茨却说："再富，也不要富孩子。"是他太有钱了，站着说话不腰疼吗？虽说这是由不同文化、不同思维习惯所造成的观念差异，但中国孩子的理财教育确实有待[6]加强。可是，该如何正确理解理财教育呢？

还是从压岁钱讲起。过年时，长辈给晚辈分发[7]压岁钱是中国的传统。在我小时候，拿到一封五十元的压岁钱，已经属于一笔巨大的 款项（kuǎn xiàng），这也仅限于祖父母和外祖父母才有如此大手笔。至于其他亲朋好友[8]给的压岁钱，都得如数上交，给父母循 环（xún huán）使用——父母也要

支配：安排；对人或事物起控制作用。

款项：有特殊用途的钱。

大手笔：指规模大的影响深远的计划或举措。

循环：事物周而复始地运动或变化。

例：血液～

分发给其他亲戚朋友的孩子。

那些不用上交的压岁钱怎么办呢？除一小部分能自由支配，用来买自己喜欢的小东西，父母一定会为我和哥哥各自开个银行账户。父母认为，小孩子的口袋里不能有太多闲钱。于是，就拿那些压岁钱开始了我们的理财教育。

我出生于银行世家，祖辈（bèi）父辈都从事银行业，祖父29岁就出任[9]上海中国银行副行长，是上海中行有史以来[10]最年轻的副行长。他对我们第三代人从小的理财教育就是坚持三个原则：储蓄（chǔ xù）、消费和分享[11]。至于这三个原则出自哪里，不得而知[12]，但我家世代都将其奉（fèng）为经典。

三原则中首要[13]的是储蓄。身为银行家的祖父一生都不炒黄金、不炒房子、不炒股票、不做投机，一来是避讳嫌疑（xián yí），更是因他从工作和生活的实践中确实悟[14]出：长期的、持衡（chí héng）的、定时的储蓄的收益，其实是相当可观[15]且又安全的。

记得我刚参加工作的时候（20世纪60年代），一个月的工资是48.5元，除去饭钱、交通费和零用钱，剩下的钱就拿去银行买贴花储蓄——相当于现在的定期[16]投资。就这样，到我结婚成家[17]的时候，户头上连同存进去的本金和利息，竟也有四位数。在70年代，这也算是一笔颇[18]有分量的嫁妆了！

或许[19]是受理财三原则的影响，我和我先生也从来不炒股、不炒房。可能我们也因此失去了很多发家致富（zhì fù）的机会，却能心情坦然[20]。股市楼市金融（jīn róng）风暴的起起落落与我们无关，我们可以静下心来读书、写作、观看人生风景。到现在，虽然没有大富大贵[21]，至少也衣食无忧[22]。这样舒适、自在、简单的人生，还有什么不满足的呢？

世家：指以某种专长世代相承的家族。
例：游泳~

储蓄：存钱，多指把钱放到银行。

奉：尊重。

投机：利用时机谋利。
例：~买卖

一来……，更……：列举原因或情况。
例：我来中国，一来想学好汉语，更想在此找到适合的工作。

嫌疑：被怀疑有某种行为的可能性。

持衡：保持平衡。

定时：确定的时间。

本金：存款者拿出的钱（区别于"利息"）。

分量：重量或数量。

发家致富：是家庭变得有钱。

金融：指存钱、借钱及货币流通等相关的经济活动。

风暴：影响很大的事件。

起起落落：反复多次升和降或变好与变坏。

第二个是消费。理财不是小气抠门，不舍得花一分钱，理财的最终目的是提高生活质量，享受生活的美好。消费是人生很重要的一个乐趣。只懂得钱生钱，不懂得消费，这样的人必定[23]是铁公鸡一毛不拔[24]，缺少朋友，shū疏于社交，自然而然[25]就少了些调剂生活的润滑剂。当然，你或许可以等赚够钱再消费，但如何算赚够了？

有钱不是目的，消费才是钱有价值的真正兑现。亲情友情人情是最缺乏保鲜[26]能力的，小气吝啬[27]是其最大的杀手。满足生活中的消费需求，是实现人生幸福的主要途径。当然这里所说的消费，是指正常的消费，并不等于挥霍[28]。如何消费本身是一门生活美学，是我们愉悦人生很重要的保证。

第三个是分享。这应该与消费颇有异曲同工[29]之处。钱财要有人与你一起分享，才有幸福感、满足感和成就感。哪怕只是很小的一笔年终奖，如果能够拿出来孝敬父母，给另一半买份礼物，给小辈一个惊喜，只要看见他们洋溢着幸福的笑颜，就足以[30]感到温馨和满足，远远好过想方设法[31]钱生钱！

从大处讲，捐款、助人也是一种分享。祖父身为银行家，生活却极其俭朴。他热心捐款，一生捐赠了很多钱财，用自己的储蓄设立了以他名字命名的奖金用于培养[32]、激励新人。从另一层面来说，这也是回馈社会。

真正的理财教育，并不是具体地教你钱生钱的操作方法和判断能力，因为这本身是很难教会的，否则，致富太容易了。我们要教给年青一代的，是对金钱的态度。

（作者：程乃珊　根据《我家祖传的理财 3S 法则》改编）

铁公鸡：比喻小气的人。

疏于：很少做。

调剂：把多和少、忙和闲等加以调整。

润滑剂：减少事物之间矛盾的东西。

兑现：实现。

途径：方法。

愉悦：使快乐。

年终奖：年底的奖金。

洋溢：充分流露。

笑颜：笑脸。

捐款：捐助款项。
例：向灾区～　～办学

俭朴：节省朴素。

回馈：回报。

生词

欢天喜地[1]	huāntiān-xǐdì		非常快乐、高兴。
			例：~过春节。
喜气洋洋[2]	xǐqì-yángyáng		非常欢乐的样子。
			例：新年到了，全家人都~。
一年一度[3]	yīnián-yīdù		一年一次。
			例：学校~的美食节到了。
保管[4]	báoguǎn	动	①保藏和管理。
			例：~粮食
			②完全有把握；保证。
			例：只要努力，~你能学好汉语。
采纳[5]	cǎinà	动	接受（意见、建议、要求）等。
			例：学校~了同学们的建议。
有待[6]	yǒudài	动	要等待。
			例：这个问题~进一步研究。
分发[7]	fēnfā	动	一个个地给。
			例：~礼物
亲朋好友[8]	qīnpéng-hǎoyǒu		亲戚和朋友。
			例：节日的时候，~聚在一起，好不热闹。
出任[9]	chūrèn	动	出来担任（某种职务）。
			例：~董事长　~总统
有史以来[10]	yǒushǐyǐlái		有历史以来。
			例：这是~破坏最大的一次地震。
			【近】自古以来
分享[11]	fēnxiǎng	动	和别人一起享受（欢乐、幸福、好处）等。
			例：他与朋友们~美食。
			晚会上老师也~着孩子们的欢乐。
不得而知[12]	bùdé'érzhī		没办法知道。
			例：至于这手机是怎么坏的，我们也~。
首要[13]	shǒuyào	形	最重要的。
			例：~目标　~任务

悟[14]	wù	动	彻底明白。
			例：经过这件事，我～出一些道理。
可观[15]	kěguān	形	达到的程度比较高。
			例：规模～　数量～
定期[16]	dìngqī	形	时间确定的。
			例：～储蓄
			我们学校每年都～举行运动会。
成家[17]	chéng//jiā	动	结婚。
			例：～立业
			姐姐们都出嫁了，哥哥也成了家。
颇[18]	pō	副	很；相当地（书面语）。
			例：～感兴趣　～具影响
或许[19]	huòxǔ	副	也许。
			例：他没来，～是病了。
坦然[20]	tǎnrán	形	内心平静。
			例：神色～　心里～
大富大贵[21]	dàfù-dàguì		有钱又有地位。
			例：她说："我不求～，只想开开心心的。"
衣食无忧[22]	yīshí-wúyōu		不用担心吃穿。
			例：要珍惜现在～的生活。
必定[23]	bìdìng	副	一定。
			例：他这样做，～有特殊原因。
一毛不拔[24]	yīmáo-bùbá		过分爱惜自己的东西，该用不用或该给舍不得给。
			例：他这个人～，一分钱都舍不得花。
			【近】吝啬
自然而然[25]	zìrán'érrán		不经外力作用而如此。
			例：我们长期在一起工作，～地成了很好的朋友。
保鲜[26]	bǎoxiān	动	保持蔬菜、水果、肉类等食物的新鲜。
			例：～纸　食品～　改进水产品～技术
吝啬[27]	lìnsè	形	过分爱惜自己的东西，该用不用或该给舍不

得给。

例：～的人很难交到好朋友。

【反】大方

挥霍[28]	huīhuò	动	任意花钱。
			例：～无度　～钱财
异曲同工[29]	yìqǔ-tónggōng		不同的做法，收到同样好的效果。
			例：～之处
足以[30]	zúyǐ	动	完全可以；够得上。
			例：这些事实～说明问题。
想方设法[31]	xiángfāng-shèfǎ		想尽办法。
			例：他～地求父母让他来中国留学。
培养[32]	péiyǎng	动	①以适宜的条件使繁殖。
			例：～细菌
			②按照一定目的长期地教育和训练使成长。
			例：～人才　～汉语教师

词语辨析

1. 适中　适当

相同：

都是形容词。都有合适的意思。

例：（1）这条裙子对她来说，长度适中，颜色也很漂亮。

　　（2）他很善于在适当的时候提出自己的意见。

不同：

"适中"一般指温度、面积、容量、身材、位置等刚刚好，既不是太过，又不是不及。

"适当"使用的范围比"适中"广，还可指机会、言语等合适。

例：（1）这个杯子对八岁的儿童来说，大小适中/适当。

　　（2）我不喜欢喝太烫的水，冷热适中/适当就好。

　　（3）这件事由他去办，再适当不过了。（×适中）

　　（4）如果你在适当的时机表白，那么成功的可能性就高。（×适中）

"适中"一般放在名词的后面，"适当"多放在名词和动词的前面。

例：（1）我不想找高个子男朋友，身高适中就可以了。（名词后）

(2) 这件事，我找个适当的机会再去跟他商量商量。（名词前）

(3) 虽说你有钱，但买东西的时候也适当地考虑下价格。（动词前）

搭配：

适中：冷热 ~ / 大小 ~ / 高度 ~ / 身材 ~ / 地点 ~

适当：~ 的机会 / ~ 时候 / ~ 条件

机会 ~ / 场所 ~ / 条件 ~ / 语言 ~

~ 地讲解 / ~ 处理 / ~ 运动

练习：

(1) 他现在心情不好，我们在（　　　）的时候再去看他吧。

(2) 我不喜欢太瘦，身材（　　　）最好。

(3) 房间里的温度（　　　），不冷也不热。

2. 充裕　富裕

相同：

都是形容词。都有很丰富、多到能满足需要的意思。

例：(1) 这次的项目你不用考虑钱的问题，资金充裕得很。

　　(2) 中国的经济发展起来了，人们的生活也变得富裕了。

不同：

"富裕"主要指财物多。

"充裕"所包含的范围比"富裕"更广，可以是时间、金钱、财物等。

例：(1) 他有充裕的时间准备这次比赛。（×富裕）

　　(2) 农民的生活一天天地富裕起来。（×充裕）

"富裕"还可用作动词，有"使富裕"的意思。

例：发展经济的目的，是为了富裕民众的生活。（×充裕）

搭配：

充裕：资金 ~ / 时间 ~

富裕：生活 ~ / 日子 ~ ；~（的）家庭 / ~ 地区 / ~ 城市

练习：

(1) 以前他比较穷，现在日子过得挺（　　　）的。

(2) 离考试还有一个月，我们有（　　　）的时间复习。

(3) 发展生产，（　　　）人民。

篇章训练

1. 阅读课文《祖传的理财三原则》中作者详细介绍了三个原则，请用自己的话叙述三个原则的具体做法，并记下关键词。

（1）储蓄：

（2）消费：

（3）分享：

2. 作者在最后说到"真正的理财教育，不是具体地教你钱生钱的操作方法和判断能力，因为这本身是很难教会的，否则，致富太容易了。我们要教给年青一代的，是对金钱的态度"。作为年青一代，你对金钱的态度是怎么样的？请用 300～500 字的短文书面回答。

文化点滴

古人理财故事

提起理财投资，许多人以为是近现代才"流行"起来的。实际上在中国，以家庭或个人致富为目标的私人理财投资观很早就出现了。

"理财"一词最早见于《易经·系辞》，"理财正辞，禁民为非曰义"。它的意思是说，对于财物的管理和使用要有一个正当的说法，禁止民众不合理的开支和浪费，是理财最合宜的方法。

苏轼坚持"禁止生活中各种不必要的开支和浪费"。他被
贬为黄州团练副使后，俸禄（fèng lù）大幅减少，于是他痛下决心，决定把每天的开支控制在 150 文以内。具体做法是这样的：每月发工资后取出 4 500 文钱，分成 30 堆后用绳子串起来挂在房梁上，每天早上用一枝长长的画叉挑取一串，取完后就把画叉藏起来。平常在屋里放一只大桶，存放每天剩下的钱，以备来客时招待使用。

当然，这样"节流"还不够，苏轼经多方申请，从当地衙（yá）门那里弄到数十亩（mǔ）废弃荒地，于是他脱下长衫，穿上短衣，

苏轼

带领全家人开荒种地，在"节流"的同时还做到了"开源"。

（作者：佚名　来源：http：//money.cnfol.com/130418/160，1554，14892997，00.shtml有改动）

经典诵读

1. 量入以为出。（《礼记》）

译：指根据收入的多少来决定开支的限度。

2. 俭(jiǎn)则伤事，侈(chǐ)则伤货。（《管子》）

译：过于节俭就会产生对生产不利的因素，奢侈则造成对财富的耗费。

练习

一、根据拼音写出汉字，然后把它们填在合适的句子里

cóngróng　jiézòu　rèmén　bǎozhàng　shìzhōng　xiānglín　chōngyù　héxié

1. 新闻一报道，这件事就成了（　　）话题。

2. 作为这次活动的组长，你一定要（　　）组员的安全。

3. 说完，他（　　）地走出大门，一点儿也不慌张。

4. 在大城市，生活压力很大，工作的（　　）也很快。

5. 你看那两座（　　）的山，山顶上都有一座庙。

6. 别着急，我们时间还很（　　）。

7. 现在，房间里的温度刚刚好，冷热（　　）。

二、词语搭配，并解释

（　）年（　）月：_____

（　）慌（　）忙：_____

（　）安（　）危：_____

（　）心（　）手：_____

（　）源（　）流：_____

（　）不（　）攀：_____

（　）缝（　）补：_____

三、选词填空

节奏　　露面　　悠闲　　从容　　得心应手

莫非　　忽视　　算计　　打拼　　大吃一惊

1. 他今天在比赛中的表现真是让人____。

2. ____他走了？我还说让他等我一会儿呢。

3. 大城市的生活____很快。

4. 这么重要的问题，你怎么能____呢？

5. 自从那条丑闻发生后，他再也没有____了。

6. 昨晚复习了课文，今天回答起问题来____。

7. 退休后，爷爷过着____的生活，每天养养花，下下象棋，钓钓鱼。

8. 无论多么大的困难，他都能____地面对。

9. 有的人认为，年轻的时候应该努力____，少享受。

10. 这么重要的事情，你应该好好____一下，不要急着做决定。

四、请用本课学习的生词替换下列句子中加点的部分

例：我问售货员这款新手机有什么优点，她就一个个地说出来。　　　　（列举）

1. 他很久没有出现了，我一直没见到他。　　　　　　　　（　　　）

2. 这么热的天气，不适合出门。　　　　　　　　　　　　（　　　）

3. 现在是新时代了，不要继续使用老观念来看待问题。　　（　　　）

4. 看了这封没写寄信人名字的信，我心里有疑问，不明白。（　　　）

5. 做菜的话，盐是一定要有的。　　　　　　　　　　　　（　　　）

五、用加点的词语造句

1. 当我们沿用这古老的格言，来打理自己的钱袋时，是否依然那么得心应手？

_____

2. 他十分诧异，就问："莫非你不用喝水？这几天怎么不见你去挑水呢？"

_____

3. 功夫不负有心人，这口井终于在一个星期前冒出水来了。

_____

六、熟练朗读下列语段

1. 现今，生活节奏越来越快，许多人为了事业而打拼，辛苦挣来的血汗钱，不应只躺在银行账户里睡大觉，而应养成灵活理财的习惯，让理财变为生活的一部分。

2. 股市楼市金融风暴的起起落落与我们无关，我们可以静下心来读书、写作、观看人生风景。到现在，虽然没有大富大贵，至少也衣食无忧。这样舒适、自在、简单的人生，还有什么不满足的呢？

七、阅读练习

中国人 30 年消费变迁

20 世纪 80 年代初，中国居民收入水平普遍较低，市场也没有完全开放。即使有钱也买不上东西的现实，使中国的消费水平停留在一个相对较低的状态。

粮票可谓是当时最有中国特色的购买凭证之一。城镇居民必须凭粮票才能购买粮食。除此之外，还有人们日常消费中需要用到的食用油票、豆腐票、布票等。由于各种生活必需品只能凭票购买，钱无用武之地是当时的普遍现象。虽然从 1983 年起北京就已经有了中国第一家超市，但那时候的消费者，几乎清一色是外国人。

在那个缺粮少菜的年代，人们对生活质量的要求仅仅是满足温饱。普通人几乎没有去过饭店，更没有吃过西餐。因此，当洋快餐肯德基 1987 年落户北京的时候，大多数人除了觉得新奇，普遍认为 5 元到 10 元的消费价格太奢侈了。

社会风气的日渐开放，使中国人的服装消费观念相比 20 世纪 70 年代发生了变化。各种在老一辈人眼里看来是"奇装异服"的打扮悄悄在年轻人中流行起来，"赶时髦"这个词成为一大话题。蝙蝠衫、喇叭裤、健美裤、连衣裙……尽管这些服饰当时还不能被所有人接受，但依然阻挡不了人们追求潮流的脚步。所以，80 年代的人无论是买还是穿，对于"时髦服装"还是有点儿羞答答的感觉。

进入 20 世纪 90 年代，中国人的购买力和消费欲都被逐步释放。

1993 年，国家放开粮油商品的供应，结束了"粮票的美好时代"。于是在各色市场，人们终于可以不用凭票定量购买所需的生活用品，去市场买东西的人们"想买什么买什么，想买多少买多少"。基本解决了温饱问题的中国人感受到了选择商品的快乐。

"下馆子"成了风靡一时的词汇，告别了集体食堂的大锅饭，人们开始"想吃啥就吃啥"。以前只有节日才能吃到的大鱼大肉，已经能天天出现在百姓的饭桌上。除了中餐馆，各种外国美食也开始进入人们的生活，肯德基、麦当劳、法国菜、日本菜、韩国菜……中国人嘴巴的选择越来越多。

跟随时代发展的脚步，追求美与潮流渐渐成为消费的新风向。皮夹克、黑墨镜、牛仔裤、T恤衫在大街小巷已经处处可见。购买珠宝首饰、新潮家具和各种新式的生活用品，人们开始大大方方地展示自己的美，彰^{zhāng}显自己的个性，表达自己对生活的热爱。

20世纪90年代，中国人的消费已经跨过基本的温饱需求，开始追求消费的质量和生活的乐趣。而在这一消费转型的过程中，人们的消费水平和消费需求也初步呈现出多层次、多维度和多样化的差异。

进入21世纪，随着时代的进步和生活水平的提高，新型消费项目层出不穷，居民的消费水平实现了质的飞跃。

请客、下馆子已经成为习以为常的招待模式。而饭店的类别和特色也越来越清晰：中餐厅、西餐厅、茶餐厅、自助餐厅、大排档……由于选择过多，不知道从什么时候开始，中午、晚上吃什么甚至成了中国百姓日常生活中必须思考的问题。曾经为了"改善生活"才去的肯德基、麦当劳等洋快餐，现在不过是日常休闲、聊天、聚会的低端消费场所。温暖的午后，在星巴克或COSTA等咖啡厅花二三十元喝上一杯咖啡，看看书或上上网，才是现在公认的小资版惬^{qiè}意生活。西式的慢节奏咖啡厅文化，正在被越来越多的人所接受。

娱乐和享受性消费在这一时期达到前所未有的高峰。看电视剧、小区跳舞、公园练操等早已不能满足人们日益增长的需求。健身房、游泳馆、KTV厅、棋牌室、电影院等消费场所越来越受到人们的喜爱。同时，旅游的人也越来越多。人们的消费观念实现了从"旅游就是白花钱"到"还是应该多出来看看"的大转变。

2010年至今，消费更是多种多样。消费理念的升级让"绿色消费""健康消费""个性消费"和"新奇消费"等更高层次的消费形式逐渐走入寻常百姓的生活。新款的苹果手机等电子产品已经成为年轻人必备的潮品。网购、团购作为流行消费模式，正引领着新潮流。无公害蔬菜、绿色有机、健康食品为越来越多人所青睐^{lài}。通过个性化定制、自定义改造来满足自身喜好和需求的消费模式也日渐兴起。

如今，大众消费不仅要看价格，也要看品质。这个多元化消费的时代正从方方面面满足人们不同的需要，使消费变得前所未有的方便和享受。

（作者：张岩　来源：人民网　http://politics.people.com.cn/n/2013/0218/c1001 - 20517018.html　有改动）

阅读理解

1. 以下哪项不是 20 世纪 80 年代中国人的消费情况？（   ）

A. 生活必需品都要凭票购买

B. 追求时尚，能接受"时髦服装"

C. 普通人几乎没去过超市和饭店

2. "基本解决了温饱问题的中国人感受到了选择商品的快乐。"是因为(   )。

A. 20 世纪 90 年代的中国人喜欢买东西

B. 可以不用凭票定量购买所需的生活用品

C. 20 世纪 90 年代的物价低，东西很便宜

3. 20 世纪 90 年代中国人的消费有哪些变化？（   ）（多选）

A. 不用凭票买东西

B. 嘴巴的选择越来越多

C. 对时尚的追求不再"羞答答"

D. 消费水平实现了质的飞跃

4. 进入 21 世纪，中国人的消费有哪些变化？（   ）（多选）

A. 饭店种类多，下馆子是再普通不过的事

B. 个性化定制、自定义改造的消费模式日渐兴起

C. 追求小资版的惬意生活

5. 以下哪项不是 2010 年至今的大众消费特点？（   ）

A. 开始追求消费的质量和生活的乐趣

B. 高层次的消费形式进入普通家庭

C. 消费理念升级，进入多元化的消费时代

八、采访调查

全班同学分为 3 组，以"留学生消费习惯调查"为题目，设计调查问卷，并采访至少 10 位同学。

留学生消费习惯调查

1. 您的性别：

    A. 男

    B. 女

2. 您的生活费来自：

    A. 父母

    B. 自己

    C. 奖学金、助学金

    D. 其他

3. 除吃饭外，剩下的生活费您会消费在哪些方面（多选）：

    A. 买衣服

    B. 买日用品

    C. 通信费

    D. 书本文具

    E. 休闲娱乐

4. 消费之前，您会进行计划吗？

    A. 完全不计划

    B. 有计划，但消费和计划不一致

    C. 不会特别计划，但会有节制消费

    D. 每个月都有计划，并会切实实施

5. 您每月的生活费使用情况如何？

    A. 有较多剩余

    B. 有一点儿剩余

    C. 全部花完

    D. 常常不够花

6. 您网络购物占一般购物的：

    A. 0～20%

    B. 21%～40%

    C. 41%～60%

    D. 61%以上

7. 您选择网上购物的原因（多选）：

    A. 种类丰富

    B. 价格便宜

    C. 商品不受时间和地域限制

    D. 其他

8. 您认为自己的消费合理吗？

    A. 非常合理

    B. 比较合理

    C. 不够合理

    D. 很不合理

9. 您对现在的消费生活满意吗？

    A. 非常满意

    B. 比较满意

    C. 一般满意

    D. 不满意

九、写作

根据第八题回收的调查问卷，并查阅调查报告的写法，每个小组合作完成一份调查报告。

第十二课

1. 你卖过东西吗？卖东西的时候会遇到哪些困难？

2. 结合你的生活经验，谈谈你遇到困难时，是从哪些角度出发去解决的？
不同的角度会有什么不一样的结果？

3. 成功所需要的品质是什么？

课文

成功从一粒米开始

孔夫子曰："不患无位，患所以立。不患莫己知，求为可知也。"意思是说，不必担心、害怕自己没有地位，而应该担心、害怕你靠什么、凭什么能够立得起来。不必担心、害怕没有人知道自己，凭借自己的努力去奋斗一番事业，别人自然就会知道你。没有人能轻而易举[1]地取得成功，每一个成功的人都有自己的不同之处。比如

231

美称：好的称号。

合资：双方或几方共同投资。

例：中外~公司

……之余：指某种事情、情况以外或以后的时间。

例：学习~ 兴奋~

承租：租来（店面）。

铺面：店面。

零售：一件件地卖。跟"批发"相对。

够呛：十分厉害；够受的。

商贩：商人。

销路：销售的出路。

突破口：打破困难局面或限制的关键处。

杂质：东西中有不纯的成分。

切入点：最先着手的地方。

卖大米的人不少，但卖出了成就的却十分罕见[2]，而有台湾"经营之神"美称的王永庆，他的第一桶金就是从卖大米开始的。

少年时代的王永庆，家庭十分贫困[3]，据说连衣服都买不起，每天都穿着他母亲用装面的口袋给他缝的一件衣服，上边还印有"中美合资"四个字。家里勉强把他供[4]到小学毕业，为了维持生计[5]，15 岁的王永庆不得不到一家米店里做小工。工作之余，他常常留心[6]钻研[7]卖大米的学问。一年后，他从中学到了不少卖大米的技巧[8]，便请求父亲支持他，他想开一家属于自己的米店。他父亲千方百计[9]地从亲戚朋友那里借来 200 台币，不久王永庆的米店就开业[10]了。

由于缺少资金[11]，王永庆只能在一条偏僻[12]的巷子里 chéng zū pù 承 租一个很小的铺面。这对小小嘉义县城里的其他 30 多个米店来说，根本算不上什么威胁。而离王永庆的米店不远处就有一家日本人开的米店，既零 售（líng shòu）又批发，谁又会到这家少年开的小米店来买米呢？在新开张的那段日子里，生意冷冷清清[13]，门可罗雀[14]。既然坐在店里等不来客人，那就主动去找客人。王永庆开始背起米袋，每天都在大街小巷里挨家挨户[15]去推销[16]。一天下来，虽然人累得够呛，但米店的生意依然毫无起色[17]。

谁会去买一个小商贩（fàn）上门推销的米呢？怎样才能打开销路呢？一天，他在店里望着米仓里的米发呆。突然，他一拍大腿，"有了！"他决定从每一粒米上打开突破口。

原来，那时候的台湾，由于稻谷收割与加工的技术相对[18]落后，当时的米中有很多米都没有脱（gē）干净，其中还夹杂[19]了不少杂质。人们每次在做饭前，都要淘好几次米，极不方便。但大家都已经见怪不怪[20]，习以为常了。

王永庆却从这司空见惯[21]中找到了切入点。于是他叫来两个弟弟，开始做了起来。他们从第二天要卖的米中，一粒粒地拣出这些杂质来，一直做到半夜。一时间，小镇上的主妇[22]们都说，王永庆卖的米质量好，省去了不少淘米的麻烦。这样，一传十，十传百，米店的生意日渐红火[23]起来。这就是王永庆卖米的第一招——"眼睛向内"，意思是让自己的产品品质[24]有保证。还有，口口相传[25]就是最好的广告，客人要靠品质好的产品和实惠[26]的价格来聚集[27]，这种做法显然比故意往米袋里放杂质的人要高明[28]许多。但王永庆并没有止步不前[29]，他还要继续在米上下大功夫。

一传十，十传百：消息传播得很快。

pāng tuó
一个大雨滂沱的夜晚，王永庆忙完米店的工作刚要上床睡觉，听见有人在"咚咚咚"地敲门。打开门一看，是铁路对面旅馆的厨师，说刚刚来了两个客人还没吃饭，恰好旅馆里没米了，他叫王永庆送点米过去。王永庆卖的米一斤只赚一分钱，但为了信用，为了父亲经常在他耳边说的那句古话："不惜钱者有人爱，不惜力者有人敬。"虽然他没有钱，但需要用力气的事就好说[30]。王永庆称了米，冒着大雨给那家旅馆送了过去。在别人

滂沱：形容雨下得很大。

xī sōng
看来，也许这只是一件稀松平常的事，但他从中受到了启发，从此也开始了他卖米的第二招——"送米到家"。

稀松：不重要；无关紧要。

那时候，顾客都是上门买米，自己运送回家。当时还没有"送货上门"一说，增加这一服务项目等于是一项创举。别人送米最多送到客人家门口就结束了，王永庆却不是这样。他到客人家，如果发现还有没吃完的米，就先倒出来，放在一边，然后把米缸洗干净擦干，倒进新米，找来几张白纸放在新米上边，再把原来的米倒上去。这样，陈米就不至于[31]因存放过久而变质[32]。如此细致周到的服务，深深地感动着每一位客人，回头客自然就越来越多了。

创举：从来没有过的举动或事业。

王永庆还有第三招——"观察米缸"。如果给新顾客送米，王永庆就细心地记下这户人家米缸的容量[33]，并且问明家里有多少人吃饭，每人饭量如何，以及发工资的时间等信息。据此估计该户人家下次买米的大概时间，记在本子上。到时候，在这户人家米还没吃完之前，不等顾客上门，他就主动将相应[34]数量的米送到客人家里。遇到家庭不太富裕的，等有了钱再给也可以。这样既不失去老顾客，也不影响顾客买米做饭。这就是想顾客之所想，急顾客之所急。

jīng xì　　wù shí

王永庆精细、务实的服务家喻户晓[35]，嘉义人都知道在米市马路尽头的巷子里，有一个卖好米并送货上门

chàng

的王永庆。从此，王永庆的大米畅销起来。经过一年多的资金和客户积累，王永庆便开设[36]了一个碾米厂，在最繁华[37]热闹的临街处租了一处比原来大好几倍的房子，临街做铺面，里间做碾米厂。

就这样，王永庆从小小的米店生意开始了他后来问

dǐng

鼎台湾首富的事业。他的故事告诉我们：无论做什么事，都要多思考，多从顾客的角度看问题，把握机遇[38]，在细节中创新。眼光要长远[39]，胸怀[40]要宽广，看得准，干得稳，勇敢尝试，以善良温暖自己、照亮别人。这样，你也就没有理由不成功了。

V……之所 V：V 是单音节动词，如想顾客想的事情，为顾客着急的事情着急。

精细：精明细心。

务实：讲究实际。

畅销：卖得好。

问鼎：在比赛或竞争中得到第一名。

首富：最富的人。

（作者：夫子山闲人　来源：中财论坛　标题有改动）

生词

轻而易举[1]	qīng'éryìjǔ		形容事情很容易做。
			例：这道题，我~就能回答正确。
罕见[2]	hǎnjiàn	形	很少见到。
			例：早些年，手机还是个~的玩意儿。

贫困[3]	pínkùn	形	生活困难；贫穷。
			例：不管生活多么~，爸爸都坚持让我们读书。
供[4]	gōng	动	把钱财、物资等给人使用。
			例：~水　~电　~孩子上学
生计[5]	shēngjì	名	维持生活的办法；生活。
			例：维持~　另谋~
留心[6]	liúxīn	动	注意。
			例：出门在外，一定要多~。
钻研[7]	zuānyán	动	深入研究。
			例：~业务　刻苦~
技巧[8]	jìqiǎo	名	在艺术、工艺、体育等方面的巧妙的技能。
			例：绘画~　运用~
千方百计[9]	qiānfāng-bǎijì		形容想尽或用尽各种办法。
			例：困难再大，我们也要~地完成任务。
开业[10]	kāiyè	动	开始营业。
			例：这家新店刚~，就有不少人光顾。
资金[11]	zījīn	名	做生意的本钱。
			例：这家店因缺少~，已经不营业了。
偏僻[12]	piānpì	形	离城市或中心区远，交通不便。
			例：~的山区　地点~
冷冷清清[13]	lěnglěngqīngqīng		冷清，幽静。
			例：后山游人少，显得~的。
门可罗雀[14]	ménkěluóquè		形容顾客稀少。
			例：春节期间，广州不少店铺~。
挨家挨户[15]	āijiā'āihù		一家一户地。
			例：儿时，玩得太晚忘记回家，妈妈就在村子里~地找。
推销[16]	tuīxiāo	动	想办法把产品卖出去。
			例：~产品　~员
起色[17]	qǐsè	名	好转的样子。
			例：她的病已经有些~了。
相对[18]	xiāngduì	动	①面对面。

			例：两山~
	形		②比较的。
			例：~便宜
夹杂[19]	jiāzá	动	混合。
			例：窗外，脚步声和笑声~在一起。
见怪不怪[20]	jiànguàibùguài		看见奇怪的事也不觉得奇怪。
			【反】大惊小怪
司空见惯[21]	sīkōngjiànguàn		看惯了就不觉得奇怪。
			【近】习以为常　【反】绝无仅有
主妇[22]	zhǔfù	名	一家的女主人。
			例：家庭~
红火[23]	hóng·huo	动	兴隆；热闹。
			例：日子~　生意~
品质[24]	pǐnzhì	名	物品的质量。
			例：~优良
口口相传[25]	kǒu·kouxiāngchuán		口头上一个人传给另一个人。
			例：~，知道这件事的人越来越多了。
实惠[26]	shíhuì	名	实际好处。
			例：得到~
	形		有实际的好处。
			例：这种产品外表好看，却不~。
聚集[27]	jùjí	动	凑在一起。
			例：广场上~了很多人。
高明[28]	gāomíng	形	好得超过一般水平。
			例：主意~　医术~
	名		好得超过一般水平的人。
			例：另请~
止步不前[29]	zhǐbù-bùqián		停止脚步，不前进。
			例：这个问题到这一步就~，无法解决了。
好说[30]	hǎoshuō	动	表示能够统一或好商量。
			例：只要你没意见，她那边就~了。
至于[31]	zhìyú	动	表示达到某种程度。

例：他说了要来，也许晚一些，不～不来吧？

介　表示另说一事。

例：以前学汉语的就不少，～现在，那就更多了。

变质[32]　biànzhì　动　变得与原来不同（多指向不好的方面转变）。

例：已经～的食物就不要吃了。

容量[33]　róngliàng　名　容积的大小。

例：这个瓶子的～是500ml。

相应[34]　xiāngyìng　动　相互配合、适应。

例：环境变了，工作办法也要～地改变。

家喻户晓[35]　jiāyù-hùxiǎo　　每家每户都知道。

例：贝多芬是个～的人物。

开设[36]　kāishè　动　①开（店铺、工厂等）。

例：～洗衣店

②设置（课程）。

例：～口语课

繁华[37]　fánhuá　形　（城镇、街道）热闹。

例：北京路是广州～的商业街。

机遇[38]　jīyù　名　时机，机会（多指有利的）。

例：这真是一个难得的～啊！

长远[39]　chángyuǎn　形　时间很长（指未来的时间）。

例：我有个～的打算，那就是学好汉语以后当翻译。

胸怀[40]　xiōnghuái　动　心里怀着。

例：～大志

名　心胸；胸部。

例：敞开～

谈一谈

1. 孔夫子曰："不患无位，患所以立。不患莫已知，求为可知也。"这句话想告诉我们什么道理？

2. "一个大雨滂沱的夜晚，王永庆忙完米店的工作刚要上床睡觉，听见有人在'咚咚咚'地敲门。打开门一看，是铁路对面旅馆的厨师，说刚刚来了两个客人还没吃饭，恰好旅馆里没米了，他叫王永庆送点米过去。"王永庆为什么要答应冒着大雨去送米？

3. 王永庆都是从哪几个方面观察到顾客的需求的？请将王永庆的成功经验——列出，并谈谈还有什么更好的方法。

4. 王永庆卖米的故事告诉我们什么样的道理？

5. 讨论（分组讨论 10 分钟，每组一人记录每人看法的关键词，一人负责汇报本组主要看法）。

（1）王永庆卖米跟其他商家有什么不同？为什么会有这些不同？

（2）如果你是王永庆，会在大雨滂沱的晚上去送米吗？为什么？

阅读课文

中国饮料第一罐——王老吉凉茶

2008 年，王老吉获得"人民大会堂宴会[1]用凉茶饮品"的称号。过去十年，这个百年老字号在中国饮料市场上一直处于领跑地位，成为 21 世纪民族饮料工业的标志性符号。

> 老字号：开设年代久的商店。

其实，凉茶最早出现在中国的南方，由于当地夏季高温湿热，人们养成了饮用凉茶的习惯。现今，被尊称[2]

为凉茶始 zǔ 祖的王老吉，不管是在东南亚，还是在欧美等华人聚居区，几乎无人不知、无人不晓。甚至有一些海

> 始祖：发明的人。
> 聚居：集中住在一个地方。
> 途经：路过。

外游子[3]在途经香港、广州时，仍不忘捎 shāo 一些王老吉凉茶作为礼品，馈赠[4]亲朋好友。

> 捎：顺便带。
> 例：～封信 ～件衣服

虽说王老吉已经有上百年的历史，但刚开始时一直没能打开全国市场。早在 1995 年，首批红罐王老吉凉茶就已经面世[5]了。销售了 7 年，红罐王老吉在两广、浙南地区的销量[6]

> 早在+时间（前）：表示事物出现得很早。

已经十分稳定。虽说形成了比较固定的消费群，盈 yíng 利状况也良好，却始终面临着无法走出两广、浙南的困境[7]。

> 盈利：工商业上赚的钱。

随着经济的发展，中国饮料市场的竞争愈演愈烈[8]。饮用水、茶饮料、果汁等不同类型饮料的市场争夺[9]战早

巨头：政治、经济界等有较大势力能左右局势的人。

觊觎：希望得到。

生力军：在活动中起积极作用的人。

崛起：（山峰等）突起；兴起

有过之而无不及：只有超过而没有赶不上的。

概念：观念或意识。

定位：把事物放在合适的地方并做出评价。

祛火：去掉火气。

例：如果上火了，可以喝凉茶或中药～。

口干舌燥：口干，很渴，不舒服。

---

xiāo
已 硝 烟弥漫。"汇源""统一"不约而同地打起了时尚娱
tàn suān
乐牌；碳 酸 饮料巨头"两乐"（可口可乐、百事可乐）
jì yú
之争及对其他细分市场的觊 觎，让中国饮料市场存在巨
大的变数[10]。作为生力军的王老吉，管理层对此躁动[11]不
jué qǐ
已[12]，他们意识到，要快速崛 起，必须打开其他地区的
市场，将王老吉凉茶推向全国。

经过一系列严谨[13]的市场调查，王老吉公司发现两广
的消费者饮用红罐王老吉主要在烧烤、登山等场合，其
原因不外乎[14]"吃烧烤容易上火，喝一罐先预防[15]一下"；
而在浙南，饮用场合主要集中在外出就餐、聚会，该地
区消费者对于"上火"的担忧[16]，与两广的消费者相比，
有过之而无不及。而在两广及浙南地区以外，人们并没
gài niàn
有凉茶的概 念，很多消费者表示从来没有听说过凉茶，
更分不清凉茶与饮料以及一般茶的区别。因此，宣传推
广凉茶的的概念及其功效[17]是一项迫在眉睫[18]的任务。

qū
于是，王老吉公司重新进行品牌定位，打出"祛火"
的概念。在新的品牌定位下，起初他们走的是餐饮销售
渠道[19]，在各大湘菜馆、川菜馆、火锅城和烧烤场都备上
王老吉凉茶。考虑到北方的冬季寒冷干燥，加之[20]经常使
zào
用暖气和空调，使得人们频繁[21]出现口干舌 燥、嗓子疼、
心烦易怒等"上火"现象，王老吉公司发现北方也存在
巨大的市场潜力。"预防冬季上火"的主题成为王老吉又
一新亮点[22]。王老吉独特的价值在于——喝红罐王老吉不
但能"祛火"，还能"预防上火"，让消费者无忧无虑[23]
地享受生活：尽情吃烧烤、煎炸食品、香辣美食，偶尔
通宵达旦[24]看足球也不用过于担心……

pǔ
中国几千年的中医概念"清热祛火"在全国广为普

239

及，深入人心[25]。同时，"预防上火"的概念也被全国各地的人们所接受。这就使红罐王老吉突破了凉茶概念的地域局限[26]。依靠宣传概念的转移[27]，王老吉红色浪潮_{làng cháo}席卷_{xí juǎn}大江南北，并迅速抢占了国内市场的制高点，赢得了全国饮料市场近20％的市场占有率，成为中国饮料市场名副其实的一匹"黑马"。罐装"王老吉"凉茶在2007年罐装饮料市场销售额指标_{zhǐ biāo}上名列全国第一，荣获"2007年度全国罐装饮料市场销售额第一名"，以无可争议_{zhēng yì}之势成为"中国饮料第一罐"。

除了宣传概念的转移，细分消费人群，使人人都能喝得起王老吉凉茶，这也是取得成功的因素。随着中国经济的迅速发展，人民的生活水平跃上了新的台阶，生活上也日益追求身心健康。王老吉全国统一定价为每罐3.5元，这一价格与一般饮料的价格持平，是大众可以接受的价格。因为有"预防上火"的功能，所以并不会有"高不可攀"的感觉。红罐王老吉面向的人群是都市职业青年，用于朋友聚会、宴请等社交[28]场合，相对餐饮上的啤酒，3.5元是很合适的价格，而且这类消费人群对价格不太敏感[29]。国内的王老吉药业还生产了2元绿色盒装的王老吉凉茶，更是填补_{tián bǔ}了对红罐王老吉价格敏感的消费人群——如学生、工人等的需求空白。罐装与盒装相结合_{jiē céng}，吸引了不同阶层不同经济能力的消费者。

"它是南方生活的经典，却同时占领了北方的餐桌。"《新周刊》对王老吉凉茶如此评述_{shù}，因为"怕上火，喝王老吉"这一概念，已经牢牢地抓住了人们的购买欲望[30]。王老吉以一种健康饮料，迎合现代广大消费者崇尚天然、追求健康、预防上火的心理，变成了现代人"祛

普及：普遍推广，使大众化。
例：～知识　～法律

浪潮：比喻大规模的社会运动。

席卷：把所有东西都卷进去。

抢占：抢先占领。
例：～座位　～市场

制高点：能看到或控制周围的最高处。

率：两个相关的数在一定条件下的比值。
例：税～　使用～

黑马：指在比赛或选举等出人意料获胜的人。

指标：计划中规定达到的目标。

荣获：光荣地获得。

争议：争论。

台阶：比喻到某阶段的新水平。

日益：一天比一天更加。

持平：（与相对比的数量）保持相等。

都市：城市。

填补：补充。

阶层：指人因社会经济地位不同而分成的层次。

评述：评价。

迎合：有意使自己的言语或行动适合别人的心意。

火"和"预防上火"习惯性饮用的饮料。

王老吉凉茶既满足了消费者的健康需求，也体现了当下注重"养、防"的传统养生文化的趋势[31]。传统草本植物饮料的商品化和商业化，对中华养生文化的传承和发展起到了不可磨灭[32]的作用。王老吉在文化与商业融合上的努力探索，将成为传统与现代、文化与市场对接的一个令人激动的"中国式样本"。

对接：相互联系起来。

（主要根据百度文库刘阁柱小组所做的《中国饮料第一罐——王老吉凉茶》改编）

生词

宴会[1]	yànhuì	名	主人和客人一起吃饭喝酒的聚会。
			例：举行盛大的～。
尊称[2]	zūnchēng	动	尊敬地称呼。
			例：～他为老师。
		名	对人尊敬的称呼。
			例："您"是"你"的～。
游子[3]	yóuzǐ	名	离家在外或久居外乡的人。
			例：海外～
馈赠[4]	kuìzèng	动	赠送（礼品）。
			例：去国外旅行回来，总要带些礼品～亲友吧。
面世[5]	miànshì	动	指作品、产品与世人见面。
			例：诗人的两本新作即将～。
销量[6]	xiāoliàng	名	销售数量。
			例：今年新出的这款手机～还不错。
困境[7]	kùnjìng	名	困难的处境。
			例：处于～ 陷入～ 摆脱～
愈演愈烈[8]	yùyǎnyùliè		（事情、情况）变得越来越严重。
			例：这件事不好好处理，就会～。
争夺[9]	zhēngduó	动	争着夺取；抢夺。
			例：～市场 ～土地 ～财产

变数[10]	biànshù	名	可变的因素。
			例：事情在没有办完之前，可能会有新的～。
躁动[11]	zàodòng	动	因焦急而不安。
			例：一听这话，他心里顿时～起来。
不已[12]	bùyǐ	动	用在动词后面，表示不停。
			例：鸡鸣～ 激动～
严谨[13]	yánjǐn	形	严密、小心、细致。
			例：说话做事～ 文章结构～
不外乎[14]	bùwàihū	动	不超出某种范围以外。
			例：大家所谈论的～工作问题。
预防[15]	yùfáng	动	事先防备。
			例：～感冒 ～地震
担忧[16]	dānyōu	动	发愁，担心。
			例：不必～，他不会遇到危险的。
功效[17]	gōngxiào	名	功能，效率。
			例：中药的～很不错。
迫在眉睫[18]	pòzàiméijié		形容十分紧急。
			例：大火就要烧到那片红树林了，就在这～之时，消防队员赶来了。
渠道[19]	qúdào	名	途径。
			例：销售～ 扩大商品流通～
加之[20]	jiāzhī	连	加上。
			例：天气炎热，～窗外车声不断，实在无法休息。
频繁[21]	pínfán	形	（次数）多。
			例：交往～ ～接触
亮点[22]	liàngdiàn	名	①比喻有光彩而引人注目的人或事物。
			例：作者亲笔签名的旧书是此次读书活动的～。
			②比喻突出的优点。
			例：他的身上有着许多～。
无忧无虑[23]	wúyōu-wúlǜ		没有担心和顾虑。
			例：真怀念～的童年啊！
通宵达旦[24]	tōngxiāo-dádàn		从天黑到天亮。

例：他是个工作狂，常常~地干。

| 深入人心[25] | shēnrù-rénxīn | | 深深地进入人们的心里。 |

例：节约的观念早已~。

| 局限[26] | júxiàn | 动 | 限制在某个范围内。 |

例：他的报告只~于教育方面，没有其他内容。

| 转移[27] | zhuǎnyí | 动 | 从一方移到另一方；改变。 |

例：~视线　~目标　~方向

| 社交[28] | shèjiāo | 名 | 社会上人与人的往来。 |

例：~活动　~场合

| 敏感[29] | mǐngǎn | 形 | ①对外界事物反应很快。 |

例：有些动物对天气的变化非常~。

②容易引起反应的。

例：不要提了，他对这件事很~的。

| 欲望[30] | yùwàng | 名 | 想得到某种东西或想达到某种目的的要求。 |

例：他赢得比赛的~十分强烈。

| 趋势[31] | qūshì | 名 | 事物发展的动向。 |

例：这种款式的衣服是今年流行的~。

| 不可磨灭[32] | bùkě-mómiè | | 经过很长时间也不会消失。 |

例：达尔文对后世的影响~。

词语辨析

1. 开设　设立

相同：

都是动词。都可以表示事物开始存在，有"成立""建立"的意思。

例：（1）听说最近很火的那家饭店，又开设了两家分店。

　　（2）该市设立了环境保护监督小组，是为了让城市的环境变得更好。

不同：

"开设"的对象多是店铺、作坊、工厂等。此外，"开设"还有设置（课程）的意思。

"设立"的对象只是组织、机构等。

例：（1）最近，学校旁边开设了一家洗衣店。（×设立）

（2）华文学院开设了很多不同类型的汉语课程。（×设立）

（3）明年，他们打算设立一个公益机构。（×开设）

搭配：

开设：~工厂/~店铺/~课程

设立：~机构/~学校/~医院/~志愿者组织

练习：

（1）新住宅区（　　）了学校和医院。

（2）（　　）店铺容易，要经营好，就难了。

（3）新（　　）的这门课程很热门。

2. 面世　面市

相同：

都是动词。都有指某种东西出现在公众面前的意思。

例：（1）更新换代产品即将面世。

　　（2）这种新型的智能手机已经面市了。

不同：

"面世"指作品、产品与世人见面；问世。

"面市"指产品开始供应于市场，与消费者见面。

例：（1）诗人的两本新诗已经面世了。（×面市）

　　（2）新的苹果手机即将面世/面市。

　　（3）今年的荔枝即将面市，我打算去买些回来。（×面世）

搭配：

面世：产品~/电脑~/手机~/作品~

面市：产品~/电脑~/手机~/新型机器~/水果~/服装~

练习：

（1）经过两年多的时间，这本小说终于（　　）了。

（2）新研发的机器人（　　）了，但还没有投入生产。

（3）等会做家务的机器人（　　）了，我想一定会有很多家庭购买的。

篇章训练

1. 阅读课文《中国饮料第一罐——王老吉凉茶》中王老吉凉茶是如何一步步发展

的？请根据以下提示的词语及其顺序把故事讲出来。

(1) 市场调查推广凉茶概念

(2) 新的品牌定位

(3) 宣传概念转移

(4) 考虑消费人群

(5) 抓住人群的购买欲望

(6) 健康和养生观念的结合

2. 你喝过王老吉凉茶吗？你经常喝哪些畅销品牌的饮料？结合课文谈谈这些饮料的宣传方式与王老吉的宣传方式有哪些异同？

文化点滴

中国古代常用的产品宣传方式

现代的广告宣传方式多种多样，然而在信息技术不发达的古代，商人们用什么方式做宣传推广呢？我们一起来看看吧。

叫卖广告是古代最早的广告形式，是通过吆 喝（yāo hē）来吸引客户，如"烤白薯，热乎乎的烤白薯""卖冰糖葫芦"等。直至今日大多数商家还是利用吆喝来吸引客户，如在卖冰糖葫芦的店面会传来《冰糖葫芦》这首歌，提醒人家这里有冰糖葫芦。

名人广告，早在两千多年前，古人就有了让名人发挥作用的广告意识。据说，有位卖马的商人在市场上出售骏马（jùn），连续三个早晨都无人问津，于是他就去找相马专家伯乐，马商愿意将一个早晨的卖马收入作为酬劳送给伯乐，只希望伯乐能绕着马匹仔细地看一番，离开以后再回过头瞧瞧。"伯乐乃还而视之，去而顾之，一旦而马价十倍"。这应该是最早的名人广告。

随着经济的发展，各店铺为了维护商业信誉、保持传统特色，便采用姓氏作字号，于是产生了姓氏广告。如北宋汴京的小吃店大多用姓氏作字号，像"北食则矾楼前李四家""南食则寺桥金家、九子曲周家""曹婆婆肉饼""王婆子药店""张三饭庄"等。这一形式，至今还被许多个体商家所采用。

(根据草市场、若愚、向下倾斜9等人的博客改编)

经典诵读

1. 精诚所至，金石为开。（《庄子》）

译：人的诚心所到，能感动天地，使金石为之开裂。比喻只要专心诚意去做，什么疑难问题都能解决。

2. 志不强者智不达，言不信者行不果。（《墨子》）

译：志向不坚定的人，智慧就得不到充分的发挥，说话不诚信，做事就不会有好结果。

练习

一、词语搭配

生意（　　）　　　资金（　　）　　　手段（　　）　　　目光（　　）

价格（　　）　　　伟大（　　）　　　生活（　　）　　　把握（　　）

保证（　　）　　　食物（　　）　　　性格（　　）　　　位置（　　）

二、找出下列成语中的错别字，并在括号中改正

门可罗鹊（　　）　司空见贯（　　）　家瑜户晓（　　）　只步不前（　　）

口口相转（　　）　干方百计（　　）　轻尔易举（　　）　希松平常（　　）

三、选词填空

罕见　　　起色　　　贫困　　　技巧　　　千方百计

偏僻　　　变质　　　好说　　　留心　　　挨家挨户

1. 这次的台风还真是_____，破坏极大。

2. 虽然生活_____，但他依然保持乐观的态度。

3. 不管做什么事，都需要_____观察。

4. 班长经常跟我们分享他学汉语的_____。

5. 这地方挺_____的，都见不到几个人。

6. 他_____地想从父母那儿多要一点儿零花钱。

7. 天都黑了还不见他回家，妈妈只好在村里_____地找。

8. 在医院待了一个多月了，然而她的病并没有什么_____。

9. _____的食物要及时扔掉。

10. 钱的事，_____，我借给你就是了。

四、比较下列每组句子，两个句子意思相同的打"√"，不同的打"×"

1. 工作之余，他常常留心钻研卖大米的学问。

他常常利用空闲的时间留心钻研卖大米的学问。　　　　　　　　（　　）

2. 王永庆在卖米上并没有止步不前。

王永庆在卖米上勇往直前。　　　　　　　　　　　　　　　　（　　）

3. 一天下来，虽然人累得够呛，但米店的生意依然毫无起色。

一天下来，虽然人累得够呛，但米店的生意还是不好。　　　　　（　　）

4. 这样，一传十，十传百，米店的生意日渐红火起来。

这样，传到一百个人的时候，米店的生意就慢慢好起来了。　　　（　　）

5. 虽然他没有钱，但需要用力气的事就好说。

虽然他没有钱，但力气很大。　　　　　　　　　　　　　　　（　　）

五、阅读课文，完成下列句子，并说说对下列句子的理解

1. _____，每一个成功的人都有自己的不同之处。

2. 这就是王永庆卖米的第一招——"眼睛向内"，意思是_____。

3. 王永庆卖的米一斤只赚一分钱，但为了信用，为了父亲经常在他耳边说的那句古话："_____。"虽然他没有钱，但需要用力气的事就好说。

六、模仿例句用加点的词造句，每题造两个句子

1. 虽然他没有钱，但需要用力气的事就好说。

2. 闲暇之余，他常常留心钻研卖大米的学问。

3. 这样，一传十，十传百，米店的生意日渐红火起来。

七、阅读下列一段话，并思考交流

"无论做什么事，都要多思考，多从顾客的角度想问题，把握机遇，在细节中创新。眼光要长远，胸怀要宽广，看得准，干得稳，勇敢尝试，以善良温暖自己照亮别人，你不成功也就没有了理由。"就像电影《中国合伙人》里，王阳在婚礼上说的："我以前只会过一种生活，就是跟别人不一样，现在我知道了，大多数人都会选择的生活，才是值得的。"

王永庆在细节中创新，也正是看到了大多数人的需求，并取得了成功，请结合你生活中听到或看到的成功案例，谈谈他们是如何像王永庆一样勇于尝试并获得成功的。

八、阅读练习

满分求职变零分的故事

做公司招聘新人的面试官已经有很长一段时间了，期间我遇到过形形色色的求职者。让我印象最为深刻的是，一个求职者从最初的一百分，到最后变成零分的故事。

这位求职者是一名水电工程师，工作经验颇为丰富，各方面的条件也恰巧符合我们公司的招聘要求，而且外表整洁干净，还写得一手漂亮的钢笔字。光凭这手钢笔字，足以让人眼前一亮。何况我向来就对爱干净和钢笔字写得好的求职者有着莫名的好感，于是在心中默默地给他打了满分。心想，在"芸 芸众生"（yún yún）的求职者中，遇到一个各方面都称心如意的应聘者 着 实（zhuó shí）不易。随后，立即拿着他的简历走向总经理办公室，迫不及待地想跟总经理汇报这百里挑一的"千里马"。如果总经理同意了，他就通过了所有的面试环节，可以顺利来公司上班了。

当我告诉他总经理要见他的时候，他正好接到一个电话。可以听出来，电话是个女人打来的，因为说话的声音特别大。我以为他会快速地跟电话里的人打个招呼，然后立即挂掉电话。然而，他不仅没有挂电话，反而特意避着我，满不在乎地走到会议室的另一头，继续接电话。我有点儿无法理解，觉得这人太不知轻重了，你是来找工作的，现在公司有意向聘用你，老板要见你，竟然还不赶紧放下电话？依照多年的职场经验，我判断这个电话很重要，肯定是另一个招聘的公司打来的，但也只能将这个疑惑埋在心里。

随后，我退到会议室门外等他，心里也有些闷闷不乐，就给他扣了10分。现在我对他的印象也只有90分了。

大概七八分钟后，他接完电话出来了。我以为他会对我说声抱歉，毕竟我站在门外等了他这么长时间。然而。他却像没事似的，夹着包昂着头趾高气扬地跟我走进了总经理的办公室。我心想，这也太没礼貌了吧？于是，又给他减去了10分。现在他还有80分。

在总经理办公室，他满脸笑容，回答问题也十分流畅，说得很恰当，整个表现非常得体，总经理对他相当满意。我怀着刚才的疑惑，忍不住问他是不是还去了别的公司找工作？他没否认，总经理一听就着急了，立即给出了比他要求还高的工资。他满意地表示不考虑别的公司了，明天就来我们公司上班。

然而一个小时后，秘书告诉我，他打电话来，说有家公司开出了比我们高的工资，他不来我们公司上班了。我心想，有人用高工资请你去工作，固然是好事，你可以选择，但我们总经理对你那么有诚意，你就不能委婉地回绝吗？我刷地一下，又扣了他20分。现在，他在我心中，也只是及格的分数。

没想到一个月后，这人又打电话来，说自己被那家公司欺骗了。那家公司很不正规，给他的工资只有当时答应的一半，他说，仍然想来我们公司工作。虽然我对他有一些印象不好的地方，但就工作技能来说，他还是很符合要求的。于是我对他说，那你明天就来上班吧。让人惊讶的是，第二天他居然没有来。第三天，他又打电话来找我，竟然提出了新的要求，说试用期工资低了，能否再高一点。我当即拒绝了，并且又给他扣了10分。

这时，这人在我心里只剩50分了。当总经理问我这人到底来不来的时候，我说这个人不能请，他每露一次面便被我减10分。总经理听我说了减分的过程，笑了一下。这一笑，他彻底零分了。

中国有句古话，"人无礼不立，事无礼不成，国无礼不宁"，意思是人不懂得礼貌就不能生存，做事情不讲究礼貌就不会成功，家庭里没有礼貌就不会兴旺，国家没有礼就不能安宁。礼貌是一个人最基本的素质，是做好一切事情的基础。在求职中，只要你懂礼貌，在面试官心中，你的分数都不会太差。

（来源：2011 年 11 月 24 日《南方都市报》城市笔记　有改动）

阅读理解

1. 最初，这位求职者让我很满意的因素不包括下面哪种情况？（　　）

A. 工作经验颇为丰富

B. 外表整洁干净

C. 彬彬有礼

D. 写得一手漂亮的钢笔字

2. 我对这位求职者接电话的事感到不满，主要是因为（　　）。

A. 因为他说话的声音特别大

B. 因为他不分轻重且没有礼貌

C. 因为我等他太久

D. 因为这个电话是另一个招聘公司打来的

3. 后来我为什么拒绝了这位求职者？（　　）

A. 他的反复无常且要求过多

B. 他从一个很不正规的公司来

C. 他的工作已经不符合我公司的要求了

D. 他是一个骗子

4. 这位求职者求职失败最主要的原因是（　　）。

A. 公司开出的工资太低了，达不到他的要求

B. 他不喜欢这位面试官

C. 他的业务太繁忙了，让面试官不喜欢

D. 他没有礼貌

5. 作者认为，在求职过程中，下列哪项是最基本的素质？（　　）

A. 着装

B. 礼貌

C. 工作技能

D. 工作经验

九、面试活动

1. 以"如何做一个满分求职者？"为问题，采访 3～5 位同学，并记录于表中。然后以小组为单位汇报，再统计出哪些因素在求职过程中是可以加分的，哪些因素是减分的，然后与同学们讨论加分和减分的原因。

姓名	求职加分因素	求职减分因素

2. 某公司新研发了一种抗过敏的牙膏，想招聘五名销售员进行产品销售与推广，请分组模拟面试并打分，最后选出五名合格的销售员。

十、写作

在文章中，我们常常可以读到一些名言名句，如课文中的"不患无位，患所以立。不患莫己知，求为可知也""不惜钱者有人爱，不惜力者有人敬""人无礼不立，事无礼不成，国无礼不宁"。引用这些句子，是为了增加文章的说服力。请查找一些名言名句，以"我想做个满分求职者"为题，写篇关于《满分求职变零分的故事》的读后感，并将它们应用在你的作文中。